汽车类“工学结合，校企合作”
系列教材

DAZHONG QICHE
SHOUHOU FUWU
GUANLI

大众汽车
售后服务管理

主　编　徐广琳　赵晓宛　初宏伟
副主编　谢　丹　李梦雪

高等教育出版社·北京

内容简介

本书重点介绍大众汽车特许经销商售后服务相关岗位的核心业务，同时介绍了大众特许经销商内部的机构设置、岗位设置及内部管理等相关知识，主要内容有：一汽—大众经销商基础知识、前台接待、车间修理、备件管理、索赔管理、经销商内部管理、客户满意度管理、特许经销商的其他业务、一汽—大众与经销商，本书编写的主要目的是激发读者对汽车售后服务的学习兴趣和学习动力，培养读者解决汽车售后实际问题的能力。

本书可作为高职高专院校汽车检测与维修专业、汽车服务与营销专业、汽车电子技术专业等汽车类专业的教学用书，也可作为汽车维修企业的从业人员自学、培训的参考资料。

授课教师如需要本书配套的教学课件、电子教案或是有其他需求，可发送邮件至邮箱 1312137218@qq.com 索取。

图书在版编目（CIP）数据

大众汽车售后服务管理 / 徐广琳，赵晓宛，初宏伟主编. -- 北京 ：高等教育出版社，2019.12

ISBN 978-7-04-051177-2

Ⅰ. ①大… Ⅱ. ①徐… ②赵… ③初… Ⅲ. ①汽车-售后服务-高等职业教育-教材 Ⅳ. ①F407.471.5

中国版本图书馆CIP数据核字(2019)第009446号

大众汽车售后服务管理
DAZHONG QICHE SHOUHOU FUWU GUANLI

策划编辑 张值胜　　责任编辑 姚 远　　封面设计 姜 磊　　版式设计 马 云
插图绘制 于 博　　责任校对 张 薇　　责任印制 赵义民

出版发行 高等教育出版社
社　　址 北京市西城区德外大街4号
邮政编码 100120
印　　刷 固安县铭成印刷有限公司
开　　本 787mm×1092mm 1/16
印　　张 12.75
字　　数 310千字
购书热线 010-58581118
咨询电话 400-810-0598
网　　址 http://www.hep.edu.cn
　　　　 http://www.hep.com.cn
网上订购 http://www.hepmall.com.cn
　　　　 http://www.hepmall.com
　　　　 http://www.hepmall.cn
版　　次 2019年12月第1版
印　　次 2019年12月第1次印刷
定　　价 36.80元

本书如有缺页、倒页、脱页等质量问题，请到所购图书销售部门联系调换

物 料 号 51177-00

前言

随着我国汽车工业的迅速发展，国内汽车保有量大幅度增加，汽车后市场也在蓬勃发展，作为汽车后市场主体的汽车特许经销商（4S店）已经成为我国汽车售后服务市场的重要力量。汽车特许经销商（4S店）的售后服务质量，不仅影响用户车辆的使用情况，而且影响到用户对汽车生产厂家品牌的信赖度和忠诚度，因此，汽车售后服务质量既影响经销商的经济效益和社会效益，又影响汽车生产企业的品牌形象和市场占有率。目前，汽车特许经销商（4S店）的从业人员的高文化水平和接受系统专业培训的比例偏低，从而使得从业人员的总体素质不高，服务意识淡薄，对汽车特许经销商（4S店）的服务质量的提高非常不利。本书就是为了满足这一要求而编写的。

本书在编写过程中，突出实用性和先进性。本书紧密结合大众经销商的实际，书中许多内容都来自实际的大众经销商的管理规定和管理方法。此外，本书还通过知识拓展打开学生的管理方面的视野，力求直观生动的表达大众经销商先进的管理理念和管理方法，避免晦涩难懂的解释和冗长的罗列，从而激发学生的学习兴趣。本书共九个模块，每个模块都相对独立，不同专业的读者使用本教材时，可根据需要，选用教材中的相关模块和相关内容进行学习。

本书针对大众经销商售后服务相关岗位的核心业务如前台接待、备件管理和索赔等加以重点介绍，同时还介绍了大众经销商的内部机构设置、岗位设置及内部管理等相关知识，便于从事汽车服务顾问、备件管理员等岗位的学生实习时通过学习能掌握相关的职业知识，具备相关的职业能力和素质，从而尽快融入企业，达到相关岗位的任职要求。此外，本教材还介绍了大众经销商的其他业务，如销售、二手车、保险理赔等，以及大众汽车质量管理体系、缺陷产品召回等基本常识，有利于学生开阔眼界，提高学生对汽车后市场的认识水平。

本书由长春汽车工业高等专科学校徐广琳、赵晓宛、初宏伟任主编，谢丹、李梦雪任副主编，徐广琳编写了模块3和模块8，赵晓宛编写了模块4和模块9，初宏伟编写了模块5、模块6和模块7，谢丹编写了模块1，李梦雪编写了模块2。参加本书编写的其他同志还有田丰福、张超、王谦等。另外，本书在编写过程中得到了一汽—大众售后服务部张颖高级工程师的大力支持，在此表示衷心的感谢！

由于时间仓促，书中难免有疏漏和不妥之处，恳请广大读者批评指正。

编　者

2019年8月

目录

模块 1
一汽—大众经销商基础知识

学习目标

1. 掌握特许经销商的概念。
2. 了解四位一体经销商的特点。
3. 了解一汽—大众对经销商的支持。
4. 了解一汽—大众经销商的组织机构设置。
5. 掌握一汽—大众经销商人员岗位要求。

经过多年的发展，一汽—大众经销商已经成为目前大众汽车销售维修市场上的重要力量，经销商如何改善经营与管理，从而提高服务水平和客户满意度是一汽—大众经销商和一汽—大众都十分重视的问题。为了深入了解和掌握一汽—大众经销商的经营与管理各项业务，首先需要了解一些经销商的基础知识。

1.1　一汽—大众经销商概况

1.1.1　特许经销商的概念

1. 四位一体特许经销商

四位一体特许经销商是指一汽—大众授权在指定区域内从事合同产品的销售、服务等经营活动的法人实体，是集整车销售（sale）、售后服务（service）、零配件供应（sparepart）及信息反馈（survey）四位于一体的现代化汽车修理企业，也被称为特许经销商，简称经销商，即通常所说的 4S 店。

（1）整车销售

向用户提供一汽—大众的品牌新车，为用户介绍车型的性能、结构特点和性价比等，并向用户提供试乘试驾、汽车上牌和汽车信贷等服务，树立一汽—大众的品牌效应。

（2）售后服务

汽车售后服务是汽车流通领域的一个重要环节，是一项非常繁杂的工程，它涵盖了汽车的质量保障、索赔、维修保养服务、汽车零部件供给、维修技术培训、技术咨询及指导等与产品和市场有关的一系列内容。通过它可以使一汽—大众与客户的关系更加紧密，树立企业的形象、提高产品的信誉、扩大产品的影响、培养客户的忠诚度。汽车售后服务主要包括：技术咨询，维修养护、故障救援，保险理赔，保修，服务质量跟踪、信息反馈，服务质量投诉、纠纷处理等。

（3）零配件供应

为品牌车辆用户提供纯正的原厂零配件，并提供原厂零配件质量担保，为用户提供原厂零配件索赔等业务，及时与一汽—大众备件部交流反馈零配件使用和质量信息。

（4）信息反馈

定期回访客户，了解客户的心理及需求，倾听客户的意见，认真做好记录，建立客户档案，收集客户车辆的使用信息和质量信息，并定期向一汽—大众售后服务部反馈。

2. 单一服务经销商

单一服务经销商是指一汽—大众授权在指定区域内从事合同产品服务的法人实体或企业，是集售后服务、零配件供应和信息反馈三位于一体的现代化修理企业，没有整车销售职能，被称为单一服务经销商。

1.1.2 标准的四位一体经销商的特点

- 标准、系列化的建筑风格。
- 统一、标准化的标识系统。
- 全新的管理模式。
- 现代化的企业计算机管理及网络通信。
- 汽车上牌、保险、售前、售中和售后一条龙服务。
- 规范化的接待服务。
- 先进、实用的专用工具、仪器和设备。
- 专业化的修理。
- 全国统一的原厂备件价格。
- 最合理的工时收费。
- 最佳的社会效益和经济效益。

1.1.3 经销商责任

经销商与一汽—大众共同对所负责区域合同产品的市场进行充分开拓，为提高产品的市场份额和持续增长做出努力。维护一汽—大众的产品信誉和声誉，树立一汽—大众的产品形象和服务形象，履行其协议中承担的责任。

1.1.4 经销商、一汽—大众与用户的关系

经销商与一汽—大众是合作伙伴关系。经销商自主经营、自负盈亏，一汽—大众不参与经销商的经营管理。经销商开展销售、服务方面的业务必须符合国家规范，符合一汽—大众的标准和要求。经销商应接受一汽—大众的监督指导，一汽—大众应在业务方面给予支持。经销商、一汽—大众与用户的关系如图 1–1 所示。

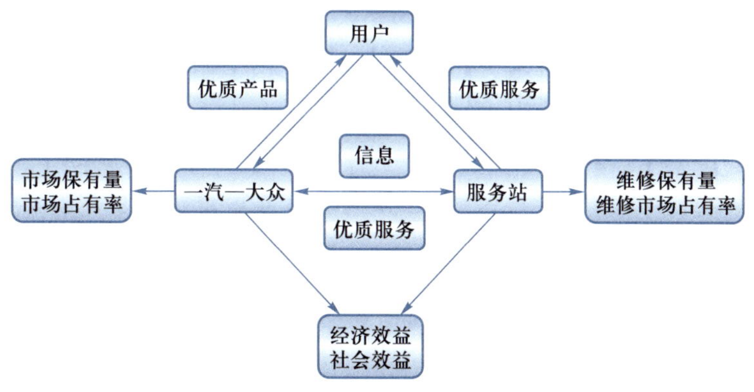

图 1–1
一汽—大众、经销商与用户关系图

1.1.5　一汽—大众对经销商的支持

- 提供统一的建筑标准。
- 提供统一的形象建设标准及标识标准。
- 贯彻先进的管理模式。
- 免费提供技术培训、管理培训、索赔培训、备件培训及计算机业务培训。
- 疑难维修技术支持。
- 提供技术资料和管理资料。
- 统一订购专用工具、仪器设备，指导通用工具订购。
- 提供售后服务联网软件及经销商内部管理软件。
- 提供原厂备件。
- 免费提供产品宣传及服务宣传资料。
- 授权开展售前整备、首保及索赔业务。
- 指导经销商开展服务营销。

1.2　一汽—大众经销商的组织机构与人员管理

企业的组织机构就像人体的骨骼系统，是企业实现战略目标和构造核心竞争力的载体，也是企业员工发挥各自优势、获得自身发展的平台。员工作为企业的重要组成部分，对企业的发展和壮大有着举足轻重的作用。

1.2.1　一汽—大众经销商组织机构

一个好的组织机构可以让企业员工步调一致、同心协力，向着同一个目标迈进。一个不合理的组织机构则会使企业组织效率降低、内耗增加，影响企业的成功和发展目标的实现。

1. 一汽—大众经销商部门设置

一汽—大众经销商在日常的运营工作中，各个部门的相互协调配合，对提高工作效率起着十分重要的作用。一般情况下，各经销商内部的机构不完全相同，但大致都相似，如图 1–2 所示。

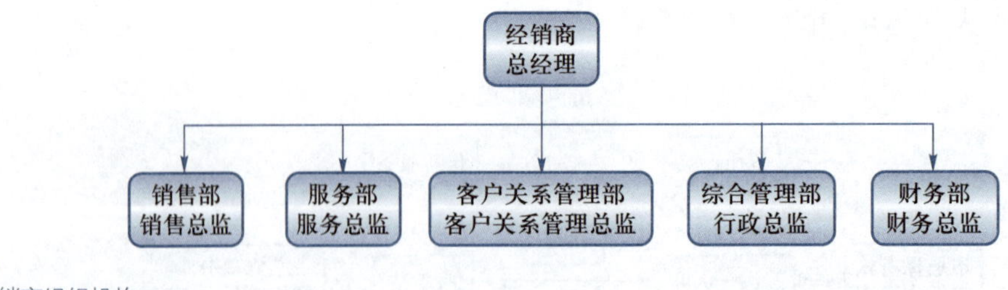

图 1–2
特许经销商组织机构

（1）销售部

① 部门职能：负责根据一汽—大众对整车销售的有关规定积极开拓市场，完成工作年会制订的季、年度销售计划，认真做好客户的开发及维护工作。定期将销售经营情况及市场信息汇报给站长及一汽—大众售后服务部。销售部门岗位设置如图 1–3 所示。

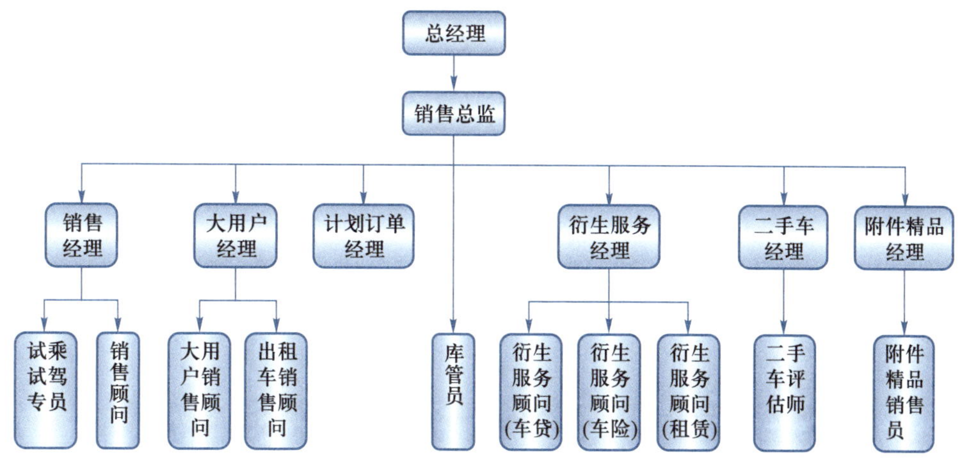

图 1-3
经销商销售部门组织机构

② 岗位人员：销售总监、销售经理、销售顾问。

（2）售后服务部

① 部门职能：按照一汽—大众售后服务部对品牌服务的要求，对客户车辆进行售后服务工作，包括车辆保养、维修、索赔和外出救援等服务工作，解决客户对服务的各种投诉，向一汽—大众售后服务部反馈品牌车辆的产品质量信息和客户意见。维护一汽—大众和经销商的品牌形象。

② 下属部门：服务部、备件部、维修车间、技术部。

③ 岗位人员。

服务部：服务经理、服务顾问、索赔员、保险理赔员。

备件部：备件经理、备件销售计划员、备件仓库管理员。

维修车间：车间主任、机电维修工、钣金维修工、喷漆维修工、洗车工。

技术部：技术经理、质量检查员、内部培训师、工具 / 资料管理员。

由于本书重点介绍汽车售后服务相关业务，所涉及的各岗位人员及职责等在后面的章节中陆续都会讲述，这里不再做详细说明。

（3）客户关系管理部

① 部门职能：负责对客户信息进行管理，维护客户关系，进行客户投诉管理，提高客户接待区管理及服务水平，倾听客户心声，推进服务质量，整合经销商各部门的客户关系和客户满意度，提高经销商客户关系和客户满意度水平。客户关系管理部人员岗位如图 1-4 所示。

② 岗位人员：客户管理经理、客户专员等。

（4）综合管理部及财务部

① 部门职能：负责经销商日常的财务预算与财务往来，以及经销商的人事关系管理。综合部人员岗位如图 1-5 所示。

② 下属部门：财务部、人力资源部、行政部。

③ 岗位人员：财务经理、会计、人力资源经理和行政经理等。

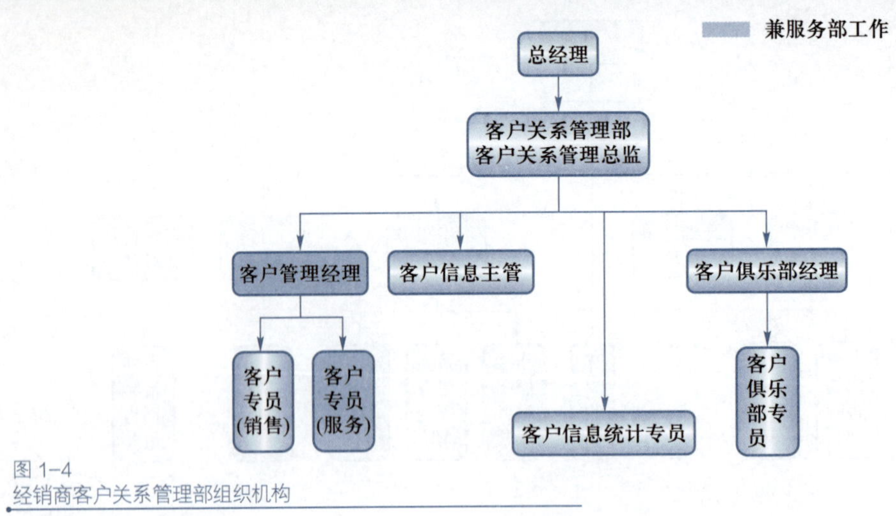

图 1-4
经销商客户关系管理部组织机构

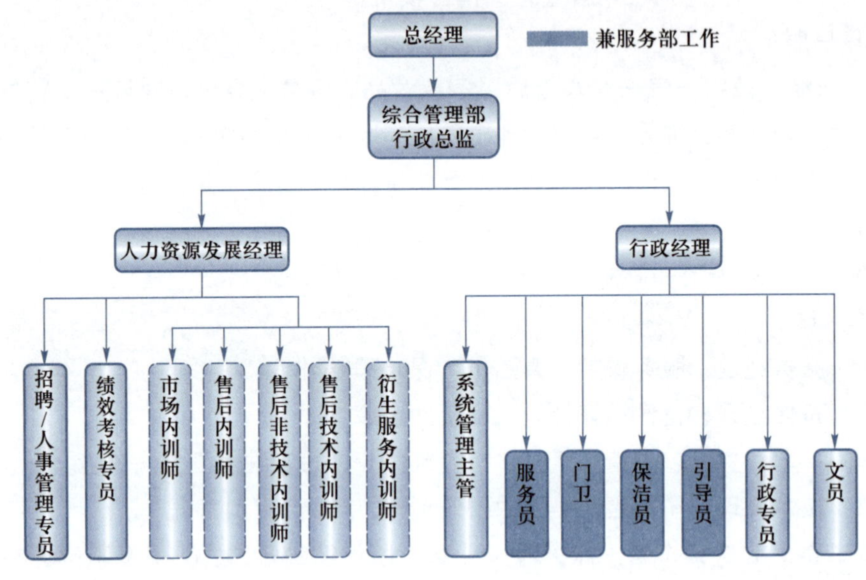

图 1-5
经销商综合管理部门组织机构

2. 一汽—大众经销商的岗位分工

一汽—大众的经销商岗位设置及岗位职责各有差异，各个经销商也会根据实际情况来调配岗位。完善各岗位的职责及任职要求，既有利于人员的管理，也方便各部门的协调。图 1-6 所示为一汽—大众经销商售后服务的岗位分工。

3. 经销商的岗位设置要求

随着大众汽车保有量的持续增加，一汽—大众公司会有计划地增加经销商的数量，这必然导致对人才的需求量增加。但是，每家经销商对人员的需求并不是大批量的、一次性的，这是一个逐渐增加的过程。表 1-1 所示为一汽—大众经销商对各岗位人员的需求设置。

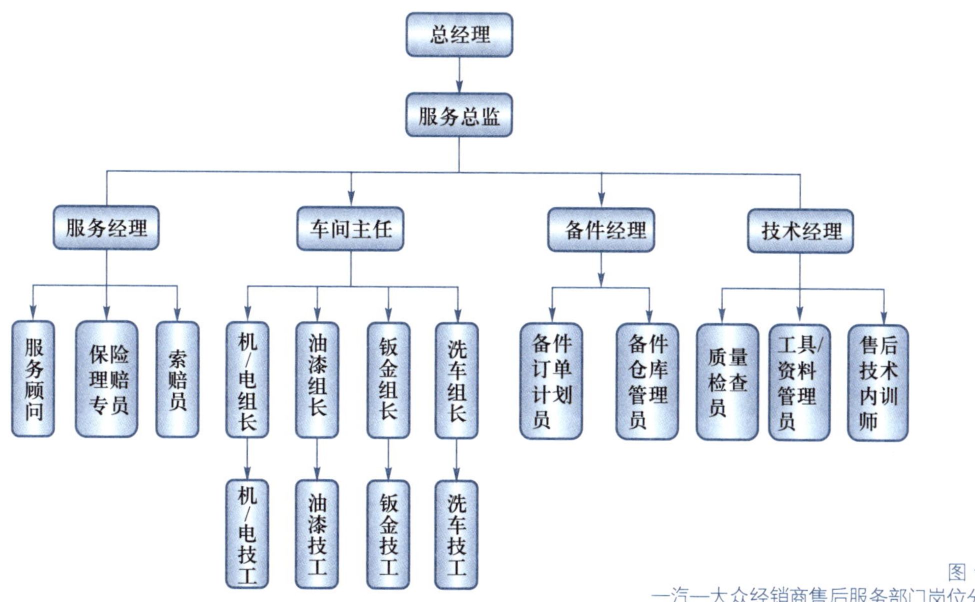

图 1-6
一汽—大众经销商售后服务部门岗位分工

表 1-1　经销商岗位设置要求

岗位	级别	数量要求	如业务量不足，可由以下岗位兼职	最低人数
服务总监	一级	1 名	专职	1
服务经理	二级	1 名	专职	1
机修车间主任	二级	1 名	专职	1
钣喷车间主任	二级	1 名	日钣喷维修台次在 6 台以下，可由机修车间主任兼任	
车间调度员	三级	1 名	机修台次 / 天≥ 40 必须设专职车间调度员 机修台次 / 天 <40 可暂时由车间主任兼职	
备件经理	二级	1 名	专职	1
技术经理	二级	1 名	专职	1
索赔员	四级	至少 1 名，按每名索赔员年索赔量不超过 2000 台次配备	专职	
服务顾问	四级	按每名服务顾问每日最多接待 10 位客户配备，并且最低配备 2 人	专职	2
保险理赔员	四级	至少 1 人	专职	1
备件订货计划员	四级		备件经理	
备件仓库管理员	四级		备件经理	
质量检查员	四级	按每名质检员每天最多检查 20 台车配备	技术经理	
工具 / 资料管理员	四级	1 名	专职	1

续表

岗位	级别	数量要求	如业务量不足，可由以下岗位兼职	最低人数
售后技术内训师	四级	日维修台次 30 台以上时，必须设置专职人员	技术经理	
机 / 电组长	四级	按照实际工作量分组，每组设组长 1 名	专职	1
油漆组长	四级	按照实际工作量分组，每组设组长 1 名	专职	1
钣金组长	四级	按照实际工作量分组，每组设组长 1 名	专职	1
洗车组长	四级	按照实际工作量分组，每组设组长 1 名	专职	1
机 / 电技工	五级	按每名维修人员每天维修车辆 3 台配备，并且最低配备 4 人	专职	4
油漆技工	五级	按每名维修人员每天维修车辆 1.5 台配备，并且最低配备 1 人	专职	1
钣金技工	五级	按每名维修人员每天维修车辆 1.5 台配备，并且最低配备 1 人	专职	1
移车员	五级	按实际需求设定人数	洗车组长	
洗车技工	五级	按实际需求设定人数	专职	
引导员	五级	按实际需求设定人数	可由服务顾问兼职	
接待员	五级	按实际需求设定人数	可由服务顾问兼职	

4. 经销商服务组织机构管理要求

① 每个一汽—大众特许经销商必须按照一汽—大众售后服务要求设立组织机构，在签订《意向性协议》后两个月内申报服务组织员。此机构由经销商站长领导并开展工作。

② 经销商专职管理人员（站长、服务经理、备件经理、财务人员、销售经理、销售计划员、索赔员、业务接待员、备件计划员和车间主任等）由建站单位推荐德才兼备的人员担任，然后填报《管理人员任职资格表》，送一汽—大众售后服务科审批备案。

③ 经销商建站初期，部分管理人员可兼一职，但必须是具备一定能力和精力并且能够做好兼职工作的人员。

④ 经销商管理人员及技术工人必须经一汽—大众公司售后服务人员培训、考核合格后方可上岗工作。凡未经培训或现场代表考核不合格者不得上岗，由经销商另行推荐其他人员。

⑤ 已经通过培训或考核合格的专职人员（站长、服务经理、备件经理、索赔员及备件计划员等）未经一汽—大众售后服务科允许不准擅自调离经销商，如需调离经销商，应事先征得一汽—大众有关业务科室同意，并填写接替人员的任职资格表后申报售后服务科服务组织员，售后服务科将对申报人员进行培训及考核确认后方可上岗工作。

⑥ 经销商的任何员工，若在工作中因工作失误给一汽—大众及经销商造成不良影响，一汽—大众售后服务科保留取消其任职资格的权力，经销商应立即更换，同时申报接替者的有关资料。

⑦ 下列人员应认真填报《特许经销商普通员工任职资格表》：质量检查员、工具/资料员、技术工人及站内其他辅助人员。

⑧ 对擅自撤销、更换管理人员的经销商，将视情节做如下处理。

内网通报批评，经销商评比降低一个档次。

撤销经销商的索赔资格或备件订货资格，直至撤销一汽—大众特许经销商资格。

对于未经过培训就上岗的人员负责的业务，一汽—大众售后服务科将不予受理。

1.2.2　经销商人员岗位描述

1. 总经理

（1）职务名称

总经理。

（2）管辖范围

公司内所有部门和人员。

（3）直接下属

• 销售总监。

• 服务总监。

• 客户关系管理部总监。

• 综合管理部行政总监。

（4）素质要求

• 必须是经销商正式职工。

• 具有大专或相当于大专以上的文化程度。

• 思想端正、事业心强、服务热情周到，能够严格按照一汽—大众售后服务工作的有关规定及要求完成经销商的各项业务。

• 具有较丰富的管理知识、汽车维修知识、汽车营销常识及社交常识，能够较熟练地操作特许经销商的计算机管理软件。

• 具有丰富的管理经验、组织能力和协调能力。

• 经一汽—大众售后服务科考评合格。

（5）职责与权限

• 落实国家及行业的各项法律、法规，制定、落实企业方针、政策，并贯彻一汽—大众的各项政策。

• 直接领导各部长及服务总监的工作。

• 负责公司内文件的审批。

• 负责定期对公司的经营状况、管理和服务质量等进行评审。

• 负责公司所需资源的配备。
• 有投资决策权、经营权、人事任免权和现金使用审批权等。

2. 服务总监

（1）职务名称

服务总监。

（2）直接上级

总经理。

（3）管辖范围

服务部所有部门和人员。

（4）直接下属

• 服务经理。
• 技术经理。
• 备件经理。
• 车间主任。

（5）素质要求

• 具有大专或以上文化程度，汽车或相关专业毕业。
• 精通市场营销管理、财务管理和人事管理等企业管理知识。
• 具有较强的计划、组织和协调能力。
• 能够进行计算机操作。

（6）职责与权限

• 按品牌服务的要求，对经销商进行管理。
• 负责与一汽—大众售后服务科的业务联系，并落实其各项工作安排。
• 直接领导服务经理、备件经理和技术经理的工作。
• 重大质量问题及服务纠纷的处理。
• 定期向总经理和一汽—大众售后服务科报告经销商的生产、经营和管理等工作。
• 具有生产指挥权、监督权、站内人员调动权，以及对公司投资、经营等活动的建议权。

3. 服务经理

（1）职务名称

服务经理。

（2）直接上级

服务总监。

（3）管辖范围

机修车间、钣金车间、油漆车间、索赔件库、业务接待厅。

（4）直接下属

• 服务顾问。
• 索赔员。

• IT 信息员。

（5）素质要求

• 具有大专以上文化程度，汽车或相关专业毕业。

• 三年以上汽车维修工作经验。

• 具有一定的服务营销知识、丰富的汽车理论知识和汽车维修经验。

• 能够熟练操作计算机。

• 有较丰富的管理经验及较强的组织、协调能力。

• 有较强的语言表达能力。

• 熟悉汽车驾驶，有驾驶执照。

（6）职责与权限

• 负责解决服务过程中与用户发生的纠纷。

• 负责同备件经理联系，解决维修所需备件。

• 负责外出救援服务、预约服务、用户投诉和走访用户等工作的管理，并参与对重大维修服务项目的评审。

• 参与维修工具和设备的配备。

• 负责下属劳动纪律的管理。

• 负责所辖区域现场环境的管理。

• 监督、检查并指导维修人员工作。

• 负责组织开展服务营销。

4. 技术经理

（1）职务名称

技术经理。

（2）直接上级

服务总监。

（3）管辖范围

工具库。

（4）直接下属

• 质量检查员。

• 内部培训员。

• 工具 / 资料管理员。

（5）素质要求

• 大专或以上学历，汽车专业或汽车维修专业毕业。

• 三年以上汽车维修工作经验。

• 具有一定的外语阅读能力，能够熟练操作计算机。

• 具有良好的语言表达能力、文字表达能力及沟通能力。

• 具有较强的组织、协调能力。

- 熟悉汽车驾驶，有驾驶执照。

（6）职责与权限

- 负责定期收集技术疑难问题及批量投放的质量信息。
- 负责 HST 等技术资料的消化、吸收并指导使用。
- 协助一汽—大众售后服务科开展技术支持工作。
- 负责控制和监督经销商的维修质量。
- 负责疑难故障的诊断及维修技术攻关，指导车辆维修。
- 负责监督、指导维修人员使用专用工具。
- 负责建立文件化的质量体系，推行 ISO 9001 标准认证。

5. 备件经理

（1）职务名称

备件经理。

（2）直接上级

服务总监。

（3）管辖范围

备件库、材料库。

（4）直接下属

- 备件销售计划员。
- 备件仓库管理员。

（5）素质要求

- 具有大专或以上文化程度。
- 具备一定的营销常识。
- 具有丰富的汽车构造知识。
- 有丰富的管理经验，一定的组织能力及协调能力。
- 能熟练操作计算机。
- 熟悉汽车驾驶，有驾驶执照。

（6）职责与权限

- 负责保证维修所需的充足的备件供应，对是否是原厂备件负责。
- 负责建立合理的备件库存量，指导库管员对库房的管理。
- 负责备件订购计划的审批。
- 负责组织备件的到货验收及备件的入库检验。
- 负责定期组织人员进行库存盘点。
- 负责审核备件管理账目，抽检库存备件状况。
- 负责实施备件管理方面的培训。
- 负责制定备件位置码。

6. 服务顾问

（1）岗位名称

服务顾问。

（2）直接上级

服务经理。

（3）直接下属

• 机 / 电维修工。

• 油漆维修工。

• 钣金维修工。

（4）素质要求

• 具有大专以上文化程度，汽车专业或汽车维修专业毕业。

• 有较丰富的汽车维修经验。

• 能够准确地判断故障原因，并能准确估算维修价格及维修时间。

• 具有管理经验，较强的语言表达能力和组织协调能力。

• 能熟练地操作计算机。

• 熟悉汽车驾驶，有驾驶执照。

（5）职责与权限

• 引导、受理用户预约。

• 负责维修车辆用户的接待工作。

• 负责用户车辆的故障诊断，与用户达成协议（任务委托书）。

• 负责车辆维修后的电话服务跟踪。

• 负责向索赔员传递车辆状态信息，并负责索赔技术鉴定。

• 负责向维修技师传达用户的想法，描述车辆的故障形态，分配维修工作任务。

• 负责交车工作，解释维修内容。

• 负责建立并完善用户档案。

7. 索赔员

（1）岗位名称

索赔员。

（2）直接上级

服务经理。

（3）素质要求

• 大专以上文化程度，汽车或相关专业毕业。

• 熟悉产品结构性能，从事汽车维修行业工作三年以上。

• 熟悉计算机操作。

• 具有一定的语言表达能力和协调能力，年龄在 35 岁以下。

• 具有一定的损伤件鉴定能力。

- 熟悉汽车驾驶，有驾驶执照。

（4）职责与权限

- 负责故障件的原因分析，判定是否为索赔范围。
- 负责正常索赔申报及超出权限的索赔申请。
- 负责索赔件及索赔件记录的管理，建立索赔件台账。
- 负责向一汽—大众售后服务科返还发生索赔的故障件。
- 负责索赔件库的管理工作。

8. 内部培训员

（1）岗位名称

内部培训员。

（2）直接上级

技术经理。

（3）素质要求

- 大专以上文化程度，汽车或汽车维修专业毕业。
- 熟悉汽车构造及相关知识，具有较强的汽车维修技能。
- 具有较强的语言表达能力。
- 熟悉计算机操作。
- 具有一定的英语阅读能力。
- 熟悉汽车驾驶，有驾驶执照。

（4）职责与权限

负责本站内的各项技术培训工作。

9. 质量检查员

（1）岗位名称

质量检查员。

（2）直接上级

技术经理。

（3）素质要求

- 具有中专以上文化程度，汽车专业或汽车维修专业毕业。
- 具有丰富的汽车维修知识和汽车理论知识。
- 具有一定的组织能力、协调能力及管理经验。
- 熟悉汽车驾驶，有驾驶执照。

（4）职责与权限

- 负责维修质量的检验。
- 负责监督维修人员的维修工作。
- 负责不合格品返修质量的监督与检查。
- 负责参与重大、疑难故障的分析和鉴定。

10. 机 / 电维修工

（1）岗位名称

机 / 电维修工。

（2）直接上级

服务顾问。

（3）素质要求

• 高中或技校以上文化程度，熟悉汽车驾驶。
• 具有一定的汽车理论知识和丰富的汽车维修经验，年龄在 40 岁以下，男性。

（4）职责与权限

• 负责车辆的机修、电修工作。
• 负责本工位设备及使用工具的维护、管理。
• 负责工序质量的自检。
• 负责工位区域环境的清洁和保持。

11. 钣金维修工

（1）岗位名称

钣金维修工。

（2）直接上级

服务顾问。

（3）素质要求

• 高中或技校以上文化程度。
• 具有一定的汽车理论知识及丰富的汽车维修经验。
• 从事过两年以上的汽车钣金维修工作，年龄在 40 岁以下。

（4）职责与权限

• 负责车辆的钣金维修工作。
• 负责本工位设备、使用工具的维护与保管。
• 负责工序质量的自检。
• 负责工位区域环境的清洁和保持。

12. 油漆维修工

（1）岗位名称

油漆维修工。

（2）直接上级

服务顾问。

（3）素质要求

• 具有高中或技校以上文化程度。
• 具有一定的汽车理论知识和丰富的汽车维修经验。
• 年龄在 40 岁以下，两年以上本工种工作经验。

（4）职责与权限

• 负责车辆维修的调漆、喷漆工作。

• 负责本工位设备及使用工具的维护、管理。

• 负责工序质量的自检。

• 负责工位区域环境的清洁和保持。

13. 工具 / 资料管理员

（1）岗位名称

工具 / 资料管理员。

（2）直接上级

技术经理。

（3）素质要求

• 高中或中专以上文化程度。

• 具有文件资料管理知识。

• 了解库房管理知识。

（4）职责与权限

• 负责建立工具、设备台账档案。

• 负责建立工具借用记录。

• 负责库存工具的管理。

• 负责维修技术资料的管理。

14. 备件销售计划员

（1）岗位名称

备件销售计划员。

（2）直接上级

备件经理。

（3）素质要求

• 具有中专以上文化程度。

• 能够熟练操作计算机。

• 具有一定的管理知识及管理经验。

• 具备一定的汽车构造知识，了解车辆维修常识和营销知识。

（4）职责与权限

• 制订备件订购计划，并向一汽—大众售后服务科发出备件订单，开展备件订货工作。

• 负责备件订货发票的审核。

• 负责备件订货资料的存档。

• 负责填写《索赔申请单》，向一汽—大众备件科提出备件索赔。

• 通知财务部及时向一汽—大众售后服务科结算备件款。

• 负责制定备件的储备定额及最低库存量。

•负责将到货备件的信息输入计算机，填写本单位备件业务报表，对市场及订货进行预测，并将有关信息反馈给一汽—大众备件科。

15. 备件仓库管理员

（1）岗位名称

备件仓库管理员。

（2）直接上级

备件经理。

（3）素质要求

•具有高中以上文化程度。

•能够熟练操作计算机。

•具有一定的汽车理论、汽车构造及维修常识。

•有一定的仓库管理经验。

（4）职责与权限

•负责按要求对库存备件进行规范化的管理。

•负责备件的入库验收及维修备件的发放工作，建立库存账目，保存各种原始凭证。

•根据库存储备情况，向计划员发出订货需求。

•负责库存备件的定期清点工作。

•负责备件库的环境、安全及防火。

16. IT 信息员

（1）岗位名称

IT 信息员。

（2）直接上级

服务经理。

（3）素质要求

•具有中专以上文化程度，计算机或相关专业毕业。

•了解汽车构造、汽车维修知识，两年以上工作经验。

•具有较好的语言表达能力。

•熟悉汽车驾驶，有驾驶执照。

（4）职责与权限

•负责车辆销售一周内的电话质量跟踪。

•负责用户来电记录，来信、来函的收集，并将信息传递给相关部门。

•负责来自一汽—大众售后服务科及其他部门的信息接收、登记、传递及管理，并负责信息反馈工作。

•负责 R3 信息（基础信息、人员信息、培训信息和售后服务月报等）的维护、接收与反馈。

•负责 Web 信箱信息的接收反馈与存档。

•负责经销商内部的 IT 信息工作。

思考题

1. 一汽—大众为什么要设立特许经销商?
2. 一汽—大众经销商一般都有哪些岗位?
3. 如果你想胜任服务顾问这个职位，需要具备哪些能力?

模块 2 前台接待

学习目标

1. 掌握一汽—大众售后服务核心流程的价值及步骤。
2. 掌握一汽—大众服务核心流程每个步骤中的实施要点。
3. 掌握服务顾问的仪容仪表注意事项。
4. 熟悉前台的各种接待礼仪。

前台接待（服务顾问）是使顾客对企业产生良好的第一印象的重要岗位，因为第一印象对于大多数人是最深刻的。从顾客将车停到业务接待厅门前的那一刻起，服务顾问对顾客的接待就开始了。从那一刻起，顾客就应当感受到友好的氛围，特别是受到友好的问候。此时顾客对企业的好感和信任度就常常有意识或无意识地形成了。

顾客是否能留下，进而成为忠诚顾客，服务顾问（业务接待员）负有实质性的责任。不满意的顾客会在熟人当中到处讲述其对企业的不满，由此带来的损失是不可估量的。优秀的服务顾问可以化解顾客的不满，挽回由于顾客的不满而带来的损失，为企业创造最大的效益。

2.1　售后服务核心流程

汽车维修服务流程中的每一个环节都有一套服务标准，一汽—大众明确了售后服务顾问的服务规范及职责，使维修作业趋于标准化，预防服务差距的产生和扩大；有利于企业在市场中树立专业化的形象。有效执行汽车维修服务流程，有助于售后服务顾问均化每天的工作量，增加维修业务量，减少返工率，提高劳动生产率和工作效率，从而增加企业利润。

2.1.1　一汽—大众售后服务核心流程的价值

一汽—大众售后服务核心流程的实施，体现出“顾客为中心”的服务理念，展现品牌服务特色与战略，让客户充分认识有形化服务的特色，以提升客户的忠诚度；以标准化、统一化的作业标准，规范所有服务网点，面对客户的服务行动；通过核心流程的优化作业，提升客户满意度，并提升服务效益。

2.1.2　一汽—大众售后服务核心流程的环节

一汽—大众将经销商为用户服务的关键工作过程分为 7 个环节，即预约、准备工作、接车 / 制单、修理 / 进行工作、质检 / 内部交车、交车 / 结账、跟踪，对每个过程均提出标准的工作内容及要求，如图 2-1 所示。后面将详细说明这个流程。

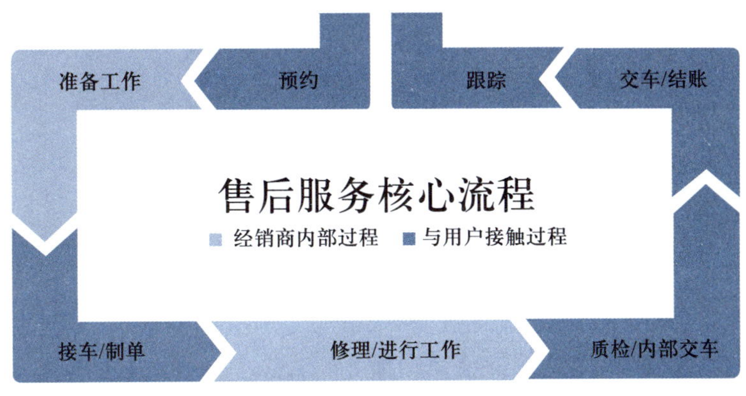

图 2-1
服务核心流程

2.2 优质服务

汽车维修服务流程是以客户为中心的服务系统。如果售后服务顾问能够遵循每一个环节的服务标准，就能够超越客户最低限度的期望，尽量多地满足客户要求，提高客户的满意度和忠诚度。

2.2.1 一汽—大众经销商服务顾问岗位职责

- 引导、受理用户预约。
- 负责维修车辆用户的接待工作。
- 负责用户车辆的故障诊断，与用户达成协议（任务委托书）。
- 负责车辆维修后的电话服务跟踪。
- 负责向索赔员传递车辆状态信息，并负责索赔的技术鉴定。
- 负责向维修技师传达用户的想法，描述车辆的故障形态，分配维修工作任务。
- 负责交车工作，解释维修内容。
- 负责建立并完善用户档案。

2.2.2 优质流程服务

1. 预约

（1）预约的好处

预约是汽车维修服务流程的第一个重要环节，因为它是与顾客的第一次接触，从而也就提供了立即与顾客建立良好关系的机会。预约的意义如下。

- 可以缩短顾客的等待时间，保证顾客按约定的时间取车，从而减少顾客的抱怨。
- 可以非常准确地利用车间的设备，提高利用率，减少设备空闲时间。
- 可以对接受的汽车维修订单进行合理的时间安排，削峰填谷。
- 可以及时订购备件，减小备件库存。

（2）预约的方式

预约主要通过电话预约完成，分为经销商主动预约和用户主动预约两种形式。

经销商主动预约：根据提醒服务系统及用户档案，经销商主动预约用户进行维修保养。

用户主动预约：引导用户主动与经销商预约。

（3）预约的工作内容

• 询问用户及车辆基础信息（核对老用户数据、登记新用户数据）。

• 询问行驶里程。

• 询问上次维修时间及是否是重复维修。

• 确认用户的需求及车辆故障问题。

• 介绍特色服务项目并询问用户是否需要这些项目。

• 确定服务顾问的姓名。

• 确定接车时间。

• 暂定交车时间。

• 提供价格信息。

• 告知用户需要携带的相关资料（如随车文件、防盗器密码、防盗螺栓钥匙和维修记录等）。

（4）预约要点

① 保证必要的电话礼仪。

• 电话铃响在 3 声之内接起。

• 在电话机旁准备好纸笔进行记录。

• 确认记录下的时间、地点等。

• 告知对方自己的姓名。

② 了解客户的潜在需求。

• 详细了解客户车辆服务记录。

• 尽可能收集信息以缩短客户服务登记的时间。

• 确保让客户清楚可能需要做的其他服务项目。

③ 准确的预计时间与费用。

• 如果是保养客户，提供预计需要的时间和费用。

• 如果已经诊断过车辆，提供预计需要的时间和费用。

• 不能确定时，告知客户在经过客户同意之后才进行下一步工作。

④ 尽可能将预约放在空闲时间，避免太多约见挤在上午的繁忙时间及傍晚。

⑤ 留 20％的车间容量应付简易修理，紧急修理前一天遗留下来的问题。

⑥ 将预约间隔开，防止重叠。

⑦ 与安全有关的、返修顾客及投诉顾客的预约应予以优先安排。

案例

张先生是一家小型建筑装潢公司的老板，生意十分繁忙。这两天他感觉他开的迈腾轿车加速时有些抖动，于是便开车到他经常光顾的一家维修站。刚一进门就看见业务接

待桌前围了很多人，他等了半天才排上队，开好了派工单。张先生开车到维修间，看到车间里的车辆停得满满的，车间主任告诉他来的不是时候，再等半小时才能给他检修，什么时候能修好，车间主任也说不清楚。这期间不停地有人打电话找张先生有事，张先生有点不耐烦了，决定不修了，就这样，他开着带病的车返回了单位。一连几天，他都开着这辆车办事，虽然有点不舒服，也只好勉强这样。忽然有一天，他接到一个电话，是原来他曾经去过的另外一家修理厂的服务小姐打给他的，问他车辆状况怎么样？他把一肚子委屈一股脑儿地向服务小姐倾诉出来，服务小姐问他什么时候方便，可以与我们预约，提前给他留出工位，准备好可能用到的配件和好的修理工。张先生想了想，决定次日早晨 9：00 去。第二天早晨 8：00，服务小姐就给张先生打电话，说一切工作准备就绪，问张先生什么时间赴约，张先生说准时到达。当张先生 9：00 开车到达修理厂时，业务接待热情地接待了他，并拿出早已准备好的维修委托书，请张先生过目签字，领他来到车间。车间业务虽然很忙，但早已为他准备好了工位和维修工。维修工是一位很精明的小伙子，他熟练地操作仪器检查故障，最后更换了 4 个火花塞，故障就排除了，前后不到半小时。张先生非常高兴，从此他成为这家修理厂的忠实顾客。

（5）预约的流程

① 进行预约。根据提醒服务系统及用户档案，一汽一大众经销商主动预约用户进行维修保养，对返修顾客和投诉顾客要特别标出，以引起其他相关工作人员的注意。

② 填写预约表。参考顾客档案，将顾客及车辆资料写在修理单上。

③ 确认预约。提前两天与顾客联络，确认预约客户。

图 2-2 所示为预约流程。

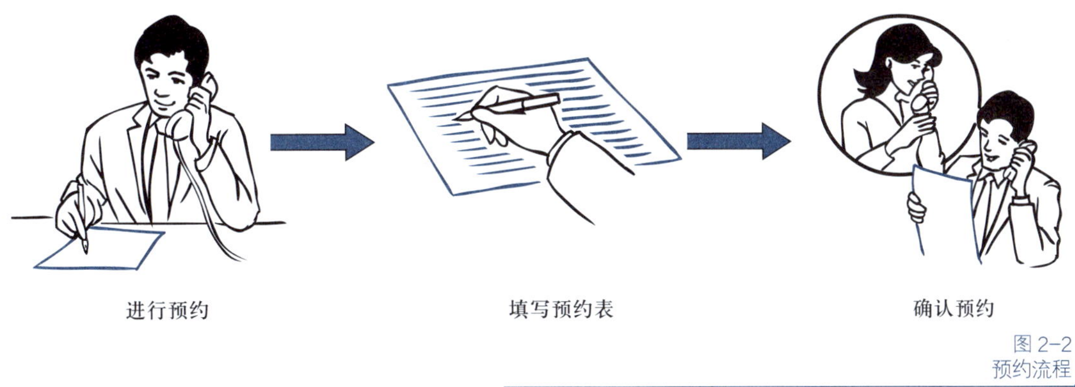

图 2-2
预约流程

2. 准备工作

（1）准备的工作内容

- 草拟工作订单，包括目前为止已了解的内容，可以节约接车时间。
- 检查是否重复维修，如果是，在订单上做标记以便特别关注。
- 检查上次维修时发现但没纠正的问题，记录在本次订单上，以便再次提醒用户。

• 估计是否需要进一步工作。
• 通知有关人员（车间、备件、接待、资料、工具）做好准备。
• 提前一天检查各方能力的准备情况（技师、备件、专用工具、技术资料）。
• 根据维修项目的难易程度合理安排人员。
• 定好技术方案（对于重复维修、疑难问题）。
• 如果是外出服务预约，还要做相应的其他准备。

（2）准备工作要点

• 填写欢迎板。
• 填写《预约登记表》。
• 备件部设有专用的预约备件存放区。
• 准备相应的工具、工位和技术方案。
• 落实所负责的预约备件完全到位。
• 提前 1 小时进行电话确认。
• 服务顾问确保做好以下准备工作。
• 任何特别需要，如召回、维修。
• 确保有零部件，如有可能提前取出来，从而提供最快的服务。
• 在服务通道准备预约客户的欢迎牌欢迎他们的到来。
• 如果有可能，提前准备好可能需要的交通工具，如出租车、往返汽车和替换车等。
• 要有技术人员立即诊断预约维修客户的车辆。
• 如准备工作出现问题，预约不能如期进行，尽快告诉用户重新预约。
• 建议车间使用工作任务分配板。

（3）准备工作流程

① 准备修理单。参考顾客档案，打印出资料或预约表，将顾客及车辆资料填写在修理单上。对返修顾客和投诉顾客要特别标出，以引起其他相关工作人员的注意。

② 确认备件库的预约备件。确定供简单工作及定期检查用的主要零件有库存，若预约备件不足，则要求备件部门订购必要的备件。

③ 确认维修技术人员。根据维修项目的难易程度合理安排维修人员，准备相应的工具、工位和技术方案。

图 2-3 所示为准备工作流程。

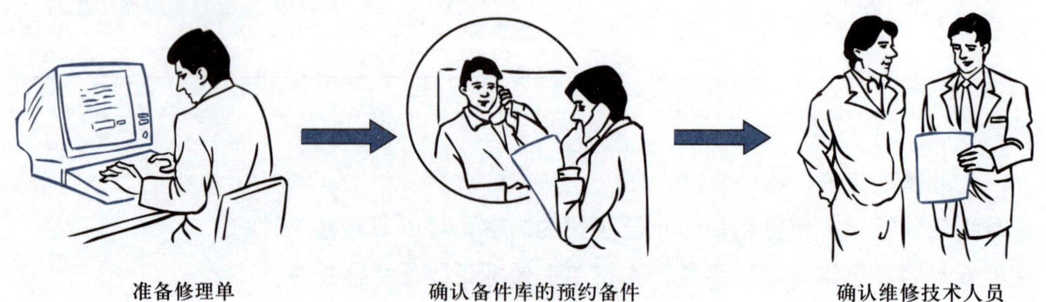

图 2-3
准备工作流程

3. 接车/制单

（1）接车/制单工作内容

- 识别用户需求（用户细分）。
- 自我介绍。
- 耐心倾听用户陈述。
- 当着用户的面使用保护罩。
- 全面彻底地维修检查。
- 如有必要与用户共同试车。
- 总结用户需求，与用户共同核实车辆和用户信息，将所有故障及用户意见（修或不修）写在任务单上，用户在任务单上签字。
- 提供详细价格信息。
- 签订关于车辆外观、车内物品协议或将此内容包括在任务单上。
- 确定交车时间和方式（交车时间尽可能避开收银台前的拥挤时间）。
- 向用户承诺工作质量，做质量担保说明和超值服务项目说明。

（2）接车/制单工作要求

- 遵守预约的接车时间（用户无须等待）。
- 预约好的服务顾问要在场，不能因为工作忙，就叫其他人员（如维修人员）代替，这样会让顾客感到不受重视，顾客会对企业产生不信任感。
- 要求维修经理指派人员来协助，以免在繁忙时间对顾客造成不便。
- 将胸牌戴在显眼的位置，以便让顾客知道在与谁打交道。这样有利于增加信任。
- 接车时间要充足（足够的时间关照用户及做维修方面的解释说明）。
- 接待的顾客分为预约顾客和未预约顾客两类。

预约顾客：取出已准备好的维修单和顾客档案，陪同顾客进入维修区。这样，可以让顾客感到对他的预约十分重视，他对接待这一环节会很满意的。

未预约顾客：仔细询问，按接待规范进行登记。

- 在填写维修单之前与顾客一起对车辆进行检查，使用五件套，提供手提袋装纳顾客的物品，向顾客解释检查内容及益处，同时看一下车辆是否存在某些缺陷（如车身某处有划痕、某个灯破碎等），把这些缺陷注明在维修单上。如果在行驶中发现故障，应与顾客一起进行试车，发现新的故障还可以增加维修项目。若服务顾问对这一故障没有把握，也可以请一位有经验的技师一起进行车辆诊断。
- 告诉顾客所进行的维修工作的必要性和对车辆的好处。
- 在确定维修范围之后，告诉顾客可能花费的工时费及材料费。如果顾客对费用感到吃惊或不满，应对此表示理解，并为其进行必要的解释，千万不要不理睬或讽刺挖苦。接待时对顾客的解释会换来顾客的理解。
- 在一些情况下，如果只有在拆下零件或总成后才能准确地确定故障和与此相关的费用时，报价应当特别谨慎。例如，服务顾问应当告诉顾客诸如以下措辞："以上是大修发动机的费用，维修离合器的费用核算不包括在内，只能在发动机拆下后才能确定”等。

• 分析维修项目，告诉顾客可能出现的几种情况，并表示会在处理之前事先征得顾客的同意。例如，顾客要求更换活塞环，服务顾问应当提醒顾客可能会发现气缸磨损。拆下缸盖后将检查结果告诉顾客，征求顾客的意见。

• 服务顾问打印维修单，与顾客沟通确认后，请顾客在维修单上签名确认。

• 提醒顾客将车上的贵重物品拿走。

（3）接车 / 制单工作流程

① 日常准备。在顾客到来之前，准备必要的文件、脚垫和座椅套等。

② 接待顾客。礼貌地迎接顾客，进行自我介绍，询问顾客姓名，以及他 / 她是否已提前预约等。对于未预约客户，在修理单上写下顾客和车辆的资料。询问顾客是否第一次来此处。对于预约客户，取出已准备好的修理单和顾客档案 / 资料。

③ 识别用户需求。耐心倾听用户陈述，询问检查目的和里程表读数，然后确定技术检查程序（如 40 000 千米例行检查），了解故障现象及故障产生的情况等，用顾客的原话将症状及要求写在修理单上。

④ 接车前的检查（环检）。在填写维修单之前与顾客一起对车辆进行检查，当着顾客的面使用五件套，提供手提袋装纳顾客的物品，同时看一下车辆是否存在某些缺陷（如车身某处有划痕，某个灯破碎等）、有无贵重物品留在车中等，把这些缺陷注明在维修单上。如果在行驶中发现故障，应与顾客一起进行试车。

返修或投诉的车辆可要求车间主任协助，在修理单上清楚提示“返修”或“投诉”。

⑤ 打印维修单（任务委托书）。总结用户需求，解释要做的工作、估价、交车日期及时间，与用户共同核实车辆及用户信息，将所有故障及用户意见（修或不修）写在任务单上，服务顾问打印维修单，用户在任务单上签字。

图 2-4 所示为接车流程。

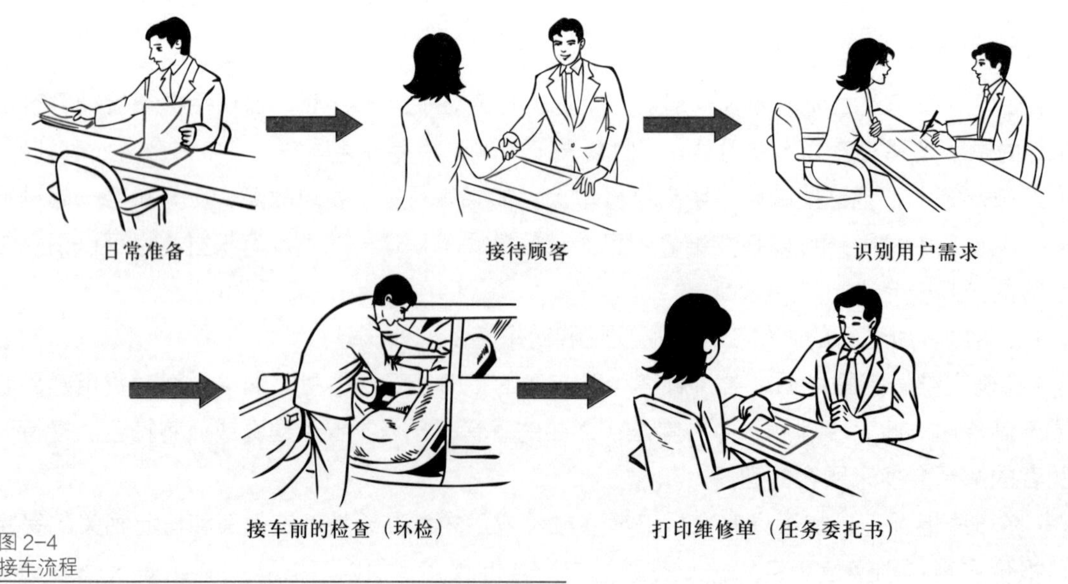

图 2-4
接车流程

4. 修理 / 进行工作

（1）维修的重要性

维修作业是维修企业的核心环节，维修企业的经营业绩和车辆维修质量主要由此环节产生，做好维修工作十分必要。

（2）维修 / 进行工作的工作内容

• 遵守接车时的安排。

• 车间或小组分配维修任务，全面完成订单上的内容。

• 保证修车时间。

• 订单外维修需征得用户签字同意。

• 正确使用专用工具、检测仪器和参考技术资料，避免野蛮操作。

• 做好各工种和各工序之间的衔接。

• 技师在维修工作定单上签字。

（3）修理 / 进行工作的工作要求

• 维修人员要保持良好的职业形象，穿着统一的工作服和安全鞋。

• 作业时要使用座椅套、脚垫、翼子板罩、转向盘套和换挡杆套等必要的保护装置。

• 不可在顾客车内进行吸烟、听音响和使用电话等与维修无关的工作。

• 作业时车辆要整齐摆放在车间，时刻保持地面、工具柜、工作台和工具等的整齐清洁。

• 作业时工具、油水、拆卸的部件及领用的新件不能摆放在地面上。

• 维修完毕后，将旧件、工具和垃圾等收拾干净。

• 将更换下来的旧件放在规定位置，以便顾客带走。

• 将座椅、转向盘和后视镜等调至原来的位置。如果拆卸过蓄电池，收音机、电子钟等的存储已被抹掉，应重新恢复。一定要注意这些工作细节。

5. 质检 / 内部交车

（1）质检的重要性

只有稳定的维修质量才能使顾客满意，才能保障维修业务健康、持续、稳定地发展下去。因此，在维修过程中和维修结束后认真进行质检不仅可以保障客户满意率，更重要的是，可以减少返修率，为企业节省时间和金钱，提高企业在顾客心中的地位。

（2）质检 / 内部交车的方式

• 自检。

• 互检：班组长检查。

• 终检：终检员签字（安全项目、重大维修项目根据行业标准检验）。

（3）质检 / 内部交车的工作内容

• 随时控制质量，在用户接车前纠正可能出现的问题，即自检。

• 路试（技师 / 工或服务顾问）。

• 在工作单上写明发现但没有纠正的问题，服务顾问签字。

• 清洁车辆。

• 停车并记录停车位。

• 准备服务包（特色服务介绍等宣传品、资料、礼品、用户意见调查卡等）。

• 向服务顾问说明维修过程及问题。

（4）质检 / 内部交车的工作要求

• 知道客户的车辆历史，包括是否曾被召回。

• 确认客户提到的所有需求。

• 让客户了解获得所需信息的重要性。

• 向客户解释，如果费用或时间变化会及时联系告知。

• 确保维修车间已进行了有效的工作分配，做好准备为预约及未预约的客户提供服务。

• 如果是返修或投诉，请维修经理亲自确认所做的交车准备工作（例如，所做的工作、工作质量、换掉的零件和文件等）。

• 建议让当初接待顾客的那位业务接待人员做交车的准备工作，并在交车时对所做的工作进行解释。

（5）质检 / 内部交车的流程

① 维修后质量自检。随时控制质量，在用户接车前纠正可能出现的问题，查看修理单，以确认最后检查已完成（如车间主任签字）。如有必要，由技师 / 工或服务顾问进行路试。要求维修经理批准特别修理（如昂贵的修理、保修工作或返修等）的收费。要求维修经理亲自确认返修或投诉车辆的交车前的最后检查。在修理手册或质量保证书中记录已完成的检查。

② 清洁车辆。确认车辆里外已清理干净。确认其他交车前的礼仪工作（将座椅恢复到原来位置），再次检查接车前的检查项目（车身损伤等），并与原先的检查进行比较。

③ 准备交还给顾客的材料。准备要交还给顾客或要给顾客看的换下来的零件和材料、修理手册或质量保证书。

图 2-5 所示为质检流程。

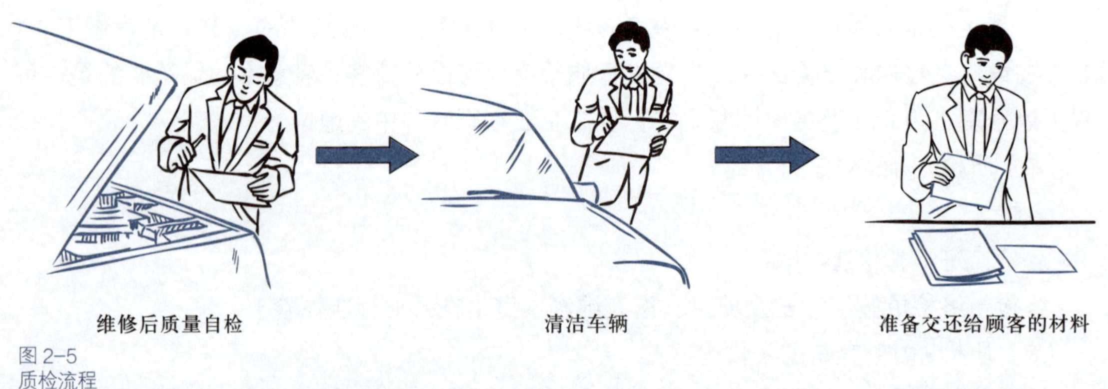

图 2-5
质检流程

6. 交车 / 结账

（1）交车 / 结账的工作内容

• 检查发票（材料费、工时费与实际是否相符）。

• 向用户解释发票内容。

• 向用户说明订单外工作和发现但没去解决的问题，对于必须修理但用户未同意的项目要请用户签字。

• 给用户看旧件。

• 指示用户看所做的维修工作。

• 告知某些备件的剩余使用寿命（制动 / 轮胎）。

• 向用户讲解必要的维修保养常识，宣传经销商的特色服务。

• 向用户宣传预约的好处。

• 告别用户。

（2）交车 / 结账的工作要求

• 准时交车。

• 交车时间要充分。

• 遵守估价和付款方式。

• 确保车辆内外清洁，检查维修过的地方无损坏或油污。客户可以明白地感受到你对他的车进行了处理，第一印象往往是最重要的，正是那些并非为客户所期待的“额外的举手之劳”，常常会在很大程度上增加客户的满意度。

注意

交付顾客一辆洁净的车辆非常重要，尤其是一些小细节，例如，烟灰盒里的烟灰必须倒掉，时钟要调整正确，以及座椅位置要调整正确等，汽车外观的保养占用的时间很少，却事半功倍。

• 应该逐项解释收费（工时费和零件价格），并且展示换下来的零件。

• 作为汽车保养专家，应向顾客讲述在维修过程中发现的问题，如何防止故障再发生。例如，您的爱车制动摩擦片只剩下 4 毫米，只能行驶六七千千米，一定记住及时更换，否则制动效果会降低，也会造成制动盘磨损。

• 提供资料，让顾客可以享受更多的驾驶乐趣。

• 在顾客取车时，服务顾问应亲自带领顾客看一下维修完毕的车辆，并使他确信选择这家维修厂进行车辆维修的决定是正确的，并尽可能说明免费为顾客进行的项目。例如，手制动器行程太大了，可能导致手制动器失效，已给你调整了。

• 当面展示给顾客一点额外关怀。例如，给吱吱作响的车门铰链加油润滑，调整玻璃清洗液喷嘴角度等。

• 向顾客提出关怀性建议。例如，轮胎气压不足会增加燃油消耗，因此，应经常检查胎压；清洗液喷嘴被车蜡堵住了，清洗液喷不出来，已将车蜡清除了，以后打蜡时要多加注意。

（3）交车 / 结账的流程

① 通知顾客提车。到休息室或打电话通知顾客维修工作已完成，请顾客提车。

② 解释所做的工作和收费。解释所做的工作，并展示换下的零件。陪顾客到车旁，展示接车前检查的项目都已完成（如门铰链已加油），展示所做工作的质量（如果在诊断时进行了路试，此时也应与顾客一起进行路试），向顾客讲述在维修中发现的问题，并且提供有用的资讯。

③ 请顾客付款。取下座椅套，陪顾客至业务接待处。向顾客解释所做的工作，请顾客付款。通知顾客下次保养检查的时间。询问顾客何时进行维修后跟踪比较方便。

④ 送顾客离去。交还修理手册或质量保证书、锁匙等。陪同顾客去取车。感谢顾客，并且送他离去。

图 2-6 所示为交车 / 结账流程。

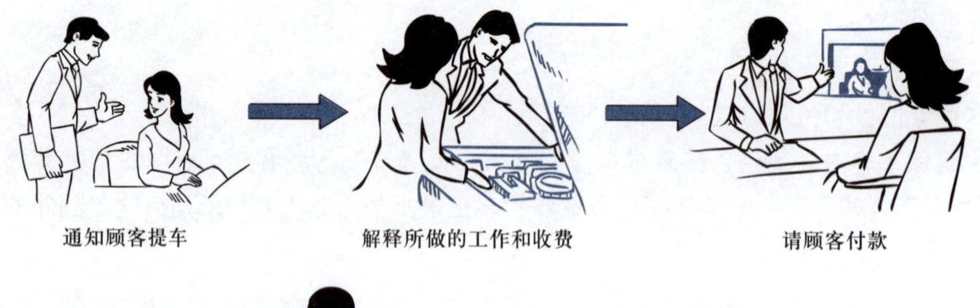

图 2-6
交车 / 结账流程

7. 跟踪（电话回访）

（1）跟踪回访的好处

• 对顾客的惠顾表示感谢，提高顾客的信任度。

• 了解顾客对服务是否满意；如果他 / 她不满意，采取行动解决任何可能存在的问题。

• 将跟踪结果反馈给服务顾问、服务经理和车间主任等，找出改进工作的措施，以利于今后的工作。

• 通知顾客下一次例行保养检查的时间。

（2）跟踪回访的工作内容

图 2-7 所示为电话回访流程图。

（3）跟踪回访的工作要求

• 打电话时为避免用户觉得他的车辆有问题，建议使用标准语言及标准语言顺序，发音要自然、友善。

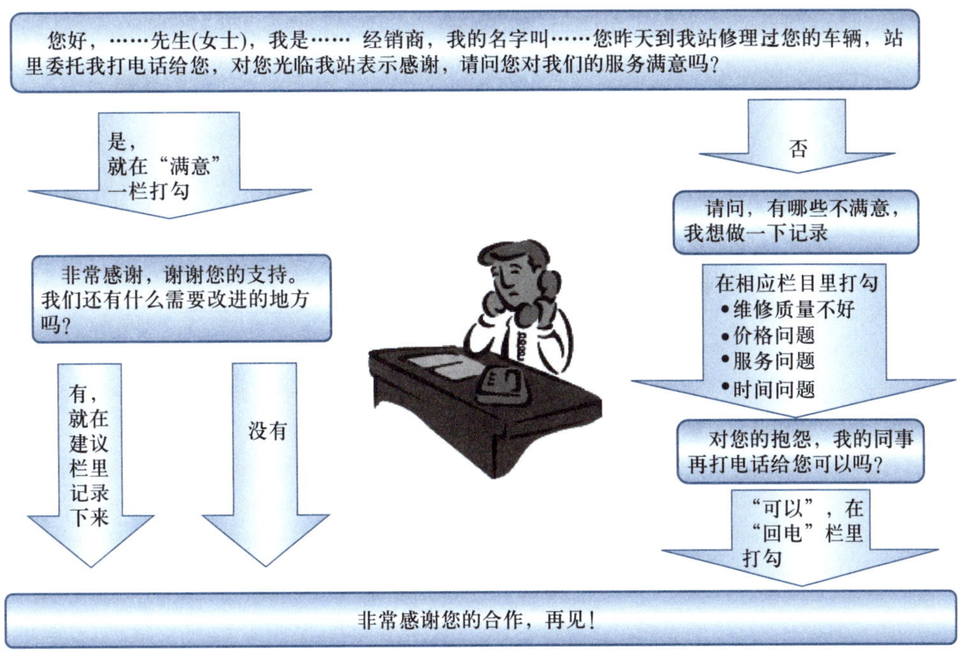

图 2-7
电话回访图

• 不要讲话太快，一方面给没有准备的用户时间和机会回忆细节，另一方面避免用户觉得你很忙。

• 不要打断用户，记下用户的评语，无论批评或表扬。

• 维修一周之内打电话询问用户是否满意。

• 打回访电话的人要懂得基本的维修常识，懂得沟通及语言技巧。

• 打电话时间要回避用户不方便接听电话的时间。

• 如果用户有抱怨，不要找借口搪塞，告诉用户你已记下他的意见，并让用户相信如果他愿意有关人员会与他联系并解决问题，有关人员要立即处理，尽快回复用户。

• 对跟踪的情况进行分析并采取改进措施。

• 对用户的不合理要求进行合理解释。

• 回访比例不少于 1/2。

• 回访对象必须是各种类型（用户类型、订单类型）的用户，对象越多越有代表性；维修费的多少也可以作为一个衡量标准。

（4）跟踪回访的流程

① 维修后跟踪。取出有关的修理单（在维修后一周以内），通过电话，在预约的日期和时间联络顾客，并且按照预定的程序进行跟踪（例如，感谢顾客惠顾、确认他 / 她是否满意等）。如果顾客满意，感谢顾客，并欢迎继续光临惠顾；如果顾客不满意或有投诉，感谢顾客向你提出了问题，帮助你杜绝同样问题。请顾客将车开回维修中心，并解决投诉的问题。立即向维修经理报告投诉。

② 回访跟踪结果反馈。总结当天跟踪的结果，向维修经理报告跟踪结果。

图 2-8 所示为电话回访流程。

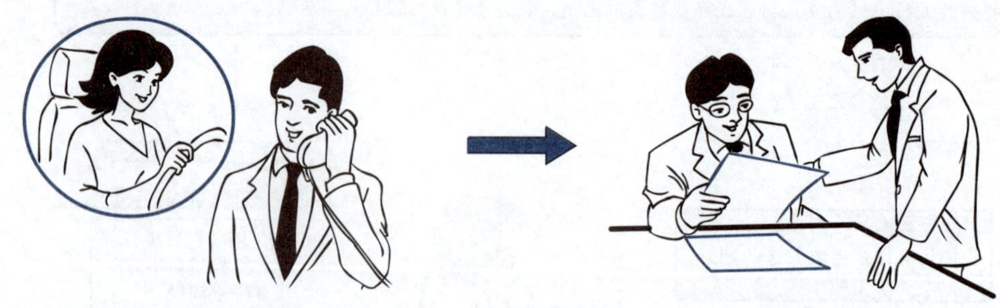

图 2-8
电话回访流程

2.3 接待礼仪

礼仪可以体现出一个人的精神状况，给人一种视觉印象，代表了一个人的气质。有形、规范、系统的服务礼仪，不仅可以树立服务人员和企业良好的形象，更可以塑造受客户欢迎的服务规范和服务技巧，能让服务人员在与客户交往中赢得理解、好感和信任。

2.3.1 仪容仪表

1. 男服务顾问

- 头发：每天洗头，梳理整齐没有头皮屑。
- 刘海：梳理前额刘海以保持额头洁爽。
- 颜色：保持原色不染发或染黑色、棕色。
- 发型：短发，发脚侧不过耳，后不过领，服帖整齐，不可蓬松杂乱。
- 眼睛：清洁、无分泌物，避免眼睛布满血丝。
- 脸：面部清洁，胡须每日一理，刮干净。
- 嘴巴牙齿：饭后洁牙，清洁、无残留物及异味，口气清新。
- 指甲：清洁，定期修剪，短于指尖。
- 着装原则。

基本原则：庄重、整洁、大方，全身 3 种颜色以内。

穿西装的原则如下。

要拆除衣袖上的商标。

要熨烫平整。

要扣好第一颗纽扣。

要不卷不挽。

要巧配内衣。

外面的口袋不装东西。

衬衣：标准工装。

领带：领带紧贴领口，系得美观大方（颜色、长短、领带夹）。

佩戴吊牌：佩戴工作吊牌，颈后吊绳必须藏于衣领内，吊牌必须端正面向客户。

佩戴胸牌：穿西装时佩戴于左翻领扣处，穿衬衣时佩戴于衬衣口袋齐平上 1 厘米正中。

2. 女服务顾问

- 头发：梳洗整齐且没有头皮屑。
- 刘海：请梳理前额刘海以保持额头洁爽。
- 颜色：染发不得过于鲜艳、怪异。
- 发型：马尾、短发、盘发。
- 发饰：选用大小适中的发饰。
- 眼睛：清洁、无分泌物，避免眼睛布满血丝。
- 化妆：淡妆，涂亮口红。
- 嘴巴、牙齿：清洁、无残留物及异味，口气清新。
- 指甲：清洁，定期修剪，短于指尖；指甲油只限于透明色。
- 香水：清新淡雅，不可浓烈。
- 着装原则；简单、大方、整洁、明快。

2.3.2 肢体语言

• 微笑：微笑是一种国际礼仪，能充分体现一个人的热情、修养和魅力，微笑可以感染客户，微笑可以激发热情，微笑可以增强创造力。

• 站姿：上身正直，挺胸收腹，腰直肩平，两臂自然下垂。

• 坐姿：上身正直，胸部向前挺，双肩放松平放，躯干等正对前方，目光平视，面带微笑。入座时要轻，坐满椅子的 2/3，后背轻靠椅背，双膝自然并拢（男性可略分开），身体稍向前倾，以表示尊重和谦虚，如长时间端坐，可双腿交叉重叠，但要注意将上面的腿向回收，脚尖向下。

• 走姿：头部伸直，肩部放松，胸部舒展挺起，腹部和臂部适度收缩。

• 蹲姿：背不要弯，也不要低头，上身始终保持挺立，大方得体。

• 握手：握手的顺序是：上级在先、主人在先、长者在先、女性在先；握手时，力气不宜过大，但也不宜毫无力度；握手时，应目视对方并面带微笑，不能戴着手套与人握手；握手的时间不宜过长，以 3~5 秒为宜。

• 交换名片：递名片的次序是由下级或访问方先递名片，如果是在进行介绍时，应由先被介绍方递名片，递名片时，应说些“请多关照”“请多指教”之类的寒暄语；互换名片时，应用右手拿着自己的名片，用左手接对方的名片后，用双手托住，互换名片时，也要看一遍对方的职务、姓名等。

2.3.3 服务用语

1. 声音的运用

- 控制语音：语速的节奏要井井有条。
- 重音运用：强调某些关键之处。

- 亲切设计：让客户觉得我的声音很专业。

2. 标准服务用语
   - “欢迎光临”。
   - “先生 / 女士您好”。
   - “有什么需要帮忙的”。
   - “请问先生 / 女士您需要在这里等吗”。
   - “有什么问题，请随时跟我联系”。
   - “这是我的名片！请多多指教”。

3. 最常用的礼仪敬语

   常说“请”“谢谢”和“对不起”。
   - “请”字常挂嘴边，有礼到处受欢迎。
   - “谢谢”不一定有实质的交易，服务或体验也可以谢谢。
   - “对不起”是一种过失关怀的礼节，道歉并不表示错误。

4. 禁忌语言
   - 不知道。
   - 好像。
   - 可能 / 大概 / 也许 / 含糊不清的语言。
   - 不能，不可以。
   - 这不是我的责任。
   - 问题不大还行。

2.3.4　电话礼仪

1. 接电话的注意事项
   - 电话铃响在 3 声之内接起。
   - 电话机旁准备好纸笔进行记录。
   - 确认记录下的时间、地点等。
   - 告知对方自己的姓名。

2. 拨打电话的注意事项
   - 重要的第一声。
   - 要有喜悦的心情。
   - 清晰明朗的声音。
   - 认真清楚的记录。
   - 了解拨打电话的目的。
   - 挂电话前的礼貌。

3. 转接电话标准用语

- 您好！这里是 ×× 公司！
- 请稍候，我将为您转接。
- 对方占线，请您稍等一下。
- 马上为您转接。

4. 留言电话的注意事项

- ×××，现在不在，我是 ××，是否可以由我为您服务？
- 对不起，××× 不在，是否需要留言？
- 对不起，××× 正在……，是否需要等候呢？

2.3.5 道歉的技巧

① 道歉应当文明而规范。
② 道歉应当及时。
③ 道歉应当大方。
④ 道歉可能借助于“物语”。
⑤ 道歉并非万能。

2.3.6 常用礼节

1. 问候礼仪

- 早晨上班见面时，互相问候。
- 因公外出应向部门的其他人打招呼。
- 在公司或外出时遇见客人，应面带微笑主动上前打招呼。
- 下班时也应打招呼后再离开，如“明天见”“再见”等。

2. 座次礼仪

会客室离门口较远的席位为上席，如图 2-9 所示。

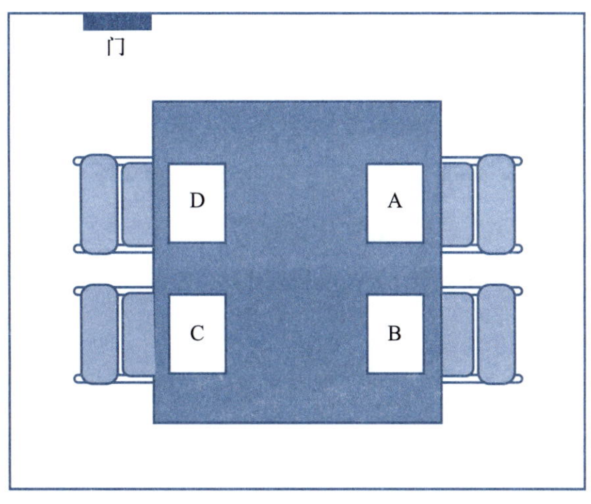

图 2-9
会客室座次图

客人来访时按照职位顺序从内和外入座，如图 2-10 所示。

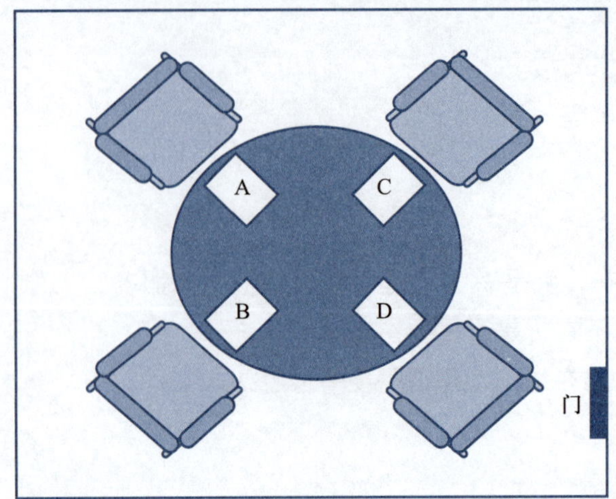

图 2-10
职位座次图

3. 奉茶和咖啡的礼仪

- 奉茶或咖啡时客人优先。
- 留意奉茶或咖啡的动作。
- 拿起托盘退出会客室。

4. 建立良好的人际关系

- 遵时守约。
- 尊重上级和老同事。
- 公私分明。
- 加强沟通与交流。
- 不回避责任。
- 态度认真。

思考题

1. 作为一名服务顾问，你怎样看待你的客户，尤其是蛮不讲理的刁蛮客户?
2. 你认为要想成为一名优秀的服务顾问，应该具备哪些条件?
3. 对于流失的客户，你认为是什么原因导致的?
4. 请说出递名片时应注意的礼仪?

模块 3
车间修理

学习目标

1. 了解汽车保养的内容。
2. 掌握首保的内容和规定。
3. 了解钣金喷漆的内容。
4. 掌握车间维修质量的管理。
5. 了解车间维修技术的管理。

3.1　车间修理类型

一汽—大众经销商的车间修理主要有 3 种类型：分为汽车保养、机电维修和钣金喷漆。

3.1.1　汽车保养

只有定期对车辆进行保养才能保证其始终处于一个良好的运行状态，正确保养车辆，还可以达到延长车辆使用寿命的目的。

汽车保养通常分为定期保养和季节保养两种。其中定期保养由于时间和里程的约定，包含的项目非常多，可以参考定期保养单表 3-1，这里重点讲述常规保养、更换正时皮带、更换自动变速箱油（ATF 油）、检查底盘和首保这几项保养。

表 3-1　迈腾轿车定期保养项目

定期保养项目 - 按里程（每隔千千米）	7.5	15	25	35	45	55	65
查询自诊断系统故障存储器	■	■	■	■	■	■	■
检查安全气囊和安全带状态及安全气囊罩是否损坏		■	■	■	■	■	■
检查车内所有开关、车内照明、手套箱照明、用电器、显示器，以及仪表各警报指示灯的功能		■	■	■	■	■	■
检查车外前部、后部和行李箱照明灯等所有灯光状态和闪烁报警装置、静态弯道行车灯、自动行车灯控制功能		■	■	■	■	■	■
检查大灯光束，如必要，调整大灯光束		■	■	■	■	■	■
检查风窗刮水器、清洗器及大灯清洗装置功能，如必要，调整喷嘴并添加清洗液		■	■	■	■	■	■
检查粉尘及花粉过滤器：清洗外壳，更换滤芯		■	■	■	■	■	■
润滑车门制动器和车门铰链	■	■	■	■	■	■	■
检查滑动天窗功能、清洗导轨并用专用润滑脂润滑		■	■	■	■	■	■
目测检查发动机及机舱内的其他部件是否有泄漏或损坏（从上面）	■	■	■	■	■	■	■
检查制动液液位	■	■	■	■	■	■	■
检查冷却液液面高度及浓度（防冻能力），如必要，添加冷却液或调整浓度	■	■	■	■	■	■	■
检查风窗清洗液液面高度，必要时添加清洗液	■	■	■	■	■	■	■

续表

定期保养项目－按里程（每隔千千米）	7.5	15	25	35	45	55	65
检查蓄电池固定情况，电眼颜色（免维护蓄电池无电眼检查电瓶电压）	■	■	■	■	■	■	■
清洗空气滤清器壳体，必要时更换滤芯		■	■	■	■	■	■
更换空气滤清器滤芯，清洗壳体			■		■		■
检查火花塞状态，如必要，更换火花塞	■		■		■		■
更换火花塞		■		■		■	
检查喷油嘴状态（适用于 1.8TFSI 发动机）	■	■	■	■	■	■	■
检查正时齿带状态及张紧度，仅限于 2.0L 2V 85kW 汽油发动机		■	■	■	■	■	■
检查多楔皮带的状态，必要时更换皮带			■		■		■
更换发动机机油及机油滤清器	■	■	■	■	■	■	■
目测检查变速箱，主减速器及等速万向节防护套有无泄漏或损坏（从下面）	■	■	■	■	■	■	■
检查转向横拉杆球头的间隙，紧固程度及防尘套状况	■	■	■	■	■	■	■
检查手动变速箱内的齿轮油油位，如必要，添加齿轮油	■	■	■	■	■	■	■
检查自动变速箱润滑油（ATF）油位，如必要，添加润滑油（ATF）		■		■		■	
检查自动变速箱润滑油（ATF）油位及油质，如必要，添加或更换润滑油（ATF）			■		■		■
检查主减速器机油油位，如必要，添加机油，仅限于全轮驱动（4MOTION）						■	
检查 DSG 直接换挡变速箱齿轮油油位，如必要，添加 DSG 变速箱齿轮油		■		■		■	
检查 DSG 直接换挡变速箱齿轮油油位及油质，如必要，添加或更换 DSG 变速箱齿轮油			■		■		■
检查 Haldex 离合器机油，如必要，添加离合器机油，仅限于全轮驱动（4MOTION）		■		■		■	
检查 Haldex 离合器机油及油质，如必要，添加或更换离合器机油，仅限于全轮驱动（4MOTION）			■		■		■
更换燃油滤清器				■			■
加注燃油添加剂 G17（备件号：G 001 700 03）	■	■	■	■	■	■	■
目测检查制动系统是否有泄漏和损坏	■	■	■	■	■	■	■
检查排气系统是否有泄漏或损坏及紧固程度		■	■	■	■	■	■
目测检查车身底部防护层和底饰板是否破损		■	■	■	■	■	■
检查前、后制动摩擦衬块厚度	■	■	■	■	■	■	■
检查所有轮胎（包括备胎）的花纹深度、磨损形态，清除轮胎上的异物	■	■	■	■	■	■	■

续表

定期保养项目 – 按里程（每隔千千米）	7.5	15	25	35	45	55	65
进行轮胎换位，按要求检查轮胎气压，必要时校正，检查车轮螺栓拧紧力矩	■	■	■	■	■	■	■
保养周期指示器复位	■	■	■	■	■	■	■
试车：检查脚、手制动器，变速箱，离合器，以及转向及空调等功能，查询故障存储器，终检	■	■	■	■	■	■	■

注：• 每 24 个月更换制动液。

• 各次定期保养（包括 7 500 千米首次保养）的燃油添加剂 G17 均由用户购买。

1. 定期保养

（1）首保

按汽车生产企业售后服务部规定的时间及时进行新车首保，无论是对于汽车的技术状态，还是将来对车辆备件进行索赔，影响都是非常大的。详细了解首保业务也是非常必要的。

① 首保的目的。厂家为了保证使用厂家系列产品的用户车辆处于良好的技术状态，决定对售出的车辆进行强制性首次保养。此项工作由经销商承担，对用户免费，由厂家承担。

② 首保规定

• 凡用户购置一汽一大众公司生产的产品行驶到规定里程范围，应该接受新车首次免费保养。

保养里程：捷达、高尔夫、宝来和奥迪 C3V6 等 7 500 千米；奥迪 A6、A4 15 000 千米。

超过里程车辆将不提供免费保养服务。

免费保养凭证为随车技术文件中的 7 500 km（15 000 km）免费保养凭证

• 保养项目按照规定进行（保养手册）。

• 保养后，用户认可，由经销商和用户在保养手册上盖章签字，以便日后办理索赔业务，未经首次保养的车辆，无索赔权。

• 用户委托的公路送车单位，必须严格执行新车保养规定，若违反规定，厂家不再提供免费保养服务和质量担保。

③ 首保程序

• 用户提供行车证、产品合格证、保养手册和免费保养凭证。

• 经销商审核、车证相符，对未超出保养里程的车辆给予免费保养服务。

④ 首保项目。见定期保养单表 3-1。

⑤ 结算办法

• 工时费及材料费由厂家承担，费用按规定执行。

• 保养检查时，若发现质量问题，用索赔方式处理。

• 因使用不当造成损坏，可由经销商提供有偿服务。

• 保养结束后，填结算单，盖索赔章，开具发票，盖企业章，按规定时间将结算单、发票及免费保养凭证寄往服务科审核结算。

• 因保养不当而造成质量问题，由保养单位负责。

• 不按照规定项目认真工作，造成不良后果的，将追究经销商责任。

（2）小保养

小保养一般是指汽车行驶距离不长，为保障车辆性能而做的常规保养项目，主要包括更换机油及机油滤芯，以及汽车的一些常规检查项目。

机油及机油滤芯的更换主要是针对润滑系统进行的维护保养。润滑系统的主要作用就是对汽车发动机的各个部件进行有效的润滑，以防过度磨损。机油滤清器的功能是去除机油中的各种杂质，保证润滑系统的正常，机油滤清器应在换机油时与机油一并更换。在常规情况下，汽车每行驶 5 000 千米时就需保养一次。

（3）大保养

大保养通常称为常规保养，是指汽车在行驶了较长距离后，除了更换“三滤”和火花塞等部件外，还需要更换制动液、防冻液、变速箱油、正时皮带等关键部件。

更换“三滤”和机油是保养中最常见的项目，其中“三滤”是指燃油滤清器、空气滤清器和机油滤清器，它们的作用是过滤汽油中、空气中和机油中的杂质，防止杂质进入发动机内部而引起发动机异常磨损或工作异常等现象发生。更换“三滤”的最终目的是为了更好地保护发动机，尽量延长发动机的使用寿命，这也是最常规的保养项目。

空气滤芯的作用是在空气进入气缸前对其加以过滤，去除其中夹带的杂质、灰尘和砂粒等异物。空气滤芯的清洁保养视使用环境而定。迈腾车的空气滤芯首次更换为 35 000 千米。

燃油滤清器：正确安装燃油滤清器可防止汽油在储运及加注过程中混入的杂质和水分所造成的气缸磨损。为保证发动机运转良好，更换燃油滤清器周期一般为 20 000 千米或 1 年。

花粉滤芯常规情况下，迈腾车首次更换为 15 000 千米，以后每 20 000 千米更换一次。

火花塞属易消耗件，每 20 000 千米 更换一次。此外，制动液、变速箱油、电瓶、节气门、喷油嘴和刹车片等部件，在常规保养时都属于检测项目，视使用情况进行维护与保养。

小保养和大保养是按照一定周期交替进行的，对有的车型来说，每隔 5 000 千米需要进行一次小保养，每隔 20 000 千米需要进行一次大保养，制动液和防冻液则是每隔 80 000 千米进行更换。

① 定期更换正时皮带。正时皮带的主要作用是用来驱动发动机的配气机构，使发动机的进、排气门在适当的时候开启或关闭，来保证发动机的汽缸能够正常地吸气和排气。对于所有的发动机来说，正时皮带是绝对不可以发生跳齿或断裂的，如果一旦发生跳齿现象，发动机不能正常工作，便会出现怠速不稳、加速不良或不着车等现象；如果正时皮带断裂的话，发动机就会立刻熄火，多气门发动机还会导致活塞将顶气门顶弯，严重的会损坏发动机。

正时皮带属于橡胶部件，随着发动机工作时间的增加，正时皮带和正时皮带的附件，如正时皮带张紧轮、正时皮带张紧器和水泵等都会发生磨损或老化。因此，凡是装有正时皮带的发动机，厂家都会有严格要求，在规定的周期内定期更换正时皮带及附件，更换周期则随着发动机的结构不同而有所不同，按保养手册要求，奥迪车辆行驶到 80 000 千米时应该更换，奥迪特许经销商人员也将根据车辆使用情况给出适合车辆的具体建议。

② 定期更换自动变速箱油（ATF 油）自动变速箱在保养时需要经常检查变速箱的油位

和定期更换变速箱油，奥迪车辆装有自动变速箱的车辆要求每 60 000 千米必须更换自动变速箱油。

需要注意的是，在换油时必须更换厂家规定的自动变速箱用油，这是因为不同的自动变速箱其内部结构、摩擦部件和密封部件等都会有所不同，原厂用油是根据变速箱的结构和材料特殊配制的，其他品牌的油即使质量很好但也未必适用，而且换变速箱油时会有部分旧的油液残存在变速箱的油道和液力变矩器内，在加入不同的油液时，两种不同的油液在自动变速箱内部混合后，可能会使自动变速箱油的性能下降，导致自动变速箱出现润滑不良或工作异常等故障，严重损坏自动变速箱。

③ 检查底盘。在常规保养中，除了一些部件需要定期更换以外，还有部分部件是需要定期检查的，如刹车盘、刹车片、刹车管路、转向拉杆球头和减振器等，还有一些橡胶部件，如轮胎、万向节防尘套、上下支臂胶套及平衡杆胶套等部件，这些部件因磨损或老化而出现故障会对车辆的行驶造成安全隐患，因此在做保养的同时还需要对底盘的部件进行详细检查。

需要注意的是，底盘的多数部件在损坏时，都会导致车辆在行驶当中出现异常或颠簸时出现异响，建议车主如果听到这些异响，应该尽快查出产生部位及原因，然后视情况修复，这样才能尽可能地保证行车安全。

2. 季节保养

为了使汽车适应季节变化而实行的保养称为季节性保养。一般情况下，季节性保养可结合定期保养一并进行。主要作业内容是更换润滑油，调整油、电路和对冷却系统的检查保养等，如空调检测及加氟。

汽车进入高温季节时，应对全车进行一次必要的技术检查和调整，其保养的主要内容有：一是检查冷却系机件，保证齐全完好。主要是检查冷却系的密封情况、风扇皮带的松紧度、散热器盖上的通风口和通气口是否畅通，以及冷却水是否充足、节温器状况是否良好等。另外，还要及时消除水垢，保证水路畅通。为减少水垢，发动机冷却水要尽量用软水或经过处理的硬水。二是改善润滑条件，减轻机件磨损。首先要保证润滑油的数量充足和质量良好，使机件能够得到充分润滑。其次要加强对空气滤清器和机油滤清器的保养，保证工作正常。对多尘条件下使用的车辆，要适当缩短润滑油的更换周期。在高温天气行驶的车辆要加装机油散热器和选用优质机油，变速器、主减速器和转向器中换用夏季厚质齿轮油，轮轴承换用滴点较高的润滑油。

冬季来临时，气温很低，要对车辆进行全面的检查和保养。要更换机油，选用黏度较小的发动机机油，在低温条件下，发动机机油的黏度随着温度下降而增大，流动性变差，因此应通过及时更换黏度较小的机油来弥补或消除这种不良影响。检查和补充防冻液，应选择质好、腐蚀性低的防冻液，避免因防冻液质次而腐蚀机件的现象发生。检查制动及轮胎等，在冬天，制动显得尤为重要。如果发现制动不灵敏或跑偏，轮胎花纹磨损严重，气压不足，应重点矫正或更换。检查调整电解液密度。可适当调高电解液密度，防止因电解液密度过低而发生冻裂蓄电池外壳的事故。加强蓄电池的保温，为防止蓄电池过冷发生冻结而影响启动性能，冬季可给蓄电池制作一个夹层保温电池箱，以提高蓄电池的温度。

3.1.2 机电维修

汽车的机电维修是指用修理和更换个别零件的方法，对车辆的机械部分和电气部分进行修理，恢复车辆的工作能力主要是为了消除车辆在运行过程中和维护作业中发生或发现的故障。维修完毕后的质量检验也是必不可少的。

经销商维修车间的工作是以服务顾问开出的任务委托书为依据，通常情况下，维修车间接到的任务委托分为汽车保养和机电修理两种，而汽车机电修理又分为 3 种情况：小修、故障诊断修理和事故车修理。

1. 小修

车辆的小修是指不需要维修技师进行故障诊断，就能很直接地确定故障的部件，然后通过直接更换新的零件就可以完成的修理。这种小修的故障现象和损坏的零件很简单直观，有时候客户自己就能判断出来，如雨刮片的损坏、轮胎鼓包等。

2. 故障诊断修理

这类车辆的故障原因一般比较复杂，不是很快就能得出答案的修理。需要维修技师进行详细的检查，通过专用的车辆诊断仪器进行检测诊断，然后维修技师结合自己的维修经验，才能得出结论，然后更换相应的零件或者进行适当的修理。例如，水温报警灯亮起故障、发动机怠速不稳等故障。当然，每位技师在诊断故障时，方法及步骤都不可能完全一样，一般情况下，维修技师诊断汽车故障时，都遵循下列原则和步骤。

（1）汽车故障诊断的基本原则

① 先简后繁、先易后难。

② 先思后行、先熟后生。

③ 先上后下、先外后里。

④ 先备后用、代码优先。

（2）汽车故障诊断的基本方法

① 询问用户：故障产生的时间、现象、当时的情况、发生故障时的原因，以及是否经过检修、拆卸等。

② 初步确定出故障范围及部位。

③ 调出故障码，并查出故障的内容。

④ 按故障码显示的故障范围进行检修，尤其注意接头是否松动、脱落，导线连接是否正确。

⑤ 检修完毕，应验证故障是否确已排除。

⑥ 如调不出故障码，或者调出后查不出故障内容，则根据故障现象，大致判断出故障范围，采用逐个检查元件工作性能的方法加以排除。

3. 事故车修理

什么样的车才能称之为事故车呢？ 汽车发生碰撞后，人们常称之为发生了事故，但发生了事故，不一定会产生事故车。事故车（轿车）的定义是：经过严重撞击、泡水或火烧等，即使修复但仍存在安全隐患的车辆总称。

事故车辆的修理比较烦琐，很需要时间，因此，事故车辆进入维修车间后，一般进行下列程序的修理。

（1）整体的车身校正

这是最重要的部分。车身就好像是人类的骨骼，人的骨头如果出现了弯曲和问题，那么人在站立和坐下时会有不适应，而且姿势很不自然和难看。汽车也是一样，校正车身不仅对车辆外观有着重要的作用，还对车辆本身的承受力和车内人员的安全起到关键性的作用。

（2）车身钣金修复

汽车发生事故后，车身会发生变形、开裂，会凹凸不平等，通过钣金工艺来修复汽车碰撞以后车身的变形和凹坑，使车身恢复到事故前的外形。

（3）车辆的部件维修和更换

发动机是汽车的心脏，发动机的受损程度需要严格审查，要确定发动机维修后的动力不会影响到车辆本身的速度和稳定。电瓶相当于车辆的血液，储电量和受损程度也要细细斟酌，如果需要更换应该及时更换。对于大的交通事故，车内受损情况也要好好查看，比如车辆在受到剧烈撞击时弹出的安全气囊，如果气囊弹出，则需要重新更换新的驾驶操作台。

（4）检查车辆的密封性

首先进入车内听外界的噪声是否大，有天窗的车辆维修好后是否有渗水和开关不流畅甚至不能开关的问题。车门、前后车盖在关闭时是否顺畅。还有就是门缝中的隔离胶带是否起到了密封的程度。

（5）外观修复

外观修复包括车辆的弧度、喷漆和玻璃贴纸等。喷漆是最重要的，尤其是调和喷漆的颜色，对于车辆喷漆而言，喷漆的光泽和颜色的匹配必须没有丝毫破绽。整个喷漆过程包含十几道工序，缺少任何一道工序都无法保证车漆的长久如新，这是最基本的外形修复。

（6）维修质量检验

维修完毕后，质检员或技术经理应该对维修的车辆进行质量检验，看是否完全消除了故障，尽量减少车辆返修率。根据检验对象的不同，维修质量检验的方法通常可分为人工检视诊断法和仪器设备检测诊断法。

① 人工检视诊断法。人工检视诊断法就是汽车维修质量检验人员通过眼看、耳听和手摸等方法，或借助简单的工具，在汽车不解体或局部解体的情况下，对车辆的外观技术状况进行检查，并在一定的理论知识指导下根据经验对检查到的结果进行分析，判断其是否合格。

人工检视诊断法主要用于检验车辆的外观整洁、车身的密封和面漆状况、灯光仪表状况、各润滑部位的润滑情况，以及各螺栓连接部位的紧固情况等项目。

② 仪器设备检测诊断法。仪器设备检测诊断法是在汽车不解体的情况下，利用汽车检测诊断仪器设备（如故障诊断仪、尾气排放检测仪和示波器等）直接检测出汽车的性能和技术状态参数值、曲线或波形图，然后与标准的参数值、曲线或波形图进行比较分析，判断其是否合格。有的检测诊断仪器设备还可以直接显示出判断结果，必要时，还需要进行路试检查维修质量，如变速器的维修、异响的维修等都需要进行路试检查。

仪器设备检测诊断法是现代汽车维修质量最主要、最基本的检验方法，汽车大修、总成大修和重要的维护作业，以及返修的主要检测项目都必须采用仪器设备检测诊断法进行维修完毕的质量检验。

维修案例：ABS 系统不工作

故障名称	ABS 系统不工作		
车辆信息	车型：C4A6	生产年代：1995 年	行驶里程：3000km
故障现象	紧急制动时四轮制动抱死，ABS 故障灯未亮，但 ABS 不工作		
故障检测	1. 用专用检测设备 VAS5051 对 ABS 系统进行故障查询，未发现故障。 2. 对 ABS 系统数据块进行检测分析：阅读 ABS 系统数据块，在 00 组中前 4 位数据分别为 4 个车轮的即时车速，车辆静止时都分别为“1”。也就是说，ABS 系统控制单元未检测到车辆的实际车速，认为该车始终是静止的，所以在紧急制动时 ABS 系统不工作。造成该故障的原因可能有 3 个方面：① 4 个轮速传感器未监测到实际的车速。② 轮速传感器与 ABS 控制单元之间的连线有故障。③ ABS 控制单元本身有故障。 3. 分别对上述 3 个原因进行检查和排除。取出左前轮轮速传感器 G47，打开点火开关，进入 ABS 系统的数据块 00 组，通过 G47 输入模拟轮速信号，在数据块 00 组的第一位数据随信号的强弱而变化；对其余的 3 个轮速传感器做试验，同 G47 的结果相同。显而易见，4 个传感器是好的；传感器与控制单元间的连线正常，控制单元也属正常。故障点应在 4 个车轮的传感齿圈上。 4. 检查 4 个车轮的传感齿圈，发现齿圈上的齿与齿之间被锈蚀物覆盖，致使车辆行驶中传感器无法监测到车速信号。原因是该车辆被放置时间过长		
排除故障	清理四轮齿圈上的锈蚀物，经质检员上路试车正常，故障被排除		

3.1.3 钣金喷漆

汽车车身漆膜本无划痕，由于在行驶过程中速度快，往往容易发生一些意外损坏，如错车时发生的擦伤；路边树枝或高草刮伤造成的划痕，或交通事故撞伤出现的划痕；暴风、沙尘气候的“飞沙走石”撞击创成的裂纹、划痕等，但无论呈什么形状，何种原因，都应及时处理，否则，轻则影响车身美观，重则可导致车身锈蚀、穿孔。它不仅影响车身表面油漆的光洁、美观，如不及时修复还会造成车身更大的损伤。因此，汽车钣金喷漆也是经销商维修工作的重要内容。

1. 汽车钣金

所谓汽车钣金，就是指车的外壳的加工制造和修理，是汽车修理过程中的一个工种，用来矫正汽车碰撞以后车身 / 车架变形的工作。

自从有了汽车，汽车的碰撞事故几乎是不可避免的。随着汽车车速的提高和汽车保有量的增加，汽车碰撞的严重性和危害性将日益加剧。而在汽车碰撞事故中，受损坏最严重的部件就是车身。

（1）汽车划痕修复的基本方法

轿车由于其速度快，车身光洁圆滑，往往容易发生一些意外损坏。导致车身划伤的原因很多，如汽车行驶中与硬的物体刮碰，或被淘气的孩子划伤，或被飞石砸伤等，这种擦伤有的呈线状、带状，也有的是点、片状的。其修复方法要视划伤程度而定。

汽车表面的深的或浅的划痕总是相伴产生的，划痕深浅的区分是由划伤部位是否露出底漆而分的，露出底漆即称为深划痕，否则称为浅划痕。若出现深划痕，其金属裸露处很快会产生锈蚀并向划痕边缘扩展，增加修复难度。目前，油漆划痕修复的最基本方法如下。

① 漆笔修复法。用相近颜色的漆笔涂在划伤处即为漆笔修复法。此法简单但修复处漆附着力不够，易剥落而难以持久。

② 喷涂法。采用传统补漆的方法来修复划痕。缺点是对原漆伤害面积过大，修补的时间过大，效果难尽如人意。

③ 计算机调漆喷涂法。结合计算机调漆并采用新工艺方法的深划痕修补技术，这是一种快速的技术修复，但要求颜色调配准确，修补的面积尽可能缩小，再经过特殊溶剂处理后，能使新旧面漆更好地融合，达到最佳附着。

（2）车身凹坑的修补

对凹陷的修复方法，可根据凹陷的大小、程度和部位，采用适当的方法修复。

① 凹陷较小而且不太深时，可采用钣金锤、垫铁、拉杆和撬具进行修平。

② 当凹陷部位较大时，可采用加热收缩法和锤击相结合进行修复。

③ 填充修复凹陷部位。填料是用来覆盖经修复处理后仍遗留的微小凹陷部位的。

通常所说的车身早期凹坑是小的不足 1 平方厘米，大的有整块钣金件。不论凹坑大小，修复时都应先将凹坑敲起来，使其与原来基本一样，但由于金属已被拉伸，不可能恢复到原来的情况。可以使凹坑敲起后仍低于周围 3 毫米左右。凹坑很浅时可以不敲击。敲凹坑时可用木锤或塑料锤，从凹坑后面轻轻敲击，同时选择一块合适的木块垫在金属板外，以免锤子的冲力将凹坑周围敲弯。如果凹坑处是双层钣金或由于别的原因，锤子无法接近凹坑后面，可用不同的方法来处理。常用的方法有钻孔法，例如，发动机罩受到从上方落下重物的撞击，产生凹坑或塌陷，就将发动机扳起来，用支撑柱支起，在凹坑处的金属上钻几个小孔，然后将自攻螺丝拧到孔里，用钳子夹住螺钉头向外拉。将钣金拉到理想位置后，采用钻孔法拆除自攻螺丝后，可用砂纸除掉损坏部分的油漆，然后用螺丝刀或锉刀将金属表面擦伤，或有意钻几个小孔，这样有助于补充填料（打腻子）。最后再进行填料和重新喷漆即可。钻孔法对于底漆损坏性小，但对于大面积的凹陷则显得“力不从心”。这就是早期应对汽车凹陷的一般方法。

（3）锈孔或裂口的修复

锈孔或裂口的修理。随着车辆行驶里程和使用年限的增加，再优秀的驾驶员也无法阻止车辆的自然损坏，如车身的锈孔或裂口。这主要是由于道路不平引起的车身颠簸振动，发动机运转引起的振动等，使各连接件脱焊或裂开。再者，由于日照和严寒引起油漆表面龟裂，车身薄钢板受水汽侵蚀，破坏了内外表面防护层，使车身逐渐锈蚀等。对锈孔或裂口进行修理时，第一步应先用钢丝刷（或砂纸）将损坏部位的油漆除掉，再根据损坏程度决定是更换整块钣金件还是修复损坏部分。如果损坏比较严重，最好进行整块更换，因新件比修复件更坚固美观，价格也较低，而且时间短。如果损坏较轻，则可将损坏部分及周围其他附件拆下

（有利于恢复损坏面的部件可不拆），然后用剪刀或手锯条把受腐蚀而变疏松的金属除掉。用手锤将孔边向里敲进，开成一个轻度凹面，以便打腻子。用钢丝刷将金属表面的锈屑除掉，再涂一层防锈漆以免再生锈。第二步，找一块锌砂或薄铝皮将孔堵上。锌砂适合用来补大孔，将锌砂剪得跟孔的尺寸与形状大致相同，然后把它贴在孔处，砂边要比周围钣金部分低，再把填料抹在砂的周边上，然后才能填充填料与重新喷漆。薄铝皮适合用来补小孔，将薄铝皮剪成孔的尺寸和形状，撕掉保护纸，将它贴在孔上（根据厚度需要可贴一层或几层），然后将其紧压在钣金件上即可，最后填充填料和喷漆。

（4）汽车钣金维修工的要求

- 具有优秀，详细的汽车系统、汽车服务、汽车维修和汽车诊断知识。
- 具有汽车钣金维修领域的系统知识。
- 熟悉系统功能和系统线路、部件、装配总成。
- 能够操作或快速学习并使用所有的设备和系统。
- 能够在设备出现故障时查明是系统的故障。
- 能够系统化地进行综合维修、装配和修复基础系统。

2. 汽车喷漆

汽车表面漆膜存在瑕疵或在使用中造成漆膜破损时，对其进行修补，使汽车表面漆膜恢复到最佳的状况，并形成整车表观一致性。

钣金修理后要进行车身涂装，轿车车身涂装的主要目的是表面美观，并在涂装的同时还能起到防锈和防腐蚀的作用。车身表面质量的好坏直接影响到涂装质量，因此在喷涂面漆之前要涂底漆和填料，以得到光洁表面，而后涂施中间层涂料，再做表面喷涂和喷涂罩光漆。其具体工艺如下。

（1）涂装前的准备工作

① 彻底清除旧漆膜和锈蚀层，主要包括清除旧漆膜、涂底漆和填充填料。旧漆膜影响表面涂层质量，必须耐心、细致地清除干净。然后在裸露的钣金表面涂一层防锈漆，而后填充填料与涂底漆交替进行。车身所用填料一般是化工材料与无机填料的混合物，具有附着力强的特点。填料与底漆或金属表面黏接在一起，一般不会脱落，干燥后质地也比较坚硬，不易变形。

② 对于凹坑或锈孔、裂口，修补后才能进行表面填充填料。填充填料时应沿车身曲面刮平，且与涂底漆交替进行，直到填料平面与车身其他部分刚好平齐，等填料硬结后，用刨刀或锉刀将多余部分剔掉，然后由粗到细用水砂纸反复打磨。修整好的表面应曲面光滑。表面光洁“坑”的周围是一圈裸金属，再向外面是好漆的毛边。用水清洗修理部分，将尘粒全部清除掉，就可以进行下一步了。

（2）喷涂中间层油漆时的注意事项

① 当中涂层漆喷涂量不足时，中涂层厚度较低，也有可能是打磨量过大所致。此时需要重新喷涂中涂层漆，并达到规定的厚度。

② 边缘打磨好后，才可打磨中心部位，千万不要打磨过头。一旦发现斑点中心部位痕

迹被打磨平整时，应马上停止打磨。

③ 中涂层漆打磨平整后，应用水和少许溶剂清洗表面，并擦拭干净，用压缩空气吹干，使表面达到面漆喷涂前应达到的标准要求，以保证面漆的喷涂质量。

（3）喷涂面漆

喷涂面漆是车身修复的最后工序，必须耐心、细致地进行。喷漆前必须进行表面清洁处理，得到无油、无水、无灰尘和无异物的表面。喷漆必须在温暖、干燥、无人、无尘的大气中进行。因此，在室外作业时应选好天气，在室内作业时，可人为创造这种环境。喷漆前，还应用胶带纸或报纸将修理以外的部分车体遮上，车身附属设备（如车门柄）也应遮上。对于整车喷漆，可在喷漆前用力摇晃漆桶，然后在修理部分一薄层一薄层地喷上一层厚漆，并比较与原漆颜色的差异。干燥后用水砂纸浸水打毛，然后再喷外层，喷外层时也是一薄层一薄层地喷，由修理部分的中央喷起，然后以圆周运动的方式向外喷，直到修理部分及周围 25 毫米左右范围都被喷上。喷完后等待 10~15 分钟，可将遮盖物取下。

新漆喷好后，应放置两周让其硬结，然后用油漆复新剂或精制切削膏修补部分漆边，使新漆与旧漆融为一体。好的油漆表面应有一定的漆膜厚度和尽可能高的车身外观光泽度。为了使车身更加光泽和美观，还可进行车身表面打蜡处理。

（4）汽车喷漆维修工的要求

- 具有汽车喷漆维修领域系统知识。
- 熟悉丰田车新的喷漆工艺。
- 能够操作现有的设备和系统。
- 能够在设备出现故障时查明是系统的故障还是使用者的使用不当造成的。
- 能够使用最新的喷涂技术提高劳动生产率。
- 通过技术信息和操作手册能够很快熟悉新系统和设备，并且能够专业地进行操作。

汽车本身又是一个复杂的系统，随着行驶里程的增加和使用时间的延续，其技术状况将不断恶化。因此，一方面要不断研制性能优良的汽车；另一方面要借助维护和修理，恢复其技术状况。对于车身的涂装工艺技术性要求非常高，不是任何人都能做得好的。但只要工作细致，严格按照工艺流程办事，做好车身修复工作也并不难。

3.2　车间修理管理

3.2.1　维修质量的管理

汽车消费投诉增多，是随着汽车保有量急剧增多而同时发生的，有其客观内在联系上的必然性。但是，我国汽车维修质量管理也确实存在着不尽人意的地方。

汽车维修质量应以车主对汽车维修服务的满意度作为汽车维修服务质量评价的核心。经调查研究，影响车主对汽车维修服务质量的满意度的因素有：救援服务的及时性和方便性；汽车维修服务环境优化；汽车维修故障判断的准确性；汽车维修项目的专业性和客观性；汽车配件的质量和价格；拖车价格、汽车维修工时价格；汽车维修的停驶时间；汽车维修的返修率；汽车维修设备现代化；汽车维修竣工质量承诺；汽车维修作业文明生产；汽车维修代用汽车服务;汽车维修延伸服务等。换句话说,就是车主在接受汽车维修服务过程中的眼看、耳听、鼻嗅、手摸,身体感应和心理感应,决定了车主对汽车维修服务质量的满意度。

质量不是检验出来的,而是每个工作环节品质的综合表现,因而渗透其每个工作环节的质量管理起着决定性的作用。

1. 汽车维修质量管理制度

汽车维修企业必须建立健全有关质量管理制度,以保证维修质量的不断提高。

(1)进厂、解体、维修过程及竣工出厂检验制度

车辆从进厂、经过解体、维修、装配直至竣工出厂,每道工序都应通过自检、互检,并做好检验记录,以备查验。

(2)岗位责任制度

维修质量是靠每个岗位的操作者实现的,是由全员来保证的。因此,必须建立严格的岗位责任制度,以增强每个职工的质量意识。定岗前要合理配备,量才适用;定岗后要明确职责,并保持相对稳定,以便提高岗位技能和责任心。

(3)出厂合格证制度

出厂合格证是车辆维修合格的标志,一经厂方签发,就由厂方负责。它是制约承修方保证质量的重要手段之一。按照有关规定,凡经过整车大修、总成大修或二级维护后,竣工车厂的车辆必须由厂方签发合格证,并向托修方提供维修部分的技术资料,否则不准出厂。《汽车维修竣工出厂合格证》由道路行政管理机构统一印制和发放。

(4)质量保证期制度

车辆经过维修后,在正常使用情况下,按规定都有一定的质量保证期。其计算方法有的按使用时间,有的按行驶里程。在保证期内,所发生的质量事故应由厂方承担责任,这也是制约承修厂保证质量的又一重要手段。因此,承修厂签发维修合同和出厂合格证时,均应注明质量保证期限。

(5)质量考核制度

企业应按照岗位职责大小,分别制定考核奖惩标准,并认真实施兑现。

2. 维修质量控制

(1)专用工具使用

① 技术经理对经销商维修人员在维修过程中的专用工具使用情况负责。

② 对于维修项目中要求使用专用工具的,必须使用专用工具。

(2)维修过程控制

① 车辆维修后,维修人员自检并签字确认。

② 维修班长对自检后的车辆进行互检并签字确认。

③ 质检人员对车辆进行综合检查,确认无问题(或发现问题,但用户签字同意不维修)后签字确认,交付用户使用。

(3)对专用工具使用和维修质量情况的检查

售后服务科技术支持组不定期地对特定维修项目进行抽查,重点检查专用工具的使用

情况和维修质量，并做好记录，经销商年终考评时，将其作为一项参考依据。

3. 汽车维修质量管理方法

汽车维修质量是维修企业的生命线。维修质量的好坏是企业管理的综合反应，它关系着企业的生存和发展。不断提高维修质量，是企业质量管理的头等大事。质量管理的工作一般是根据实践和实验发现修理质量上的薄弱环节和问题，从技术原理和工艺上研究产生的原因，在技术组织管理上采取有针对性的改进措施，并组织稳定的生产工艺路线，将改进的结果与原来情况进行对比，看是否达到预期效果。在主要质量的问题得到解决时，次要问题会上升为主要矛盾，这时再重复上述过程，以解决新产生的质量问题，周而复始，以追求质量的最高目标。

（1）汽车维修质量检验的任务

质量检验就是借助某种手段，对维修的整车、总成、零部件和工序等进行质量特性的测定，并将测定结果同质量标准相比较来判断是否合格，如出现不合格情况，还要做出适用与否的判断。质量检验按以下步骤进行。

• 掌握质量标准，明确测试的质量特性；掌握检验规则，明确抽样方案。

• 按规定的检测方法对检测对象进行检测，得出维修质量的各种特性值。

• 将检测结果与技术要求或技术标准相比较，确定是否合格。

• 对合格品及不合格品提出处理意见，做好原始记录并及时反馈。

质量检验部门是该企业的质量检验和监督机构。在厂长领导下代表厂长行使质量监督权，最终对车主和用户负责。质量检验工作有三大职能。

• 保证职能：保证职能即把关职能，通过对原材料、外购配件、外协加工件和所维修的半成品进行检验，保证不合格的原材料不投产，不合格的半成品不转入下道工序，不合格的成品不出厂。

• 预防职能：通过检验处理，将获得的数据及时反馈，以便及时发现问题，找出原因，采取措施，预防不合格品的产生。

• 报告职能：将质量检验的情况及时向企业主管部门和行业主管部门报告，为加强质量管理和监督提供依据。

（2）汽车维修质量检验的分类及内容

汽车维修质量检验可分为 4 类。

• 按维修程序分类：按维修程序分为进厂检验、零件分类检验、过程检验和出厂检验。

• 按检验职责分类：按检验职责分为自检、互检和专职检验，也称为“三检制度”。这是我国目前普遍实行的一种检验制度。

• 按检验对象分类：按检验对象分为维修质量检验，自制件、改装件质量检验，燃料、原材料及配件（含外购、外协加工件）质量检验，以及机具设备、计量器具质量检验等。

（3）汽车维修质量检验的标准

汽车维修的技术标准是衡量维修质量的尺度，是企业进行生产和技术、质量管理工作的依据，具有法律效力，必须严格遵守。质量检验就是要遵守标准，满足标准要求。认真贯彻执行标准，对保证维修质量、降低成本、提高经济效益和保证安全运行都有重要作用。

我国汽车维修的技术标准分 4 级，即国家标准、行业标准、地方标准和企业标准。

3.2.2 维修技术管理

国内多数品牌主机厂制定了售后服务维修技术管理要求，对经销商的技术信息反馈、技术资料利用、专用工具使用及维修质量控制工作进行了规定，以促进经销商技术管理工作有效进行。

1. 技术文件管理及使用

① 维修技术资料配置及状态应齐备、完好，可随时借阅，具有能阅读光盘版技术资料的设备。

② 维修技术资料应放在固定位置由技术经理指定专人管理，建立资料目录及借阅档案。

③ 维修技术资料利用。技术经理每季度抽查 1~2 项维修项目进行考核：维修人员应会查阅维修技术资料，并按维修资料要求进行维修。

2. 专用工具及测量仪器的技术管理

① 专用工具和测量仪器的配置及管理。按一汽—大众售后服务科统一标准配备齐全，设置专用工具员进行管理并建立借用档案，专用工具员应熟悉专用工具和测量仪器的基本使用功能。

② 专用工具和测量仪器的状态。定期维护、保养，无损坏，仪器辅助配置齐全，建立维护档案。

③ 技术经理有计划地对站内的相关维修人员进行专用工具及设备的使用培训。

④ 对经销商内缺少的必备的专用工具应尽快订货完善，避免因缺少专用工具而影响维修质量。

3. 售后车辆信息反馈

① 经销商应定期（每周）将批量投放的车辆信息进行汇总和整理，通过网络系统中的“车辆信息反馈单”反馈给技术支持组。

② 新产品、新项目首批投放地区的经销商应及时、准确地做好售后质量信息快捷反馈工作，反馈方式为通过网络系统的“质量信息快速反馈单”反馈给技术支持组。

③ 负责整理并提供维修信息、典型维修案例等方面的技术信息。

④ 经销商对车辆信息反馈的准确性、及时性和完整性负责。按照一汽—大众售后服科要求的格式将技术疑难问题反馈给售后服务科技术支持组，同时技术经理对经销商反馈的信息进行确认并负责对其进行解释。

⑤ 按要求在网络系统中填写“车辆信息反馈单”，并按照有关内容要求认真填写，要求的信息必须填全。特殊情况允许使用传真等其他手段。

⑥ 车辆信息反馈应该齐全、完整、及时，内容清晰、翔实。

⑦ 经销商应按维修手册中的有关要求进行检修及故障排除，并将检修过程填写于售后网络中的车辆信息反馈表中。

⑧ 重大问题处理完毕后，经销商应将总结报告按时通过网络信箱或电子邮件方式（特殊情况下可以填写“重大问题报告”，以传真形式发送）反馈给售后服务科技术支持组。

⑨ 经销商维修人员在解决技术疑难问题后，应及时报告给技术经理，技术经理应对故障现象、故障分析、故障排除及建议等内容进行整理，并以典型故障排除报告样式将信息通过网络信箱、电子邮件或传真方式反馈给技术支持组。

⑩ 技术经理应对信息反馈表进行归档管理，以方便查询。

4. 经销商内部培训

① 经销商必须建立内部培训机制。

② 技术经理负责经销商内部的培训工作。

③ 内部培训工作要有计划，每次培训后，必须建立培训档案记录，以备查询。

思考题

1. 一名优秀的职业汽车维修工应该具备怎样的素质和能力？
2. 汽车故障诊断的步骤（思路）是什么？
3. 如何有效利用经销商提供给维修工的技术自学手册提高修车水平？

模块 4
备件管理

学习目标

1. 掌握汽车备件的分类。
2. 掌握备件订货的指导思想和基础工作。
3. 了解备件价格的形成，掌握汽车备件订货数量的确定方法。
4. 掌握汽车备件的入库管理。
5. 掌握汽车备件的库存管理方法。

4.1　汽车备件的类型

为了更好地对汽车备件进行管理，必须首先掌握汽车备件的分类。汽车备件种类较为复杂，对汽车备件分类的方法有很多，有实用性分类、标准化分类和外包装标识分类等，这里主要介绍实用性分类和标准化分类两种。

4.1.1　实用性分类

根据我国汽车备件市场供应的实用性原则，汽车备件分为易耗件、标准件、车身覆盖件与保安件 4 种类型。

（1）易耗件

在对汽车进行二级维护、总成大修和整车大修时，易损坏且消耗量大的零部件称为易耗件。主要包括发动机易耗件、底盘易耗件及密封件。

（2）标准件

按国家标准设计与制造的，并具有通用互换性的零部件称为标准件，如发动机悬挂装置中的螺栓及螺母、轮胎螺栓及螺母等。

（3）车身覆盖件

为使乘员及部分重要总成不受外界环境的干扰，并具有一定的空气动力学特性的构成汽车表面的板件，如发动机罩、翼子板、散热器罩、车顶板、门板和行李箱盖等均属于车身覆盖件。

（4）保安件

汽车上不易损坏的零部件称为保安件，保安件有曲轴、正时齿轮、凸轮轴、汽油箱、喷油泵、调速器、离合器压盘及盖总成、变速器壳体及上盖、操纵杆、前桥、桥壳、转向节、轮胎衬带、钢板弹簧总成及第四片以后的零件、载货汽车后桥、副钢板总成及零件，以及转向摇臂等。

4.1.2　标准化分类

汽车零部件总共分为发动机零部件、底盘零部件、车身及饰品零部件、电器电子产品和通用件共五大类。根据汽车的术语和定义，零部件包括总成、分总成、子总成、单元体和零件。

（1）总成

由数个零件、数个分总成或它们之间的任意组合，而构成一定装配级别或某一功能形式的组合体，具有装配分解特性的部分。

（2）分总成

由两个或多个零件与子总成一起采用装配工序组合而成，对总成有隶属装配级别关系的部分。

（3）子总成

由两个或多个零件经装配工序或组合加工而成，对分总成有隶属装配级别关系的部分。

（4）单元体

由零部件之间的任意组合，而构成具有某一功能特征的功能的组合体，通常能在不同环境下独立工作的部分。

（5）零件

不采用装配工序制成的单一成品、单个制件，或由两个以上连在一起具有规定功能、通常不能再分解的制件。

4.1.3 按用途分类

汽车备件按照用途又可以分为维修零件、精品和油类化学品 3 个类别。

① 维修零件：用在汽车的各个部位，也是经常见到的零件。根据汽车四大系统分为发动机燃油系统零件、底盘传动系统零件、车身内饰件和电气系统零件。

② 汽车精品：增加客户驾驶愉快和舒适性的某些设备，包括音响、座椅罩和雪橇架等。

③ 油类及化学品：包括机油、自动变速箱油、冷却液和制动液等。

4.2 汽车备件订货管理

特许经销商的备件订货管理即备件采购管理，零配件的采购主要有合同采购和市场紧急采购两种。特许经销商备件的进货渠道以与一汽大众备件销售部门签订的备件采购合同为主，也可以与信誉好、产品质量高的知名公司签订供销合同，也可与同类 4S 店零备件相互拆借。对于市场上的临时紧急采购，要严防假冒、伪劣产品，要货比三家，与信誉好的店家签订质量保证协议并得以法律公证，使采购备件质量得到有效的法律保障。特许经销商在备件采购管理中应该建立备件采购的跟踪、质量保证体系。

对于特许经销商，汽车备件订货非常重要，原因如下。

- 采购备件成本占生产总成本的比例很大。若汽车备件无法以合理的价格获得，则会直接影响企业的经营。若订货价格过高，则维修成本也高，影响企业的利润；若订货价格过低，则很可能订货的备件品质很差，影响维修质量，从而使维修企业不具备市场竞争力。
- 订货周转率高，可提高资金的使用效率。合理的订货数量与适当的采购时机，既能避免停工待料，又能降低备件库存、减少资金积压。
- 备件采购快慢、准确与否，以及品质优劣，直接关系到车辆维修工期和顾客满意度。
- 采购部门可在搜集市场情报时，提供新的汽车备件代替旧备件，以达到提高品质、降低成本的目的。

• 采购部门经常与市场打交道，可以了解市场变化趋势，及时将市场信息反馈给特许经销商决策层，促进特许经销商经营业绩成长。

4.2.1　备件订货的品种与数量确定

1. 备件订货指导思想

“良性库存 = 备件盈利 = 对用户的服务质量”，这是每个人都应牢固树立的指导思想，必须把向用户提供 100 % 的服务率作为首要的工作目标，在这个前提下争取良好的备件盈利。良好的备件盈利一定要建立在良性库存的基础上。所谓良性库存，即是用最合理的费用保证对用户的最佳服务率。

备件库存管理不是仓库主任的职责，而是订货人员的职责，订货过程实质上是在满足一定时间内用户需求的同时，对库存备件进行不断调整的过程，以取得经济合理的库存状态。备件市场是一个长期稳定的市场，任何不良的经营思想作风只能导致短期行为，无异于杀鸡取卵。只有通过向用户提供满意的服务、满意的价格、满意的产品才能赢得用户的信赖，才能获得持久的发展。

2. 备件订货基础工作

（1）充分了解每一种备件的销售特性

根据其使用特性，可将备件分为六大类，即快速更换类、维修服务类零件、车身机械类零件、大总成、附件和其他类零件。每一类零件都具有不同的销售特性。在备件销售额构成中，快速更换类零件约占 17 %，维修服务类零件约占 32 %，车身机械类零件约占 37 %。具体到每一种零件的分析表明：约有 60 % ～80 % 的备件品种年销量在 0~12 % 之间，40 % 的备件品种占库存总额的 6 %，有 8 % 的库存品种占库存总额的 25 %。

一个重要的数据显示：5 % 编号的备件占销售额的 85 %，占库存总额的 46 %；9 % 编号的备件占销售额的 11 %，占库存总额的 19 %，即 14 % 编号的备件占销售额的 96 %，占库存总额的 65 %，应对这一部分零件予以高度重视，重点开展工作。

（2）建立完整的订货卡片

建立完整的订货卡片，并随时记录一切必备的数据（销售统计、日期和备件编号等）；建立每日入、出、存报表制度，反映当日入库、出库、结存状况，作为订货依据；建立定期盘存制度，以便于了解库存的实际状况；掌握辖区内汽车保有量及车辆的使用情况；计算备件供货周期，以确定订货频次；充分估计交货时间、交货品种和交货数量上可能产生的误差。

3. 订货时应考虑的因素

（1）备件的生命周期及其在不同阶段的特点

每一个备件都有其特定的生命周期，该周期主要包括 4 个阶段：技术部门设立备件编号、新件订货、正常期限订货和停产期订货。对备件订货而言，初期投放市场车型的备件和停产期车型的备件必须予以特别重视；对刚投放的车型应从技术上确定适当的库存，数量适中，尽量避免新“死库存”；如果在投放期的备件订货出现问题，将直接导致市场上维修备件供货不足，因此在新零件投放时，往往找出一种与该备件相似的备件参考，分析其需求历史，确定其订货数量，如图 4-1 所示。

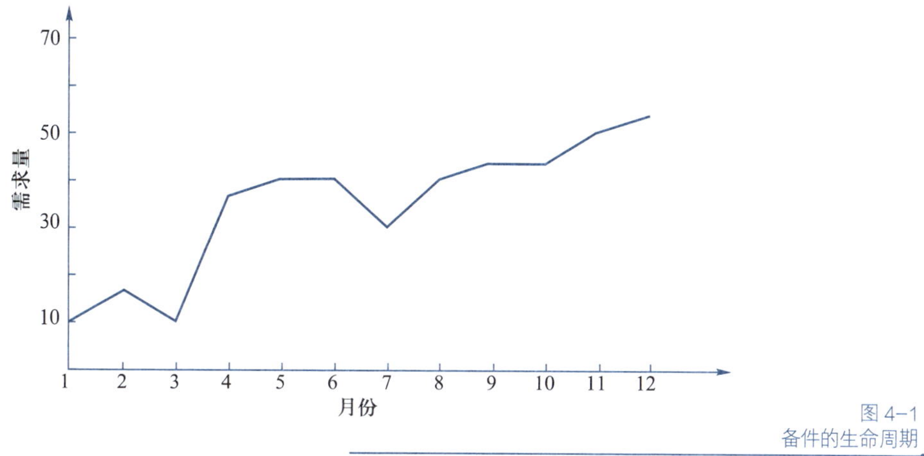

图 4-1
备件的生命周期

（2）备件销售历史、需求预测和趋向系数

备件的销售历史和根据销售历史绘制的销售趋势图对备件订货工作有着极为重要的参考价值，应十分注意保存备件的需求历史数据，根据需求历史可以画出需求趋势图，并能预测将来的系数——趋向系数 Q。

最简单的趋向系数公式如下。

$$Q=（前六个月的销量）\times（前12个月的销量）$$

Q ＜ 1，说明该零件销售呈下降趋势。

Q = 1，说明该零件销售呈平稳趋势。

Q ＞ 1，说明该零件销售呈上升趋势。

从需求曲线上可以看出以下几点。

- 备件的需求趋势及需求量的大小。
- 备件的需求与季节的关系。
- 促销阶段可反映出促销方法与促销手段所产生的效果。
- 车辆保有量与备件销量之间的关系。

（3）目标库存、安全库存和警戒库存

目标库存是从满足用户需求的角度出发而建立的一种无论在任何时候对用户的任何需求都能满足的库存状态。

目标库存 = 日销售 × 最大供货日

实际库存则是在某时间点仓库实际库存的数量。实际库存与启标库存的差额部分即订货需求，应通过定期订货进行补充。目标库存对仓库的库存管理起着决定性作用，为了减小库存必须加快物流，增加订货次数。

每月一次订货和每月两次订货目标库存的变化情况如图 4-2 所示。

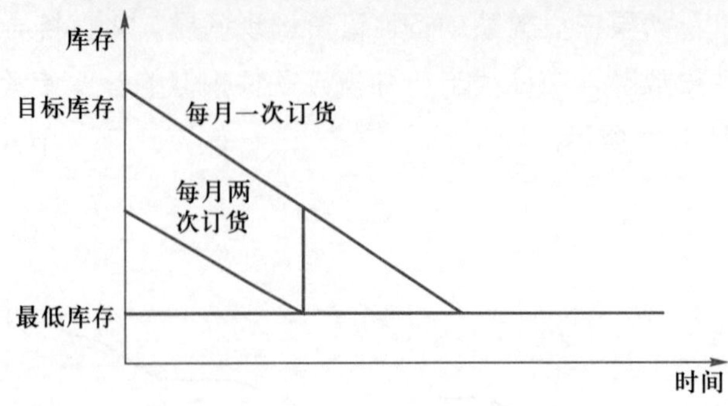

图 4-2
每月一次订货和每月两次订货目标库存的变化

合理的目标库存取决于下列因素。

- 备件负责人的管理能力，订货人员的业务水平。
- 对市场需求量预测的准确程度。
- 月订货次数、供货周期及品种和数量的订交货误差。
- 解决缺件的手段及紧急订货的到货周期。
- 用户超量订货时的合理分配。
- 安全库存的大小。

安全库存是定期订货到达仓库时必须保证的库存数量，否则就会缺货。

$$安全库存 = 日销售 \times 最小供货日$$

当某一备件的库存处于安全库存以下时，应首先满足车间修车的需要并考虑停止对外销售。安全库存约为目标库存的 10％ ~20％。警戒库存是一种提醒订货人员需要订货的库存值，一般约为目标库存的 50％。

（4）合理地掌握备件订货周期及订货方式

由于对交货周期的要求不同，备件中心库对 MS（常规订货）、VA（紧急订货）订单备货方式和发运方式不一样，因此对这两种订单将采取不同的价格结算。为了既充分满足需求又使订货成本最低，订货人员必须合理地掌握备件的订货周期。一般来讲，销路好、销量大的备件（常用件）通过定期方式订货，VA 订货主要针对不常用的品种，VA 订货有行数和数量的限制，金额为 MS 订货的 10％ ~20％，MS 订货应在固定的日期发出，在行数和数量上尽可能做到均衡，其目的是便于备件仓库组织备货，使订货者本人得到中心库良好的服务，不应忘记服务站和备件中心库是一个整体。任何一方的不良运作都会对这个整体产生不良影响。

（5）对销售段和单价段的分析及对订货的影响

每次盘存应建立销售段，用于显示每个零件年度销售的频率。从中可看出不同销售段的品种数，它让我们看到平均有 60％ ~80％的备件品种每年的销量在 0~12％之间。这个很重要的百分比往往被忽略，此时做出主观判断很容易出现错误。库存积压往往出现在这个销售段。

（6）注意季节性零件及促销件的订货

有一部分零件具有很强的季节性，如夏季空调系统的备件销量大，冬季暖风系统、制动系统的备件销量大；在促销某些备件的一段时间内，其销量也会有明显的回升。因此对这些零件在订货卡片上都应做出标记，提前做好订货准备，在旺销季节开始之前备件入库，所以这类备件的订货时间表为：旺销月份—入库准备—到货周期。

（7）盘存清单的利用

备件订购工作的另一个方面是提出积压件、滞销件或销路下滑件的处理意见，从事这项工作的理想文件是年底的盘存清单。事实上，盘存清单不仅是一张金额的统计表，还应该通过认真分析，以便于提高经营质量和用户服务质量，压缩库存。下面是库存储备情况说明：

库存 <12 个月的销量	1/2 正常状态
库存 >12 个月的销量	1/2 不正常状态
两年没有销售历史	沉睡库存
三年没有销售历史	死库存

应该强调的是，当一个货位的零件销不出去，假如因为技术方面的原因，或者因为技术禁止方面的原因，或者与销量相比积压量很大，如几年以来年销售量为 1~2 个，而库存达到 300 个，则可以建议提前报废。在上述情况下，可保留 10 个作为库存，其余 290 个建议报废。

（8）使库存结构合理

汽车备件根据其维修用量和换件频率可分为快流件（A 类）、一般件（B 类）和慢流件（C 类）3 类。

A 类备件是常用、易损、易耗备件，维修用量大、换件频率高、库存周期快、用户广泛、购买力稳定，是经营的重点品种。这类备件订货批量较大，库存比例较高，在任何情况下都必须保证供应。在仓库管理上，对 A 类备件应采取重点措施，进行重点管理，选择最优进货批量，尽量缩短进货间隔，做到快进、快出，加快备件的周转。

B 类备件只进行一般管理，管理措施应进行进销平衡，避免积压。

C 类备件是按客户需要予以订购，客户应在备件订购单上签字，并交付订货款。

一般 4S 店的指导库存量的比例应为：A 类备件占库存量的 70％，B 类备件占库存量的 25％，C 类备件占库存量的 5％。

4. 定货计划制订

备件计划员根据上述分析负责制订备件需求计划（订单），该订单用于向一汽—大众备件部门订购备件，该订单的品种和数量具有约束性。备件计划员负责预测和制订备件计划、跟踪订单完成情况、统计备件运输量及到货情况。备件经理负责对预测订货计划进行审核批准，对备件库存结构予以优化，以及对备件库房的备件满足率进行考核。

（1）备件订货价格的确定

不论是对零件供应中心、经销商，还是对最终用户，价格都是一个非常关心的话题。合理、稳定的价格体系无论对利润还是对客户满意度（CS）都有重要影响，因此，一汽—大众都对备件价格做出专门规定。

DNP：Dealer Net Price 的缩写，意思是经销商净价。DNP 是指零件供应中心销售给经销商的包含运保费的价格。

SRP：Suggested Retail Price 的缩写，意思是建议零售价。SRP 是指一汽—大众建议经销商卖给最终用户的价格。

DNP 的计算方法：DNP=SRP ×（1 – 折扣率）

新开业经销商的前两个季度的折扣率为 15%。

为了规范化管理，一汽—大众的零件部门往往会有对经销商的考评制度，经销店上个季度的得分将决定其在本季度的折扣率。

对安装了经销商管理系统的经销商来说，可通过网络直接从北京的服务器上下载或读取 DNP、SRP 价格。当价格有变动时，一汽—大众会及时更新系统上的价格。

（2）备件订货数量计算

SOQ = SSQ – OQ – OO + B/O

SOQ：建议订货数量。

SSQ：标准库存量。

OQ：现有库存量。

OO：在途库存量。

B/O：追加订货量，客观地反映了库存的不足。

4.2.2　备件订货的渠道与方式

1. 备件供应商

特许经销商必须从一汽—大众备件部门或者一汽—大众的地区备件中心（Facing Parts Depot）订货，以保证备件质量。

2. 选择供货方式

要选择正确的供货方式，应该注意以下事项。

• 对于需求量大的备件，应尽量选择定点供应直达供货的方式。

• 尽量采用签订合同直达供货方式，减少中间环节，加速备件周转。

• 对需求量少的备件，宜采取临时采购方式，减少库存积压。

• 采购形式采取现货与期货相结合的方式。现货购买灵活性大，能适应需要的变化情况，有利于加速资金周转；对于需求量较大、消耗规律明显的备件，采取期货形式，签订期货合同，有利于供应单位及时组织供货。

3. 订货类型

（1）常规订货（MS）

特许 4S 服务中心每周订购的用于补充其正常库存的定时订单，用常规订单形式向一汽—大众备件部门以电子邮件形式发送。

（2）紧急订货 (VA)

特许 4S 服务中心在紧急情况下，为了满足维修工作的需要进行紧急订货。一汽—大众备件部门根据特许 4S 服务中心的要求负责备件的发送。每月订购次数不限，但每次订购的品种不得超过 20 种。用紧急订单的形式订购备件，一汽—大众备件部门往往需向特许 4S 服务中心加收一定的手续费和急运费。

（3）定时订货

定时订单包括所有的液体、轮胎、蓄电池、冷媒和保险杠的备件定单，一汽—大众备件部门会定时向特许 4S 服务中心发送。

（4）特殊订货

特殊订单包括各款发动机总成、车身和散热器框架等，用特殊订单的形式向一汽—大众备件部门订货，费用由特许 4S 服务中心先行支付，运输的快慢按常规程序办理。

特殊订货往往采取看板管理，特许经销商在订制车身和前围时需在订单上注明相应的车身编码，并提供原车上 17 位编码的钢印铁片，一汽—大众售后服务部在收到铁片后开始订制。如预定车身还需在订单上注明原车身的车型、配置（是否带 CD 架、是否带天窗，车门外是否带饰板等）、出厂年份和颜色等。

4.3　备件的库房管理

4.3.1　备件的入库管理

汽车备件入库是物资存储活动的开始，也是仓库业务管理的重要阶段，这一阶段主要包括到货接运、备件验收和办理入库 3 个方面。

1. 到货接运

到货接运时要对照货物运单，做到交接手续清楚，证件资料齐全，为验收工作创造条件，材料进库首先在进货待查区放置准备验收，避免将已发生损失或差错的备件带入仓库。

2. 备件验收

备件验收是按照一定的程序和手续对备件的数量和质量进行检查，以验证它是否符合订货合同的一项工作。备件到库后首先要在待检区进行开箱验收工作，并检查备件清单是否与货物的品名、型号及数量相符。随时填写验收记录，不合格品由备件主管进行处理，及时填写来货记录。备件验收程序如下。

（1）验收准备

准备验收凭证及有关订货资料，确定存货地点，准备装卸设备、工具及人力。

（2）核对资料

入库的汽车备件应有的资料包括入库通知单、供货单位提供的质量证明书、发货明细表、装箱单、承运单位提供的运单及必要的证件。

（3）实物检验

填制开箱验收单，检验备件质量和数目。汽车备件进仓实行质检员、仓管员和采购员联合作业，对备件质量和数量进行严格检查，把好汽车备件进仓质量关。汽车备件验收依据主要是进货发票，另外进货合同、运货单和装箱单等都可以作为车辆备件验收的参考依据。

汽车备件验收内容主要是备件的品种、数量和质量。

1）品种验收

根据进货发票，逐项验收汽车备件品种、规格及型号等，检查是否存在货单和货物不相符情况；对于易碎件、液体类物品等，应检查有无破碎、渗漏情况。

2）点验数量

对照发票，先点收大件，再检查备件包装及其标识是否与发票相符。一般对于整箱整件，先点件数后抽查细数；对于零星散装备件点细数；对于贵重备件逐一点数；对于原包装备件有异议的，应开箱开包点验。

3）质量验收

质量验收的方法：一是仪器验收，二是感观验收。主要检验汽车备件证件是否齐全，如有无合格证、保修证、标签或使用说明等；汽车备件是否符合质量要求，如有无变质、水湿、污染或机械损伤等。

4）进口备件的辨认

特许经销商经常要订购一些进口备件，备件管理人员必须了解并熟悉国外汽配市场中的配套件（OEM Pats）、纯正件（Genuine Parts）、专厂件（Replacement Parts）的商标、包装、标记，以及相应的检测方法和数据。

• 外部包装：一般原装进口备件的外部包装多为 7 层胶合板或选材较好、做工精细、封装牢固的木板箱，纸箱则质地细密、不易弯曲变形、封签完好；外表印有用英文注明的产品名称、零件编号、数量、产品商标、生产国别和公司名称，有的则在外包装箱上贴有反映上述数据的产品标签。

• 内部包装：国外产品的内部包装，一般都用印有该公司商标图案的专用包装盒。

• 包装封签：进口备件目前大多用印有本公司商标或检验合格字样的专用封签封口。例如，德国 ZP 公司的齿轮、同步器等备件的小包装盒的封签。也有一些公司的备件小包装盒直接用标签作为小包装盒的封签，一举两得。

• 内包装纸：金属备件一般用带防锈油的网状包装布进行包裹。

• 外观质量：从德国进口的纯正件、配套件及专厂件，做工精细，铸铁或铸铝零件表面光滑、精密无毛刺、油漆均匀光亮；而假冒产品则铸造件粗糙，喷漆不均匀、无光泽，真假两个备件在一起进行对比时有明显差别。

• 产品标记：原装进口汽车备件，一般都在备件上铸有或刻有本公司的商标和名称标记。

• 备件编号：备件编号也是签订合同和备件验收的重要内容。各大专业生产厂都有本厂生产的备件与汽车厂备件编号的对应关系资料，备件编号一般都刻印在备件上或标明在产品的标牌上，而假冒备件一般无刻印或铸造的备件编号。在备件验收时，应根据合同要求的备件编号或对应资料进行认真核对。

3. 办理入库

经过验收，对于质量完好、数量准确的汽车备件，要及时填制和传递“汽车备件验收入库单”，同时办理备件入库。对于在验收中发现问题的，如数量、品种、规格错误，包装标签与实物不符，备件受污受损，质量不符合要求等，均应做好记录，判明责任，联系供应商解决。对于外包装破损的邮件，由运输及押运人员当场打开包装，检查货物数量及损坏情况；如果开箱后发现装箱单与实物不符或货物损坏，应当场写明情况，请运输人员或押运人员签字后，向领导汇报，由有关部门处理。

4.3.2 备件库存管理

备件库存管理是备件管理十分重要的一个环节，对备件的及时供应和成本控制有着重要影响，直接关系到维修作业的及时性。

1. 仓库设置与要求

（1）对仓库的基本设施要求

• 备件仓库应有足够的面积和高度，保证多层货架的安装，保证进货及发货通道的畅通。仓库面积应该根据备件周转量的大小和企业业务量的多少确定，库房面积一般应在 200~500 平方米左右。

• 备件仓库地面应能承受 0.5 吨 / 平方米重压，表面涂以树脂漆，以防清扫时起灰尘。

• 配备专用的备件搬运工具，配备一定数量的货架、货筐等，配备必要的通风、照明及防火设备器材。

• 宜采用可调式货架，便于调整和节约空间；货架颜色宜统一，一般中货架和专用货架必须采用钢质材料，小货架不限，但必须保证安全耐用。

• 配件仓库应有足够的通风和防盗设施，保证光线明亮、充足、分布均匀，避免潮湿、高温或阳光直射。

（2）仓库布置的原则

① 仓库各工作区域应有明显的标牌，如收发货区、索赔区、车间领料出货口、备货区和危险品库房等，如图 4-3 所示。

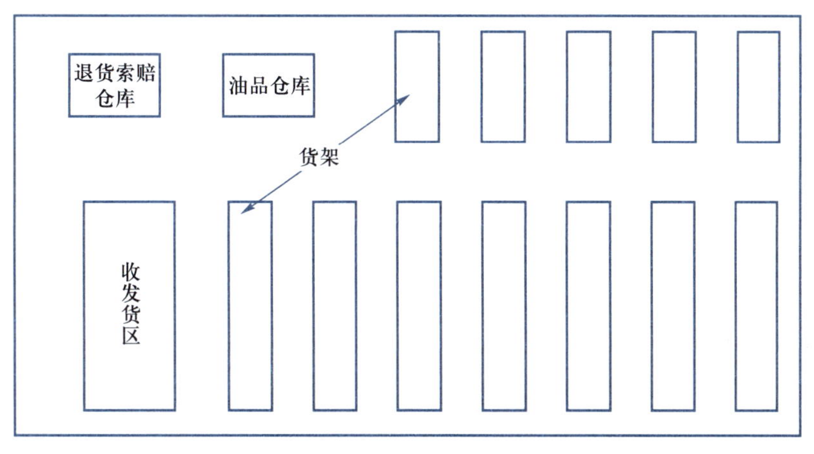

图 4-3
仓库各工作区域

② 有效利用有限的空间，根据库房大小及库存量，按大、中、小型及长型进行分类放置，以便于节省空间；用纸盒来保存中、小型备件，用适当尺寸的货架及纸盒将不常用的备件放

在一起保管；留出用于新车型备件的空间，对于无用备件要及时报废。

③ 货架的摆放要整齐划一，仓库的每一过道要有明显的标志，货架应标有位置码，货位要有备件号和备件名称。

④ 防止出库时发生错误，将备件号完全相同的备件放在同一纸盒内，不要将备件放在过道上或货架的顶上；备件号接近、备件外观接近的备件不宜紧挨存放。

⑤ 为避免备件锈蚀及磕碰，必须保持完好的原包装；易燃、易爆物品应与其他备件严格分开管理，对于易燃、易爆物品要重点保管，如空调制冷液、安全气囊本体、清洗剂和润滑液等，存放时要考虑防火、通风等问题，库房内应有明显的防火标志。

⑥ 必须设置索赔仓库，存放索赔零件。索赔件的保管和运输由备件部负责，索赔员参与管理。

（3）仓库管理规定

① 仓库管理人员要努力学习业务技能，提高管理水平，必须熟悉备件仓库的汽车备件品种信息，能熟练操作计算机，掌握库存物资质量和存放位置，能够快速准确地进行发货及各种出库操作。

② 库存汽车备件和材料应根据其性质和类别分别存放，汽车备件根据其维修用量和换件频率来摆放，例如维修用量小、换件频率低的备件放置在离收发区较远的区域，放置在货架的最高层。备件摆放应做到库容整齐、堆放整齐、货架整齐、标签整齐。

③ 仓库管理要达到库容清洁、物资清洁、货架清洁、料区清洁。仓库内禁止吸烟，必须放置灭火器，并定期检查和更换。

④ 对库存汽车材料和备件要根据季节气候勤检查、勤盘点、定期保养，及时掌握库存量变动情况，避免积压、浪费和丢失，保持账、卡、物相符；对塑料和橡胶制品的备件要做到定期核查和调位。

⑤ 库存汽车材料和备件要做到账机（指计算机）、账物相符，严禁相同品名、不同规格和产地的备件混在一起。

⑥ 库内不允许有账外物品。非仓库人员不得随便入内，仓库内不得摆放私人物品；索赔件必须单独存放。

⑦ 备件发放要有利于生产，方便维修人员，做到深入现场，满足工人的合理要求。

⑧ 危险品库管理要达到无渗漏、无锈蚀、无油污、无事故隐患。

⑨ 严禁发出有质量问题的备件，因日常管理、保养不到位及工作失误造成物资报废或亏损的，应视其损失程度追究赔偿责任。

⑩ 索赔备件应该整齐地摆放在货架上，必须挂有标签，标签上注明零件名称、索赔车辆牌照号码及零件更换下来的日期。索赔零件要定期检查，按照一汽一大众备件部门的相关规定及时运回一汽一大众备件部门。

2. 库内备件管理

对库内汽车备件的管理，主要包括汽车备件的卡、账管理和库存盘点管理。现代汽车备件管理主要靠计算机管理，各大汽车厂都有自己的零备件管理软件供给 4S 汽车专卖店。

大多数软件适用于国际汽车零备件贸易，对于不同的 4S 店则有更详细的内容设置在软件中。

（1）卡、账管理

卡、账管理就是根据各仓库的业务需要制定汽车备件卡和汽车备件保管账，利用备件卡和保管账对库内备件加以管理。汽车备件卡常见的有以下两种形式。

• 保管卡片：多栏式保管卡适用于同一种汽车备件分别存放在好几个地方时使用的卡片。

• 货垛卡片：汽车备件储存必须根据其性能、数量、包装质量和形状等要求，以及仓库条件、季节变化等因素，采用适当方式整齐稳固地堆存，称为货垛，根据货垛设计卡片。

（2）库存盘点管理

为了掌握库存汽车备件的变化情况，避免备件的短缺丢失或超储积压，必须对库存零备件进行盘点。盘点的内容是查明实际库存量与账卡上的数字是否相符，检查收发有无差错，查明有无超储积压、损坏和变质等。对于盘点出的问题，应组织复查，分析原因，及时处理。盘点方式有永续盘点、循环盘点、定期盘点和重点盘点等。

① 永续盘点。是指保管员每天对有收发动态的汽车备件盘点一次，以便及时发现问题，防止收发差错。

② 循环盘点。是指保管员对自己所管物资根据轻重缓急，做出月盘点计划，按计划逐日盘点。

③ 定期盘点。是指在月、季、年度组织清仓盘点小组，全面进行盘点清查，并造出库存清册。

④ 重点盘点。是指根据季节变化或工作需要，为某种特定目的而对仓库物资进行的盘点和检查。

⑤ 合理损耗。对容易挥发、潮解、溶化、散发、风化的物资，允许有一定的储耗。凡在合理储耗标准以内的，由保管员填报“合理储耗单”，经批准后，即可转财务部门核销。

储耗的计算一般一个季度进行一次，计算公式如下。

合理储耗量 = 保管期平均库存量 × 合理储耗率

实际储耗量 = 账存数量 − 实存数量

储耗率 =（保管期内实际储耗量 / 保管期内平均库存量）× 100%

实际储耗量超过合理储耗部分做盘亏处理，凡因人为的因素造成物资丢失或损坏的，不得计入储耗内。由于被盗、火灾、水灾或地震等原因及仓库有关人员失职，使备件数量和质量受到损失者，应作为事故向有关部门报告。

⑥ 盈亏报告。在盘点中发生盘盈或盘亏时，应反复落实、查明原因、明确责任，由保管员填写“库存物资盘盈盘亏报告单”，经仓库负责人审签后，按规定处理。

在盘点过程中，还应清查有无本企业多余或暂时不用的汽车备件，以便及时把这些备件调剂给其他需用单位。

⑦ 报废削价。由于保管不善，造成霉烂、变质或锈蚀的备件；在收发、保管过程中已损坏，并已失去部分或全部使用价值的；因技术淘汰需要报废的；等等。经有关方面鉴定，确认不能使用的，由保管员填写“物资报废单”报经审批。

由于上述原因需要削价处理的，经技术鉴定，由保管员填写“汽车备件削价报告单”，按规定报主管审批。

王先生的迈腾轿车，加速时车辆发抖。到维修站检查确定是第三缸点火器损坏，但维修站没有备件，经联系后，维修站的接待员告诉杨先生，备件大约 3 天才能到货。杨先生住的地方离维修站有 200 多千米，他很不情愿，但也很无奈。3 天后，杨先生接到电话，说点火线圈到货。他告诉对方，明天去更换。次日，当杨先生开着他的故障车跑了 200 多千米到了维修站时，业务接待员很抱歉地对他说："我们真是万分抱歉，昨天一辆迈腾轿车也是点火线圈故障来维修。由于备件人员不知道这是给您预备的，将备件发给了那位车主。"听到这些话，杨先生的愤怒是可想而知的。虽然业务接待员连连道歉，杨先生还是用高嗓门、拍桌子等方式发泄了他的不满。他开着他的故障车往回走的时候，发现车况越来越差，这更增加了他对这家维修站的不满，他发誓再也不到这家维修站修车了。

4.3.3 汽车备件发货管理

仓库发货必须有正式的单据为凭，所以第一步就是审核汽车备件出库单据。主要审核汽车备件调拨单或提货单，查对其名称有无错误，必要的印鉴是否齐全和相符，备件品名、规格、等级、牌号和数量等有无错填，填写字迹是否清楚，有无涂改痕迹，提货单据是否超过了规定的提货有效日期。如发现问题，应立即退回，不允许含糊不清地先行发货。

1. 凭单记账

出库凭单经审核无误，仓库记账员即可根据凭单所列各项对照登入汽车备件保管账，并将汽车备件存放的货区库房、货位，以及发货后应有的结存数量等批注在汽车备件出库凭证上，交保管员查对配货。

2. 据单配货

保管员根据出库凭证所列的项目进行核实并配货。属于自提出库的汽车备件，不论整件与否保管员都要将货配齐，经过复核后，再逐项点付给要货人，当面交接，以清责任；属于送货的汽车备件，如整件出库的，应按分工规定，由保管员或包装员在包装上刷写或粘贴各项发运必要的标志，然后集中待运；必须拆装取零拼箱的，保管员则从零货架提取或拆箱取零（箱内余数要点清），发交包装场所编配装箱。

随着微机的发展，汽车备件的管理也越来越多地采用了微机控制，即汽车零部件仓库条码管理系统。该系统主体是建立在 IT 基础上，是结合客户具体的业务流程、整合无线条码设备的系统。运用条形码自动识别技术，在仓库无线作业环境下，适时记录并跟踪从产成品入库、出库，以及销售整个过程的物流信息，为产成品销售管理及客户服务提供支持，进一步提高企业整个仓库管理及销售的质量和效率。

货物入库时，首先由条码采集终端记录外包箱上的条码信息，选择对应采购信息和仓库及货位信息；然后批量地把数据传输到条码管理系统中，系统会自动增加相应的库存信息，并记录相应的产品名称、描述、生产和采购日期；零部件入库上架作业过程中，系统均与采集终端进行自动校对和传入，实现自动化作业流程控制，如自动生成拣货单并下载到终端、自动比对拣货数量、自动传送拣货信息到后台系统。自动化的作业流程可以极大限度地提高入库工作效率。

作为仓库管理重要的一步工作环节，每到一定时间都要进行盘库作业，以确保库存准确无误，防止资产流失。借助于条码管理系统，盘库作业将变得非常轻松。条码数据采集终端的一个主要功能就是进行盘点作业，所以又称“盘点机”。盘点管理时，系统会产生盘点单，可以根据仓库规模的大小选择是全仓位盘点还是分仓位盘点。不但可以准确地计算出理论库存和实际库存的差距，还可以精确定位到出现差错产品的条码，继而可以有效地追踪到单品和相关责任单位。

思考题

1. 如何做好汽车备件的入库管理?
2. 备件仓库布置有哪些原则?
3. 选择备件供应商时应考虑哪些方面?

模块 5
索赔管理

学习目标

1. 了解整车和汽车备件的质量担保要求。
2. 熟悉汽车索赔条例、汽车索赔原则和备件索赔原则。
3. 熟悉零件索赔流程。
4.《索赔登记卡》的填写说明。
5. 熟悉索赔件的管理要求。
6. 了解外出服务管理规定。
7. 了解汽车生产企业对索赔管理的要求。

随着汽车保有量的逐年增加，汽车产品质量及售后服务投诉量也不断上升，关于汽车的话题已成为当今社会的焦点，汽车行业及相关产业在迅猛发展的同时，其外部环境逐渐成熟，消费者要求政府出台有关汽车产品质量担保的政策也成为一种必然。

5.1 汽车产品的质量担保

5.1.1 家用汽车产品的“三包”规定

众所周知，所有的商品都有质保期，也称为商品的质量担保期。汽车也一样，所有的汽车生产企业一般都会给出行驶时间和行驶里程两个质量担保期的限定条件，而且还要以先达到者为准。为了保护家用汽车产品消费者的合法权益，明确家用汽车产品修理、更换和退货（以下简称“三包”）责任，根据有关法律法规，国家市场监督管理总局网站于 2013 年 1 月 15 日发布了《家用汽车产品修理、更换、退货责任规定》（以下简称《规定》），明确了家用汽车产品修理、更换和退货责任由销售者依法承担。同时明确了生产者、销售者和修理者的义务。该《规定》自 2013 年 10 月 1 日起施行。《规定》共九章四十八条，《规定》中相关责任是默示担保责任，经营者不能通过合同方式免除。《规定》包括的内容如表 5-1 所示。

表 5-1 《家用汽车产品修理、更换、退货责任规定》的内容

章节	章节名	条目	关键点
第一章	总则	第一条～第七条	• 家用汽车产品三包责任的基本要求； • 三包责任由销售者依法承担，有权向生产者追偿。 • 三包信息公开制度
第二章	生产者义务	第八条～第十条	• 三包信息备案 • 随车文件包括三包凭证
第三章	销售者义务	第十一条～第十二条	• 明示三包凭证、三包条款、有效期、保修期
第四章	修理者义务	第十三条～第十六条	• 修理者应当建立并执行修理记录存档制度，一式两份

续表

章节	章节名	条目	关键点
第五章	三包责任	第十七条～第二十八条	• 家用汽车产品包修期和三包有效期自开具购车发票之日起计算 • 包修、包退、包换
第六章	三包责任免除	第二十九条～第三十一条	• 易损耗零部件
第七章	争议处理	第三十二条～第三十六条	• 协商、调解解决、申请仲裁、向人民法院起诉 • 汽车产品三包责任争议处理技术咨询人员库
第八章	罚则	第三十七条～第四十二条	• 县级以上质量技术监督部门等部门在职权范围内依法实施，并将违法行为记入质量信用档案 • 未承担责任的，责令改正，并依法向社会公布
第九章	附则	第四十三条～第四十八条	• 按照规定更换、退货的家用汽车产品再次销售的，应当经检验合格并明示该车是“三包换退车”以及更换、退货的原因

《规定》明确了在我国生产、销售的家用汽车产品，“三包”责任由销售者依法承担。销售者依照规定承担“三包”责任后，属于生产者的责任或者属于其他经营者的责任的，销售者有权向生产者或其他经营者追偿。鼓励家用汽车产品经营者做出更有利于维护消费者合法权益的严于本《规定》的“三包”责任承诺，承诺一经做出，应当依法履行。家用汽车产品经营者不得故意拖延或者无正当理由拒绝消费者提出的符合《规定》的“三包”责任要求。

《规定》明确了“三包”责任。家用汽车产品保修期限不低于3年或者行驶里程6万千米，以先到者为准；家用汽车产品“三包”有效期限不低于两年或者行驶里程5万千米，以先到者为准。家用汽车产品保修期和“三包”有效期自销售者开具购车发票之日起计算；以下5种质量问题可退换车。

• 从销售者开具购车发票60天内或者行驶里程3 000千米之内，出现转向系统失效、制动系统失效、车身开裂或燃油泄漏。

• 在“三包”有效期内，严重的安全性能故障累计做两次修理仍然没有排除故障，或出现新的严重安全性能故障。

• 在“三包”有效期内，发动机变速器累计更换两次，或它们的同一主要零件累计更换两次仍然不能正常使用。

• 在“三包”有效期内，转向系统、制动系统、悬架系统、前后桥或车身当中的同一主要零件累计更换两次仍然不能正常使用。

• 在“三包”有效期内，因产品质量问题修理时间累计超过35日的，或者因同一产品质量问题累计修理超过5次的，消费者可以凭三包凭证、购车发票，由销售者负责更换。

《规定》指出，生产者应当严格执行出厂检验制度，未经检验合格的家用汽车产品，不得出厂销售；销售者应当建立并执行进货检查验收制度，验明家用汽车产品合格证等相关证明和其他标志。销售者销售家用汽车产品，应当符合向消费者交付合格的家用汽车产品及发票等要求；修理者应当建立并执行修理记录存档制度。书面修理记录应当一式两份，一份存档，一份提供给消费者。

《规定》对退换的车辆还做了如下规定。

• 退换车按二手车销售。

汽车三包实施后，一旦消费者退换车成功，商家是否能将退换后的车修复后再卖？对此，质检总局相关负责人解释，对于“三包退换车”，可以在修复之后按二手车销售。再次销售时应当向购买者明示该车为“三包退换车”，并且应当说清退换的原因。其三包责任可以由双方协商后在购车合同中确定。

• 退换车信息“三包”网站可查。

在美国，消费者退换的瑕疵车被称为“柠檬车”，再次出售时所有权证书上必须标记“柠檬法买回”标记，而且流通过程永远带有这一标记。

中国汽车“三包”后产生的“柠檬车”会不会逐渐隐藏身份信息被当作普通二手车售卖？国家市场监督管理总局缺陷产品管理中心主任表示，“三包”信息的公开透明是保护消费者的最佳途径。目前，正在建立的汽车三包备案信息管理系统，车企需要备案的信息有生产者基本信息、车型信息、约定的销售和修理网点信息、产品使用说明书、三包凭证、维修保养手册，以及车辆识别代号（VIN）编制规则等。

更重要的是，各级质监部门、消费者权益保护组织参与处理的汽车“三包”争议信息、仲裁和诉讼信息，汽车产品更换、退货信息，以及汽车产品质量担保相关统计信息等，也将在备案信息系统中发布，消费者可以通过汽车“三包”网查询，这样退换车的真实身份将难以被隐藏。

8 月 9 日，中国汽车三包网已投入试运行，向消费者提供汽车“三包”政策法规和知识查询的同时，将陆续发布汽车厂商的“三包”备案信息。

此外，关于退换车产生的税费问题，国家税务总局已发布《关于车辆购置税税收政策及征收管理有关问题的补充通知》，因质量问题退车的，已缴税款每满 1 年扣减 10％计算退税额，未满 1 年的按已缴税款全额退税。图 5-1 所示为北京汽车“三包”服务退换车流程。

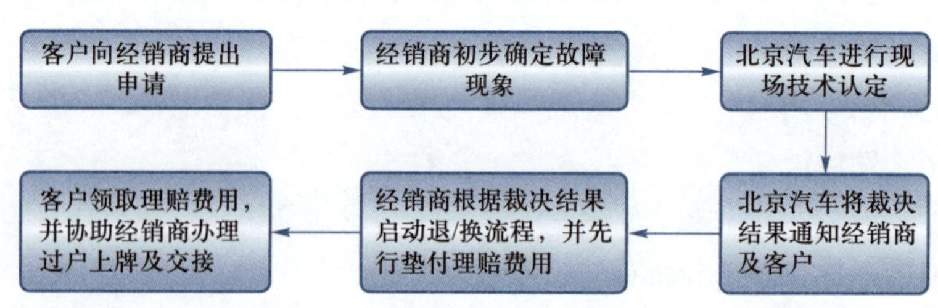

图 5-1
北京汽车“三包”服务退换车流程

5.1.2 一汽—大众汽车产品的“三包”规定

《家用汽车产品修理、更换、退货责任规定》实行后，各个汽车生产企业依据规定的要求制定了相应的质量担保条例，下面以一汽—大众品牌的汽车为例，学习一下质量“三包”法。

1. 整车的质量担保要求

自 2013 年 9 月 2 日起，在中国境内购买一汽—大众汽车有限公司生产的汽车产品用户执行下述担保政策。2013 年 9 月 2 日前购车的用户，按照购车时的原担保政策执行（包括特殊件、易损件等）。

家用汽车的整车质量担保规定：家用汽车用户享受三包服务。三包有效期限不低于 2 年或者行驶里程 50 000 公里，以先到者为准。保修期为 3 年或者行驶里程 60 000 公里，以先到者为准：自销售者开具购车发票之日起计算。

在家用汽车产品包修期内，家用汽车产品出现产品质量问题，消费者凭三包凭证由修理者免费修理（包括工时费和材料费）。

（1）家用汽车用户在三包有效期内享受的包退、换服务内容：

• 在家用汽车产品三包有效期内，符合退、换条件的，销售者应当自消费者要求退、换货之日起 15 个工作日内向消费者出具退、换家用汽车产品证明。

按照本规定更换或者退货的，消费者应当支付因使用家用汽车产品所产生的合理使用补偿销售者依照本规定应当免费更换、退货的除外。

合理使用补偿费用的计算公式为：［（车价款（元）× 行驶里程（km））/1000］× n。使用补偿系数 n 由生产者根据家用汽车产品使用时间、使用状况等因素在 0.5 % 至 0.8 % 之间确定，并在三包凭证中明示。

• 在家用汽车产品三包有效期内，消费者书面要求更换、退货的，销售者应当自收到消费者书面要求更换、退货之日起 10 个工作日内，作出书面答复。逾期未答复或者未按本规定负责更换、退货的，视为故意拖延或者无正当理由拒绝。

（2）家用汽车用户在保修期内享受的服务内容

• 家用汽车用户自经销商开具购车发票之日起 60 日内或者行驶里程 3000 千米之内（以先到者为准），发动机、变速器的主要零件出现产品质量问题的，消费者可以选择免费更换发动机、变速器。发动机、变速器的主要零件的种类范围在三包凭证上明示。

• 易损耗零部件在其质量保证期内出现产品质量问题，消费者可以选择免费更换易损耗零部件。易损耗零部件清单在三包凭证上明示。

（3）在三包有效期内，出现下列情况之一，三包责任免除

• 易损耗零部件超出明示的质量保证期出现产品质量问题的。

• 用户所购汽车已被书面告知存在瑕疵的。

• 家用汽车用于出租或者其他营运目的的。

• 使用说明书中明示不得改装、调整、拆卸，但用户自行改装、调整、拆卸而造成损坏的。

• 发生产品质量问题，用户自行处置不当而造成损坏的。

• 因用户未按照使用说明书要求正确使用、维护和修理汽车，而造成损坏的。

• 因不可抗力造成汽车损坏的。

• 在汽车产品保修期和三包有效期内，无有效发票和三包凭证的，不承担三包责任。

（4）易损耗零部件规定

购车日期或购件日期自 2013 年 9 月 2 日起，易损耗零部件的担保期如表 5-2 所示，之前的应按原特殊件 / 易损件相关规定执行。其他零部件的担保期随整车（油液品不属于零部件范畴，油液品的担保规定见相关规定）。

表 5-2　易损耗零部件的担保期

序号	易损耗零部件	质量担保期
1	空气滤清器	6 个月或 10 000 千米
2	空调滤清器	6 个月或 10 000 千米
3	机油滤清器	6 个月或 10 000 千米
4	燃油滤清器	6 个月或 10 000 千米
5	雨刮片	6 个月或 10 000 千米
6	火花塞	6 个月或 10 000 千米
7	制动摩擦片	6 个月或 10 000 千米
8	轮胎	6 个月或 10 000 千米
9	灯泡	6 个月或 10 000 千米
10	离合器片	6 个月或 10 000 千米
11	遥控器电池	6 个月或 10 000 千米
12	蓄电池	12 个月或 20 000 千米
13	保险丝及普通继电器（不含集成控制单元）	12 个月或 20 000 千米

2. 为用户提供备用车或交通补偿的规定

整车质量担保期内的用户因产品质量问题每次修理时间（包括等待备件时间）超过 5 日，应当为消费者提供备用车，或者给予合理的交通补偿费用。一次修理用时不足 24 小时的，以 1 日计。需要根据车辆识别代号（VIN）等定制的防盗系统、全车主线束等特殊零部件的运输时间（种类范围需要明示在三包凭证上）及外出救援路途所占用的时间，不计入维修时间之内。

汽车召回（RECALL）是按照《缺陷汽车产品召回管理规定》要求的程序，由缺陷汽车产品制造商进行的消除其产品可能引起人身伤害、财产损失的缺陷的过程，包括制造商以有效方式通知销售商、修理商和车主等有关方面关于缺陷的具体情况及消除缺陷的方法等事项，并由制造商组织销售商、修理商等通过修理、更换和收回等具体措施有效消除其汽车产品缺陷的过程（缺陷是指由于设计、制造等方面的原因而在某一批次、型号或类别的汽车产品中普遍存在的具有同一性的缺陷，具体包括汽车产品存在危及人身、财产安全的不合理危险，以及不符合有关汽车安全的国家标准、行业标准两种情形）。

世界上最早的汽车召回制度起源于20世纪60年代的美国。现在世界上的英国、德国、法国、日本、韩国、加拿大、澳大利亚和中国等很多国家都实行了汽车召回制度。在美国、日本及欧洲国家，无论是轿车 、客车还是一些专业车辆，当产品被发现存在缺陷时，很多厂家都会采取主动召回的方式，避免消费者受到缺陷车辆的影响。

我国于2004年3月15日发布了《缺陷汽车产品召回管理规定》，在2004年10月1日起开始正式实施。《缺陷汽车产品召回管理规定》由国家市场监督管理总局、国家发展和改革委员会、商务部、海关总署联合制定并发布。而在国内从2006年3月15日到现在，几乎每隔一段时间就有一次来自汽车生产企业的召回公告，到现在为止，我国召回汽车的总量已经超过了150万辆。下面来了解一下汽车召回的程序，如图5-2所示。

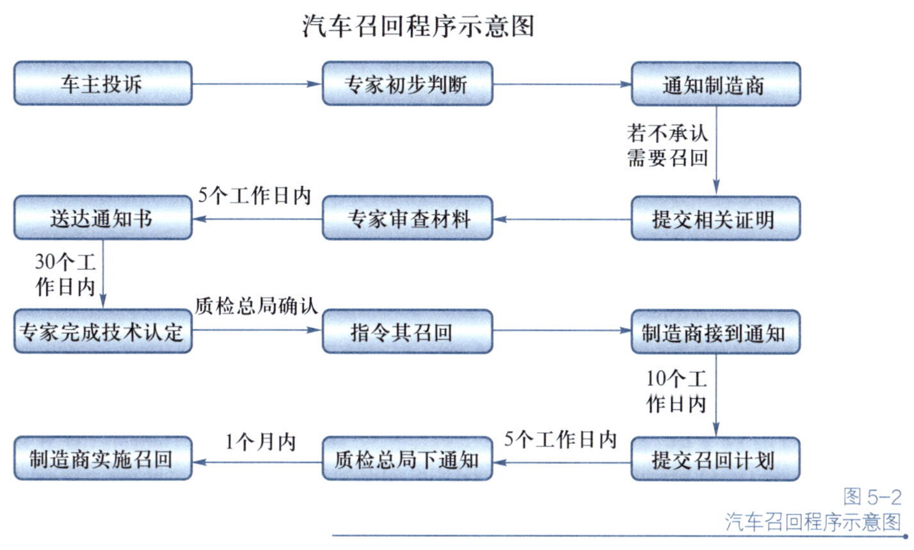

图5-2
汽车召回程序示意图

对于汽车消费者来说，他们早已意识到，包括汽车在内的产品，由于新技术、新材料、新工艺的不断应用，即使经过科学严谨的试验，在使用过程中也可能暴露出产品的设计缺陷和质量隐患。汽车召回制度的颁布为缺陷汽车的处理提供了规则和程序，同时也明确了汽车生产企业与用户的权益和责任。汽车生产企业一旦发现自己生产的产品有缺陷，坦诚、负责地召回，是向消费者展示企业对消费者负责的态度，是提升品牌形象的好机会。

5.2 汽车生产企业对索赔管理的要求

对于一位汽车用户来说，他购买了某个汽车生产企业的产品，也就意味着他购买了这个汽车生产企业的售后服务，汽车生产企业为用户提供的索赔服务也是其中的一种。每个汽车生产企业经销商索赔员的言行体现了汽车生产企业售后服务的品牌形象，也关系到汽车生产企业的产品声誉。

5.2.1　经销商索赔员的工作内容

- 负责日常索赔信息传递并执行一汽—大众的索赔政策。
- 负责审核用户的索赔申请。
- 负责索赔申请信息的建立与修改。
- 负责索赔件管理，并向一汽—大众递交索赔件。
- 负责与一汽—大众索赔结算，并向服务总监汇报。

5.2.2　经销商索赔员的岗位要求

- 大专或大专以上文化程度，汽车及相关专业。
- 从事汽车维修行业工作两年以上，熟悉汽车构造及常见故障诊断。
- 熟练掌握 Office 办公软件的操作。
- 拥有较强的表达能力和协调能力，年龄在 35 岁以下。

5.2.3　汽车生产企业对经销商索赔工作的要求

经销商日均索赔量小于或等于 10 台次，必须配置一名专职索赔员；小于或等于 20 台次，必须配置两名专职索赔员；以此类推。

对于只有一名专职索赔员的经销商，还应该配备一名兼职索赔员。

5.2.4　经销商索赔员的培训程序

① 经销商提前两个月向一汽—大众产品责任部提出培训申请，离职或经销商索赔员变动，将《经销商索赔员任职资格审批表》发送至一汽—大众索赔组。

② 产品责任部接到经销商培训申请后，根据《经销商索赔员任职资格审批表》对其资格进行审核，产品责任部在 1 个月内安排培训。

③ 索赔员报到后，产品责任部组织现场考试（测试 1：考量汽车及汽车维修常用知识；测试 2：考量计算机操作常用知识），通过测试 1 及测试 2 方可参加培训。

④ 参加索赔业务培训并考试（测试 3：测试本次培训中的内容）合格的索赔员，产品责任部将发给培训证书，作为索赔员的上岗凭证。

5.3　索赔条例

汽车索赔就是汽车生产企业对所生产的汽车产品为用户提供的一种质量担保形式，在质量担保期内，由于产品质量问题导致的车辆故障，由汽车生产企业委托经销商为用户提供车辆维修服务或者整车退换服务。

索赔管理是汽车售后服务管理中很重要的一部分，经销商可以利用索赔这项售后服务措施满足客户的合理要求，维护汽车生产企业的产品形象，提高经销商的服务满意度。

在质量担保期内，用户在规定的使用条件下使用车辆，由于车辆制造、装配及材料质量等原因所造成的各类故障或零部件的损坏，经过特许经销商检验并确认后均由汽车生产企业提供无偿维修或更换相应零件的费用（包括工时费和材料费），这就是索赔。

索赔的意义：一是使用户对汽车生产企业的产品满意；二是使用户对汽车生产企业的特许经销商的售后服务满意。这两个因素是维护公司和产品信誉及促销的决定因素。其中，用户对售后服务是否满意最为重要。因为，如果用户对售后服务仅仅有一次不完全满意，就会失去这个用户。相反，如果售后服务能够赢得用户的信任，使用户满意，那么就能够继续推销产品和服务。

索赔是售后服务部门的有力工具，可以用它来满足用户的合理要求，每个汽车生产企业的特许经销商都有义务贯彻这个制度，要始终积极地进行质量担保而不要把它视为负担，因为执行质量担保也是经销商吸引用户的重要手段。

大多数用户可以理解，尽管在生产制造过程中生产者足够认真，检验手段足够完善，但还是可能会出现质量缺陷。重要的是这些质量缺陷能够通过售后服务部门利用技术手段和优质的服务迅速正确地得到解决。汽车生产企业为用户提供的质量担保正是要展示这种能力，在用户和经销商之间建立一种紧密的联系，并使之不断巩固和加强。

各大汽车生产企业在产品文件上规定的质量担保期的基础上，还会提出一系列的条件来限制一些不合理的索赔要求。不同的汽车生产企业或者是相同的汽车生产企业在不同的时期制定的索赔条例可能都会有不同，但大的原则不会发生变化。下面是一些汽车生产企业所制定的索赔条例和原则。

5.3.1 索赔条例概述

① 索赔也是汽车生产企业为消费者提供的一种质量担保，在整车质量担保期内出现下列情况之一者，整车质量担保责任免除。

• 正常磨损。

• 车辆使用中未遵守《使用说明书》和《保养手册》的有关规定使用轿车，或超负荷使用轿车（如用作赛车）等，或使用不当造成的损坏。

• 车辆装有未经一汽—大众许可使用的零部件，或车辆未经一汽—大众许可改装过。

• 车辆在非一汽—大众特许经销商处保养、维修过。

• 交通事故造成的损坏。

• 用户应使用一汽—大众备件部提供的指定型号的机油进行保养，否则不予结算首保费用。如因用户自换机油质量造成发动机及零部件损坏，不给予索赔。

② 在整车质量担保期内的车辆使用者发生变更，整车质量担保期的改变。

• 家用汽车用户在三包有效期内若变更轿车用途，则不享受家用汽车的相关三包政策。

• 家用汽车在三包有效期内变更用户，使用性质不变，享受原三包有效期，并按照原使用时间及里程延续。

• 非家用汽车用户在整车质量担保期内，若用户变更轿车用途，轿车享受原质量担保期，期限和里程不做变更。

5.3.2 索赔原则

一汽—大众对于车辆出现以下情况的，原则上不属于质量担保范围。

• 检测、调整项目：如 VAS5051 检测，车轮定位参数的调整等；

• 超过 7 500 千米充制冷剂。

• 由于经销商本身操作不当造成用户的损失，由经销商自行承担，并负责必要的修复；

• 索赔期间用户的间接损失均不予赔偿。

5.3.3 备件索赔原则

备件质量担保，是指用户在一汽—大众特许经销商处进行正常修理（用户付费）更换的一汽—大众原装备件及附件，从更换零件的当天起算（以购件结算单日期为准）。

• 索赔条件：零件自一汽—大众特许经销商处购买并在经销商处安装。

• 备件享受 1 年或 10 万千米的质量担保（以先达到者为准），进口迈腾的进口原装备件的质量担保为 1 年无里程限制、易损耗零部件按相关规定执行。

• 非质量问题（如事故）发生的备件更换维修，其备件质量担保不计入整车三包维修中。

• 用户车辆在质量担保期内发生质量问题，更换的零件（必须是一汽—大众提供的原装备件）质量担保期与整车的质量担保期相同：即整车质量担保期满，对于换上零件的质量担保期也相应结束。

• 经销商从一汽—大众备件部定购的备件在未装车之前发生的故障，请各经销商向一汽—大众备件部索赔。

5.4 索赔程序

5.4.1 经销商索赔管理流程

用户在汽车生产企业规定的质量担保期内，因为产品质量问题向经销商提出索赔时，经销商按照一汽—大众的规定必须遵循一定的流程完成用户的索赔工作。一汽—大众的索赔流程如下。

1. 用户提出索赔要求时

① 服务顾问查看并核对购车发票信息、《行车证》《保养手册》《三包凭证》（家用汽车用户需要提供）等凭证，并验车校对发动机号、底盘号及行驶里程。判断车辆是否在质量担保期内；判断车辆是公务车辆、营运车辆、军用车辆还是家用汽车；按照用户车辆类别提供对应的质量担保服务。

② 服务顾问详细询问车辆发生故障的经过、现象和历史维修记录等信息，并上车现场勘查，确定车辆故障部位及原因。

③ 服务顾问在系统中查询车辆的历史维修记录及本次故障的维修次数，并核实经销商本次维修涉及的设备、工具及备件是否能够满足，通知各相关单位提前准备。

④ 如用户车辆类别是家用汽车，并且服务顾问经核实本次故障用户已经多次维修，系统维修记录已报警或本次故障涉及安全、主要总成或主要零部件，服务顾问应按照技术支持流程进行升级警示，提示全体给予重点关注。

⑤ 服务顾问确定车辆是否符合“索赔原则”，若符合，则开具《索赔委托书》，保证

《索赔委托书》上的修理项目描述与索赔结算单材料信息一致，并由送修用户本人签名，用户签名确认后维修计时开始。委托书共三联，第三联交给客户，第一联、第二联及车钥匙交给修理技师，若不符合“索赔原则”，则做相应处理（按维修处理，开具《任务委托书》），服务顾问派工。

2. 用户车辆开始维修

① 修理工对车辆进行拆修检查，确定损坏的零部件。

② 索赔员对用户车辆是否在质量担保期内及应享受何种质量担保规定进行验证；技术经理进行故障技术判定；索赔员对故障现象是否符合索赔范畴及故障件是否是真件进行验证；如验证有问题，不符合索赔管理规定则通知服务顾问，按正常维修处理。

③ 涉及商品车索赔，经销商遵循“商品车索赔流程”办理。

④ 涉及“修复”类索赔，经销商与服务经理确认，填写《经销商工时申报审批表》。

⑤ 涉及整车类索赔问题，请参考关于整车索赔的有关内容。

⑥ 索赔员在《索赔委托书》上填写索赔“故障描述”及“处理结果”，由索赔员和技术经理分别在《索赔委托书》上签字确认。

⑦ 大众品牌车型索赔金额低于1 500元（含1 500元）的索赔业务，由经销商做索赔判定。

⑧ 索赔金额高于1 500元，低于5 000元（含5 000元）的索赔业务，经销商在办理索赔业务前应先与一汽—大众服务经理沟通确认，并填写《经销商与服务经理沟通情况记录表》，服务经理同意后，可以办理索赔业务，并在系统中录入“车辆故障信息报告”，服务经理在当天内对相应“车辆故障信息报告”进行审核，如与沟通信息不符，服务经理可行使否决权，即在系统中做拒绝处理，对于在当天内未做拒绝处理的索赔项目，系统将默认为同意状态。

⑨ 索赔金额高于5 000元的索赔业务，经销商在办理索赔业务前应先与一汽—大众服务经理沟通确认，再与现场技术经理沟通确认（经销商可通过电子邮件按PCC报告的格式与现场技术经理确认），经服务经理、技术经理同意后，可以办理索赔业务，并在系统中录入“车辆故障信息报告”和“车辆信息反馈报告”，服务经理和技术经理分别在当天内对相应“车辆故障信息报告”及“车辆信息反馈报告”进行审核，如与沟通信息不符，服务经理和技术经理可行使否决权，即在系统中做拒绝处理，对于在当天内未做拒绝处理的索赔项目，R3系统将默认为同意状态。

⑩ 修理工将旧件及《索赔委托书》交给索赔员，索赔员填写“索赔件挂签卡”。

⑪ 备件管理员依照《索赔委托书》打印领料单，家用汽车类别车辆以三包紧急订货方式订货的，备件员应将此三包紧急订单号记录在委托书的处理结果中，向修理工发料。

⑫ 修理工领料，装车，试车；修理工确认修复后将车钥匙与《索赔委托书》第一联、第二联交给服务顾问。

⑬ 家用汽车类别车辆以三包紧急订货方式订货的，服务顾问应将三包紧急订单号记录在“质检/内部交车”屏中的“三包订单号”中。

3. 用户结算

① 质检完成后，服务顾问以录音电话或短信的形式通知用户取车（需要保留证据），维修计时截止。

② 服务顾问打印索赔结算单，共三联，由用户本人签字，第一联交给索赔员，由索赔员存档；第二联交给财务存档；第三联交给用户。

③ 索赔员将索赔信息由 DSERP 上传至索赔系统。

④ 索赔员将索赔件入索赔件库。

⑤ 索赔员将《索赔委托书》《索赔结算单》《故障码打印件》和《结算单复印件》等存档。

4. 存档要求

（1）索赔需存档文件

1）索赔任务委托书档案管理

• 所有索赔项目均要求开具“1–××××××××××××”的《索赔任务委托书》。

• 索赔员在《索赔任务委托书》上填写“故障描述”及“处理结果”。

• 索赔员在《索赔任务委托书》上签字。

• 技术经理在《索赔任务委托书》上签字。

• 用户在《索赔任务委托书》上签字。

2）索赔结算单管理

• 在索赔结算单相应的索赔项上注明申请单号。

• 用户在索赔结算单上签字。

• 打印日期与结算日期一致。

3）故障码打印件管理

• 相关电器件打印故障码，故障码打印件清单，参见（故障码打印清单 2013 年第 1 版）。

• 故障码打印件上需有底盘号和系统时间。

• 在故障码打印件上注明索赔申请单号。

4）备件索赔结算单管理

• 是指用户购买并安装零件的维修结算单，要求统一用 A4 纸复印，在索赔材料下方画波浪线并在右侧空白处注明索赔申请单号。

• 结算单上有用户签字。

5）首保凭证管理

• 在“7 500 千米免费保养凭证”上按要求填写各项信息，有用户签字。

• 在“7 500 千米免费保养凭证”上注明首保申请单号。

6）索赔通知管理

• 经销商打印质量担保与用户保护部下发的索赔通知，需经销商服务总监在索赔通知上签阅。

7）索赔件验收清单管理

• 经销商服务总监在《索赔件验收清单》上签字。

8）索赔件鉴定手册管理

• 经销商打印索赔鉴定手册，需经服务总监、技术经理和索赔员签阅。

9）“其他”索赔凭证管理（工时、商品车、运费、外出服务和沟通记录表等）

• 经销商工时申报审批表，保存签字原件。
• 经销商商品车修复审批表，保存签字原件。
• 中转仓库送经销商整备车辆审批表，保存签字原件。
• 索赔件运费申请表（公路自送、邮寄方式送件），保存签字原件。
• 索赔件运费申请表（邮寄方式返件），保存凭证及签字原件。
• 经销商外出服务登记表，保存签字原件。
• 迈腾 /CC/ 全新迈腾 VIP 道路救援服务金额明细表，保存签字原件。
• 经销商与服务经理沟通情况记录表。

10）需向索赔组提供的凭证

• 个案索赔审批表（传真）。
• 特殊索赔审批表（传真）。
• 索赔单权限开通审批表。
• 索赔件权限开通审批表。
• 索赔申报信息反馈表。
• 购车发票及三包凭证：经销商需存档购车发票复印件及三包凭证。

（2）索赔档案存档要求

经销商必须建立独立索赔档案资料柜 1 组或 2 组，索赔档案统一采用文件夹装订，并将索赔档案柜放于索赔员办公室。

① 将《索赔任务委托书》和《索赔结算单》第一联单独存档。

② 经销商需将《索赔任务委托书》《索赔结算单》和《故障码打印件》附在一起，《索赔委托书》在上面，《索赔结算单》在下面，《故障码打印件》放在最后面，按《索赔委托书》号由小到大顺延，按自然月份存档，并在文件夹外侧注明发生的“×××× 年 ×× 月”；文件夹内应设目录，目录内容如表 5-3 所示（可在 PORTAL“索赔单处理”中下载）。

表 5-3　20×× 年 ×× 月索赔档案目录 1

序号	委托书号	索赔单号	材料件号（主件号）
1	1-20110100001	B10001	L3CD 953 042 A

③ 购车发票及三包凭证。

经销商需按月存档购车发票复印件，对于本经销商自己销售的车辆按销售日期由小到大按自然月存档，非本经销商自己销售的车辆的购车发票复印件存于当月发票后面，对于车辆为家用汽车的用户还需存档三包凭证（本经销商销售的车辆存三包凭证原件，非本经销商销售的车辆存复印件），三包凭证附于车辆发票后，每月的发票档案应做目录，目录内容如表 5-4 所示。

表 5-4　20×× 年 ×× 月索赔档案目录 2

序号	底盘号（后 8 位）	车型（2 位）	购车日期	有三包凭证否
1	D3002114	94	2013 年 10 月 1 日	有

④ 备件索赔结算单统一用 A4 纸复印，在索赔材料下方画波浪线，按照申请单号由小到大顺序存档，并单独放于一文件夹中，注明“备件索赔凭证”；文件夹内应设目录，目录内容如表 5-5 所示。

表 5-5　备件索赔档案目录

序号	备件索赔结算单委托书号	索赔单号
1	3-20121200359	B10009

⑤ 将“7 500 千米免费保养凭证”按首保申请单号由小到大顺延存档，按自然月份存档，并装订存档，并每月单独放于一文件夹中，注明“×× 年 ×× 月首保凭证”。

⑥ 索赔通知按下发的时间先后顺序存档，注明“索赔通知”；并单独放于一文件夹中，文件夹内应设目录，目录内容如表 5-6 所示。

表 5-6　20×× 年索赔通知目录

序号	通知标题或主要内容	日期
1	关于索赔申报规则通知	2013/01/20

⑦ 索赔件返件凭证管理。

• 索赔件随备件配送车辆返运的经销商，将《索赔件验收清单》和《经销商索赔件运输交接单》附在一起，《索赔件验收清单》在上面，《经销商索赔件运输交接单》在下面，按返件的时间先后顺序单独用一个文件夹存档，并在文件夹外侧注明“索赔件返件凭证”字样。

• 自送或邮寄方式返件的经销商，将《索赔件验收清单》单独存档，按返件的时间先后顺序单独用一个文件夹存档，并在文件夹外侧注明“索赔件返件凭证”字样。

⑧《索赔件鉴定手册》的存档要求。

按照《索赔件鉴定手册》的总序号由小到大的顺序存档，并单独放于一个文件夹中，注明《索赔件鉴定手册》；文件夹内应设目录，目录内容如表 5-7 所示。

表 5-7　《索赔件鉴定手册》目录

总序号	零件号	零件名称	厂家代码
JDZX001	3CD 919 051 C	燃油泵	5GS

⑨ “其他凭证”按发生时间存档，并在文件夹外侧注明“其他凭证”字样。

⑩ 索赔档案柜中的索赔档案存档要求。

• 索赔任务委托书、索赔结算和故障码打印件存档的当前连续 12 个月的索赔档案。

• “7 500 千米免费保养凭证”首保卡存档，当前连续 12 个月的首保卡档案。

• “备件索赔凭证”“索赔件返件凭证”“索赔件鉴定手册”“索赔通知”和“其他凭证”

各存档 3 年的索赔凭证于一个文件夹中。

• “7 500 千米免费保养凭证”首保卡存档，非当前连续 12 个月的其他首保卡档案。

（3）存档期限

上述各项索赔档案自修理日期 2013 年 9 月 2 日前要求保存两年；自修理日期 2013 年 9 月 2 日后要求保存 3 年；购车发票自销售日期 2013 年 9 月 2 日后要求保存 3 年。

5.4.2 整车索赔流程

三包法实施初期，三包退换车处理采用指定授权二手车经销商集中处理的方式进行处理，处理流程如下。

1. 退车管理程序

三包退车范围：出现重大质量故障、严重安全性能故障累计两次未解决、主要总成的同一主要零部件累计更换两次未解决

① 经销商受理用户提出退换车需求后，一个工作日内（第 1 天），根据三包规定核实车辆信息，并判断是否符合退换车标准，同时向区域服务经理、现场技术经理和产品责任员报备。

② 若车辆符合退换车标准，经销商在一个工作日内（第 2 天）准备车辆相关材料，（包括购车发票、维修记录和三包凭证等）。若不符合退换车标准，同时用户不予接受，则按《三包争议处理流程》处理。

③ 根据车辆信息，经销商在一个工作日内（第 3 天），填写《三包退换车申请报告》《退换车历史索赔信息表》和《PCC 报告》等相关报告后，上报事业部、技术服务部、质量担保与用户保护部。

④ 区域事业部在 12 个工作日内（第 4~15 天），通知经销商退换车处理方案，并指导经销商下一步工作（解释、安抚和三包争议处理）。

• 对于不符合三包退换车标准的，经销商在两个工作日内通知用户，若用户有异议，事业部及经销商按照《三包争议流程》处理。

• 经销商在 3 个工作日内（第 3~5 天），在现场技术经理的指导下制定维修方案，并将《三包退换车维修报价单》反馈给质量担保与用户保护部。

• 经销商得到事业部给出的退车指令后，两个工作日内与用户签署《退换车协议》，相关款项由经销商先行垫付。

◊ 用户按协议要求返还全部车辆文件及附件。

◊ 经销商与用户共同检查车辆交接。

◊ 经销商按协议约定的数额（按三包规定的系数收取用户折旧费）支付用户应得的购车款。

• 经销商协助用户办理其他应返还用户的款项，如购置附加税等。

◊ 需要退回一汽—大众的车辆，经销商协助用户办理车辆购置税退税，需要一汽—大众出具证明的，经销商提供当地车管所要求的证明格式文件，质量担保与用户保护部负责申请公章，并将带有公章的原件以特快专递邮寄给经销商。

◊ 特殊地区无法退购置附加税的，经销商依据用户提供的发票垫付购置税款，一汽—大众根据经销商提供的发票及用户收条，补偿经销商购置税款。

◊ 进行二手车交易的车辆，购置附加税由经销商先行垫付，用户提供发票及收条。一汽—大众依此统一在差额中补偿经销商。

2. 换车管理程序

三包换车范围：同一质量问题维修超过 5 次、累计维修时间超过 35 天

经销商受理用户提出退换车需求后，一个工作日内（第 1 天）根据三包规定核实车辆信息，首先判断是否符合三包退换车标准，并判断是符合换车还是退车；同时向区域服务经理、现场技术经理和产品责任员报备；若不符合退换车标准，通知用户；若用户不予接受，则按《三包争议处理流程》处理。

• 若车辆符合换车标准，经销商在一个工作日内（第 1 天）通知用户符合换车条件，并准备办理换车；用户准备车辆相关材料（购车发票、维修记录和三包凭证等所有车辆相关材料）。

• 经销商在 8 个工作日内（第 2~9 天）组织资源办理。经销商暂时无资源的，可根据到货计划与用户协商交货日期。

◊ 若短期内无计划，经销商马上向事业部提申请，事业部根据经销商需求内部协调资源。

◊ 若无资源，经销商在区域事业部的指导下与用户协商处理。

• 经销商在一个工作日内（第 2 天）填写《三包退换车审批及处理申请表》《PCC 报告》、车辆保养记录及导致换车的各项索赔记录，上报事业部、技术服务部、质量担保与用户保护部。

• 经销商在 3 个工作日内（第 3~5 天），在现场技术经理的指导下制定维修方案，并将《三包退换车维修报价单》反馈给质量担保与用户保护部。

• 经销商得到事业部给出的车辆处理方案后，3 个工作日内（第 8~10 天）与用户签署《退换车协议》，相关款项由经销商先行垫付。

◊ 用户按协议要求返还全部车辆文件及附件。

◊ 经销商与用户共同检查新旧车辆交接。

◊ 经销商按协议约定的数额（按三包规定的系数收取用户折旧费）收取折旧费。

◊ 新车购置附加税、旧车剩余交强险等，由经销商先行垫付。

◊ 需要退回一汽—大众的车辆，经销商协助用户办理车辆购置税退税，需要一汽—大众出具证明的，经销商提供当地车管所要求的证明格式文件，质量担保与用户保护部负责申请公章，并将带有公章的原件以特快专递邮寄给经销商。

3. 维修管理程序

① 经销商根据现场技术经理出具的技术方案，进行车辆维修，并最终确认车辆达到质量标准。

② 现场技术经理判定维修后的车辆是否合格并审批。

③ 经销商将检验合格证扫描发送给质量担保与用户保护部。

④ 质量担保与用户保护部通知经销商申报维修费用索赔。

4. 处理管理程序

① 退换车经销商将车辆维修合格后向二手车业务部提报《三包退换车车辆定价表》，定价原则将通过季度文件《三包退换车定价方案》发布。二手车业务部进行审核并反馈车辆价格给退换车经销商和指定的二手车授权经销商。制定二手车授权经销商按照车辆定价金额向退换车经销商采购，前者应在接到通知后 5 个工作日内向后者进行采购。

② 指定二手车授权经销商需办理过户及提档，退换车经销商协助指定二手车授权经销商办理相关手续。

③ 指定二手车授权经销商自行负责车辆的物流运输。

④ 指定二手车授权经销商负责将车辆档案落户至该经销商所在地。

⑤ 指定二手车授权经销商负责销售三包退换车，销售时需明示消费者该车是“三包退换车”，以及更换、退换的原因。

⑥ 车辆交易时，指定二手车授权经销商需与用户签订《三包退换车销售合同》，合同扫描件需要向二手车业务部备案。

5. 补偿管理程序

① 根据退换车定价表，质量担保与用户保护部计算补偿费用，并反馈经销商补偿费用金额。

② 经销商提报《退换车补偿费用申请表》。

③ 质量担保与用户保护部确认经销商申报的退换车补偿费用，并组织协调相关部门签字确认。

④ 经销商申报退换车补偿费用。

⑤ 质量担保与用户保护部审批退换车补偿费用。

5.4.3 《索赔申请单》的填写

为了使各个经销商的索赔申请及时被认可，索赔款迅速转为备件款，并及时准确地将索赔件的质量信息反馈给汽车生产企业的质保和产品等相关部门进行质量分析，指导零部件生产企业改进设计或生产工艺，提高产品质量，经销商必须按要求准确填写《索赔登记卡》(各个汽车生产企业会有所不同，但作用和内容大致相同)中的每一个数据，切勿遗漏。

下面以一汽—大众汽车有限公司的《索赔申请单》为例，逐项解释需要填写的内容，《索赔申请单》模板如图 5-3 所示。

1. 服务站编码

对于一汽—大众汽车有限公司的经销商来说，他的编码由 7 位数字组成，由售后服务部门提供。其中一汽—大众汽车有限公司编号为左起 3 位数字 758（1、2、3 位）；地区编号为两位数字（4、5 位）；经销商编号为两位数字（6、7 位）。

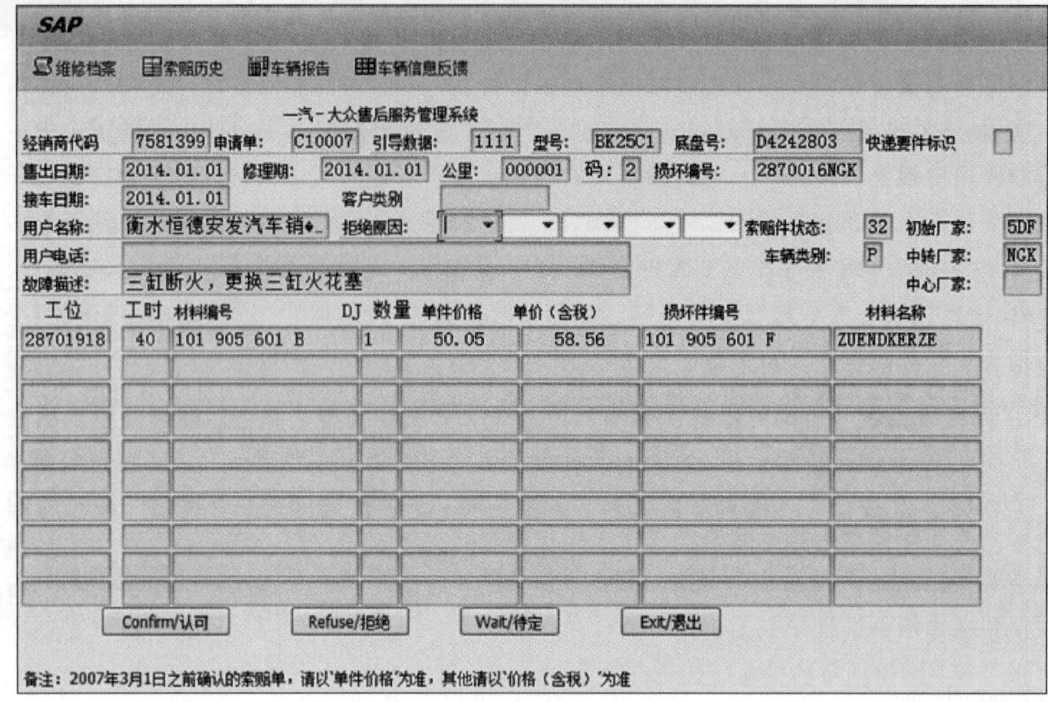

图 5-3
一汽—大众《索赔申请单》

2. 《索赔申请单》编号

由 6 位数字组成，前 2 位代表年份，后 4 位代表序号；每年年底，售后服务部门都会以文件的形式规定下一年度的《索赔申请单》编号形式。

3. 任务委托书

由 13 位数字组成，前 2 位数字代表修理类别，后 11 位分别代表年、月、流水号。

• 修理类别的表示形式：0—首保、1—索赔、2—保养、3—小修、4—大修、5—事故车、6—返工。

• 年、月、流水号的表示形式：当前年 4 位、当前月 2 位、流水号 5 位。

• 对于 2004 年的第一个索赔申请，它的索赔《任务委托书》可以表示为：1-20040100001。

4. 索赔类别

用一个大写字母表示（由索赔件的来源决定）(国产厂家 A、 进口厂家 C、一汽—大众的自制件为 S)；对于超出一年发生的进口件索赔，索赔类别为 S，厂家代码为 CAP。

5. 引导数据

由 4 位数字组成，代表各类质量担保形式的可能性。每一位数字都有一定的代表作用，各位数字分别代表如下。

① 第一位数字代表保用车型，用 3 个数字对不同的车型加以区分。

• 1—大众轿车。

• 2—大众载重车。

• 4—奥迪轿车。

② 第二位数字代表记账形式。

• 1—贷方凭证。

• 2—额外支付款额。

• 3—顾客全付款额。

③ 第三位数字代表保用内容，用 8 个数字分别代表不同的保用内容。

• 1—整车。

• 2—新部件。

• 3—修复件。

• 4—工业用发动机。

• 5—油漆。

• 6—锈蚀。

• 7—返修。

• 8—库存部件。

④ 第四位数字代表合同方式，用 4 个数字加以区分。

• 1—保用。

• 2—保用期外优惠待遇（根据保用期外优惠待遇有关规定）。

• 3—保用期外优惠待遇（征得有关人员同意）。

• 4—保用期外优惠待遇询问书。

⑤ 一汽—大众汽车有限公司大众品牌现有车型最常用的引导数据如表 5-8 所示。

表 5-8 一汽—大众现有车型常用的引导数据

类型	引导数据
整车索赔外出服务（含担保期内迈腾 VIP 救援）索赔件运费	1111
备件索赔	1121
服务行动	11X1
优惠索赔现场看车严谨关爱迈腾 VIP 超 6 万千米	1112
善意索赔	11Z1

6. 型号

由 6 位数字组成，详细说明如下。

① 第一位、第二位数字代表车型，例如，Jetta 为 1G、宝来为 1J、开迪为 2K、迈腾为 9X、速腾为 9L、高尔夫为 2J、进口迈腾为 3C。

② 第三位代表车身类型。

③ 第四位数字代表车辆的装备。

④ 第五位用字母代表发动机的分类：M 代表汽油机；D 代表柴油机。

⑤ 第六位用字母代表传动器的分类：用 A 代表 01M 自动变速箱；用 S 代表 5 挡手动变

速箱。

7. RA 标记

用一位数字表示，对索赔件的修理种类加以区分。对损坏部件进行修复，填写“1”，对损坏部件进行更换，填写“2”。

• 对于外出服务、运费、油漆、修复、充 R134a 及各种油（液）类的补充等 RA 标记必须为“1”。

• 为了保证见件索赔的严密性，凡是发生材料费用而没有旧件返回的索赔，如蓄电池、玻璃等的更换，RA 标记为“2”。具体做法：将条形码附在索赔件挂签上，与《索赔件验收清单》一起放在索赔件包装箱内寄到汽车生产企业的售后服务部指定地点。

8. 车辆类别

用一个字母表示，代码符号代表的含义如下。

T—出租车　B—公务用车　W—商品车　P—私人用车。

9. 底盘号

填写底盘号码的后 8 位。

10. 售出日期

对于整车的购车日期，以购车发票上的日期为准（一台车只填写一个日期）。共六位，日、月、年份各两位。例如，购车日期为 2004 年 1 月 20 日，则该日期应填写“200104”。备件索赔的售出日期填写备件购买和安装日期。

11. 修理日期

由 6 位数字组成，日、月、年份各两位。请填写车辆修理日期。

12. 里程数

车辆修理时的行驶里程，靠右侧填写。

13. 损坏编号

损坏编号必须填写 10 位数，具体编号详见《故障代码》。

14. 用户姓名、电话

详细填写用户姓名和电话，公务用车请填写单位名称和电话。

15. 故障描述

详细准确地填写故障现象及原因，语言要简练。

16. 工位

用 8 位数字表示，工位必须按照相应的《工位工时定额》进行填写。

17. 索赔件状态

（1）中转库 / 中心库检查验收索赔件

• 未送件、未扫描：状态为 *1。

- 错误的拒绝： 状态为 *0。
- 正确的认可： 状态为 *2，*3。
- 经销商修改期限为 7 天。

（2）产品责任部审核索赔申请单

- 未审核：状态为 *1。
- 错误的拒绝：状态为 *0。
- 正确的认可：状态为 *2。
- 永久拒绝：状态为 *4。
- 经销商修改期限为 20 天。

5.5 索赔件的管理

5.5.1 经销商索赔件库管理规定

① 汽车生产企业的特许经销商的索赔件库为独立库房（独立区间），不得与其他厂家产品混放。

② 索赔件应分区、分类存放，国产、进口件分开存放。

③ 索赔件库存放的索赔件应为近一个月以内的索赔件。

④ 索赔件必须粘贴或拴挂相应的条形码。

⑤ 索赔件库货架上应粘贴相应的分类、分组标签。

5.5.2 索赔件的管理

1. 条形码

索赔件要粘贴或拴挂条形码，方便 “见件索赔”，条形码如图 5-4 所示。

图 5-4 条形码

2. 索赔件操作规范

（1）索赔件条形码粘贴要求

对于有平整表面的索赔件，条形码可以直接粘贴在索赔件平面的空白处。为了便于条形码扫描，还要注意以下要求。

① 条形码不能粘贴在索赔件的外包装盒上。

② 条形码不能粘贴在索赔件有油污或灰尘的面上。

③ 条形码不能折着或弯曲粘贴在索赔件上。

④ 条形码不能粘贴在索赔件上有文字、数字、字母和图形的地方。

适合这种要求的索赔件有门锁、计算机、轮辋、收放机、发动机、变速箱、保险杠、仪表台、蓄电池（条形码不能粘贴在上面；必须粘贴在侧面）、后桥、制动摩擦片、制动盘、制动鼓和空调等。

（2）条形码拴挂要求

对于不能直接粘贴条形码的索赔件，需要先将条形码粘贴在索赔挂签上，再将索赔挂签牢固地拴挂在索赔件上。索赔挂签拴挂位置选择如下。

• 索赔件上有小孔处。

• 拴挂的闭环处、柱型的凹处。

• 在索赔件上用胶带、绳和铁丝人为制成闭环来拴挂索赔挂签。

（3）多个索赔件的捆绑要求

当一张《索赔申请单》对应两件或两件以上索赔件时，索赔件必须都捆绑在一起，而且要保证扫描人员能直观地看到厂家代码、厂家标识和生产日期等标记。对轻、软、钝的索赔件可以使用绳或胶带捆绑。对重、硬、锐的索赔件必须用铁丝捆绑。

（4）索赔件清洗要求

① 凡是存有机油、汽油和冷却液等液体的索赔件，必须将残液倒放干净。

适合这种要求的索赔件有发动机、变速箱、汽油箱、汽油泵、水箱、冷却液罐、动力转向机、转向助力泵、转向助力油罐和制动分泵等。

② 凡是索赔件粘有油污、泥土等污物，必须清洗干净。

适合这种要求的索赔件有发动机总成及散件、变速箱总成及散件、汽油箱、减震器、内、外等速万向节及护套、转向机和消音器等。

3. 索赔件返件方法

（1）索赔件运送

各经销商将贴好条形码或拴挂好条形码挂签的索赔件分类装箱（奥迪、宝来件单独装箱并贴好标签、有“原包装”的索赔件单独装箱），并附有《经销商索赔件验收清单》，装箱单一式三份，中心库、中转库和经销商各一份；要求用中铁快运的方式，如距离较近的也可用其他方式运送，但必须有专人负责。

（2）电瓶、玻璃件的特殊说明

• 非铁路运输必须送到。

• 如通过铁路运输可不返回，销毁处理必须征得售后服务部有关人员的同意。

（3）索赔件返件原包装说明

① 有备件原包装的，按备件包装标准独立包装索赔件，同时按要求拴挂索赔件挂签。用胶带封好包装盒，粘牢即可。

② 原装备件无包装的索赔件，直接按要求拴挂索赔件挂签即可。

③ 某些有塑料堵的备件，拆下后必须堵到索赔件上，防止索赔件漏油。

④ 对于空气流量计、电子控制单元（发动机、自动变速箱、ABS 和安全气囊）、节流阀体及氧传感器，索赔件返件时需附上打印出来的故障诊断结果，同时将底盘号打印（或手写）上去。

4. 索赔件运费的结算方法

邮寄索赔件的运费采取实报实销的方法，服务站索赔员将运费发票复印件寄往售后服务科索赔组，要求在运费发票复印件上填写“申请单编号”，以此作为结算依据。

经销商索赔员将索赔件运费以《索赔申请单》的形式录入索赔软件管理系统。

5. 损坏件拒绝索赔的原因说明

- “21”假件。
- “22”索赔件不符合返件要求（未清洗、包装不合格）。
- “23”索赔单与索赔件不符。
- “24”索赔单数量与索赔件数量不符。
- “25”非产品质量损坏（缺损、私改等）。
- “26”超期送件。
- “27”生产日期不符。
- “28”索赔件故障描述与索赔件不符（单、件、挂签）。
- “29”电器件无故障码打印信息。
- “30”索赔单厂家代码与索赔件不符（可更改）。
- “31”损伤件号不符（可更改）。
- “32”待鉴定是否索赔（可更改）。

思考题

1. 什么是索赔?
2. 通过对汽车召回知识的自学，说明汽车索赔和汽车召回的区别?
3. 汽车生产企业拒绝经销商索赔件索赔的原因有哪些?
4. 根据下面所给的内容完成《索赔申请单》相关内容的填写。

- 用户名称：刘立萍（个人）
- 任务委托书号：1-20040100002
- 用户电话：13601181235
- 故障描述：水泵漏水更换水泵并加防冻液
- 底盘号：13050102

发动机号：ATK234450

型号：豪华 2V 电喷（GiX）

模块 6
经销商内部管理

学习目标

1. 了解人员招聘流程和绩效考核的指标。
2. 熟悉专用工具和设备的管理规定。
3. 熟悉资料借阅的管理规定。
4. 熟悉培训流程及规定。
5. 了解培训的分类。
6. 熟悉经销商内部的网络管理系统。

6.1　培训管理

为了较快地提高服务网络人员的素质，经销商必须建立内部培训机制。经销商的技术经理或者内部培训员负责组织经销商内部的培训工作，包括按照汽车生产企业的有关要求组织培训，下载和发放培训资料，以及培训后相应的考核管理等。内部培训工作一定要做到有计划进行，并有效实施计划，及时总结培训过程中的不足。每次培训后，必须建立培训档案记录，以备查询。汽车生产企业的销售及售后服务部门将按照要求检查内部培训的情况，并将内部培训工作纳入对经销商的考核。

根据售后服务工作的职能，经销商内部培训通常可归纳为技术类培训、管理类培训等。

• 技术类培训：经销商内部培训员根据参加培训的人员素质和技术水平的不同，技术类培训又可分成不同的级别，如初级、中级和内部交流等。

• 管理类培训：安排管理类培训的目的主要是提高经销商的管理水平。根据经销商的具体情况一般可安排管理模式、用户沟通和服务营销 3 个方面内容的培训。管理模式方面主要安排核心流程，如售后服务工作流程、维修服务工作流程等。用户沟通方面可安排用户关系技巧、用户抱怨与冲突的解决技巧，以及电话回访的技巧等。服务营销的培训可侧重服务理念、时间控制模式、小组工作模式和经营分析等。管理类培训适合从事服务管理的服务顾问、接待人员及客户服务人员等参加。

6.1.1　经销商培训管理的内容

1. 建立完善的内部培训制度并实施

① 培训制度的形式包括培训目的、术语、适用范围、内容、相关文件、记录和附录等内容。

② 培训制度将培训的整个过程进行详细描述，并对可能发生的各种情况做出说明。例如，缺席的处理、外出服务的处理和病假的处理等情况。

③ 培训制度目视化，让每个员工都知道公司对培训的要求。

④ 培训要有相关的执行记录。

2. 制订年培训计划和月培训计划

在每年年底必须对下一年度的培训做出总体规划，并请服务总监确认，同时考虑到市场的瞬息万变和每月员工所展现的技能状态，经销商也必须建立月滚动计划，并报告服务总监审批。一汽—大众某经销商的年度培训计划及月度培训计划如图 6–1 和图 6–2 所示。

3. 培训必须填写培训实施目录

培训必须填写培训实施目录，以便管理者清晰地看到年培训的实施情况，为培训的宏观决策提供依据。培训实施目录如表 6–1 所示。

表 6–1 培训实施目录

公司名称　　严谨就百关爱 一汽—大众服务　　一汽—大众 FAW-VOLKSWAGEN

________年培训实施目录

序号	培训日期	培训内容	培训教师	应到人数	实到人数	页码
1						
2						
3						
4						
5						
6						
7						
8						

4. 培训必须填写培训记录表

每次培训必须填写培训记录表，表中必须记录应参加者姓名、签字确认信息，以及对未参加培训者的缺席原因记录。培训记录表如表 6–2 所示。

表 6–2 培训记录表

经销商内部培训记录表

编号：

课程名称			
培训教师			
培训地点			
培训日期	年　月　日　时	课时（小时）	
培训内容纲要			

序号	参加人员	签到	考试成绩	是否合格
1				
2				
3				
4				
5				
6				

年度培训计划

编号：MHY/QD-04-02

序号			1	2	3	4	5	6	7	8	9	10	11	12
培训内容			**基础培训** 发动机及变速器、ABS	**基础培训** 电器设备及空调、防盗	**速腾培训** 产品入门发动机，底盘乘员保护，辅助制动空调	**速腾培训** 综合仪表舒适系统，中央电器，转向柱控制单元收放机，数据总线传输	**常见故障** （夏季专项培训），水温空调	**迈腾培训** 迈腾产品知识，迈腾发动机，电子制动，辅助停车舒适系统	**迈腾培训** 迈腾变速器，迈腾仪表，电气系统，送信系统，通信系统，保养事项	**迈腾培训** 空调，辅助加热，底盘及电子转向，制动及后桥传动故障查汽轮胎监控	**开迪培训** 发动机，产品介绍，燃油机，电气装备，制动系，底盘及转向系	**开迪培训** 开迪防盗器，保养事项，专用工真空调，通风，变送器	**宝来培训** 产品知识，发动机构造及维修，变送器，制动系行列系及齿轮	**宝来培训** 宝来电气，空调，防查，保养要点，技术点评
培训时间			1月	2月	3月	4月	5月	6月	7月	8月	9月	10月	11月	12月
培训地点			二楼培训室及车间	二楼培训室及车间	二楼培训室及车间	二楼培训室及车间	二楼培训室及车间	二楼培训室及车间	二楼培训室及车间	二楼培训室及车间	二楼培训室及车间	二楼培训室及车间	二楼培训室及车间	二楼培训室及车间
培训类型			课堂授课及车间实操	课堂授课及车间实操	课堂授课及车间实操	课堂授课及车间实操	课堂授课及实操	课堂授课	课堂授课	现场培训	课堂授课	课堂授课	课堂授课	课堂授课
负责人			×××	×××	×××	×××	×××	×××	×××	×××	×××	×××	×××	×××
培训课时			6	6	6	6	6	6	6	6	6	6	6	6
部门	姓名	岗位												
服务部	×××	机修	●											

图 6-1　年度培训计划

2008年度七月份培训计划

培训内容	培训时间/日期	培训地点	主讲人	参加人员
安全生产	7月8日 17：30	车间	×××	×××、×××、×××、×××、……
工具设备的使用	7月9日 17：30	车间	×××	×××、×××、×××、×××、……
车辆的使用方法宝来	7月10日 18：30	多功能厅	×××	×××、×××、×××、×××、……
车辆的使用方法宝来	7月11日 18：30	车间	×××	×××、×××、×××、×××、……
水温高培训	7月14日 18：30	多功能厅	×××	主修工
车辆的使用方法迈腾	7月15日 18：30	多功能厅	×××	×××、×××、×××、×××、……
车辆的使用方法迈腾	7月16日 18：30	车间	×××	×××、×××、×××、×××、……
PDI检查工作	7月17日 17：30	车间	×××	×××、×××、×××、×××、……
车辆的常规保养	7月18日 17：30	多功能厅	×××	×××、×××、×××、×××、……
车辆的常规保养	7月22日	车间	×××	×××、×××、×××、×××、……
保养理论考核	7月26日 18：30	多功能厅	×××	×××、×××、×××、×××、……
保养实际操作考核	7月24日	车间	×××	×××、×××、×××、×××、……

备注：

1. 培训计划名单中，未邀请者，可在其后空白处把自己的姓名填进去。

2. 要求每次培训计划中的人员必须按时参见，特殊情况应写请假条，必须有经理以上人员签字确认，方可不参加培训。

3. 学员每月进行一次考试，连续两个月成绩倒数，到车间打扫卫生。严重者解除试用。

制定：×××　　　　审批：×××

图 6-2
月度培训计划

5. 培训形式必须多样化

① 培训可采取多种形式，以避免单一形式所带来的局限性，如图 6-3 所示。

② 经销商也应该对车间人员按岗位进行培训，如图 6-4 所示。

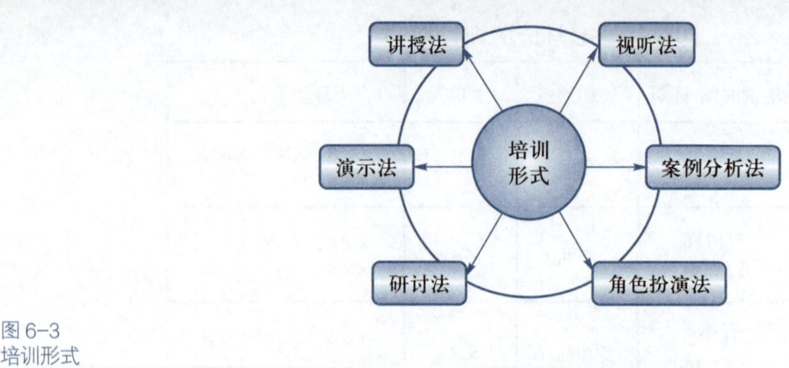

图 6-3
培训形式

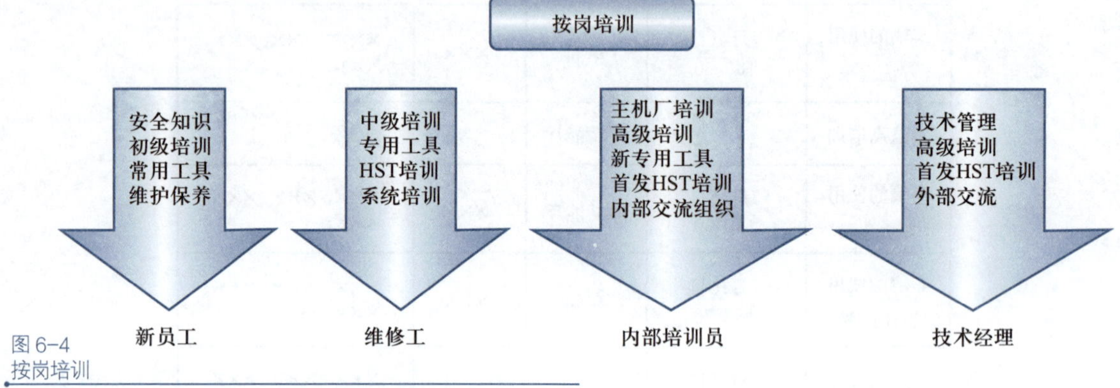

图 6-4
按岗培训

表 6-3 所示为某售后新员工培训任务书。

表 6-3　售后新员工学习任务表

<table>
<tr><th colspan="12">售后新员工学习任务表</th></tr>
<tr><td>部门</td><td colspan="2"></td><td>部门主管</td><td colspan="2"></td><td>班组</td><td colspan="2"></td><td>领班</td><td colspan="2"></td></tr>
<tr><td rowspan="2">员工资料</td><td>姓名</td><td>入职时间</td><td>学历</td><td>专业</td><td>本职经验</td><td>看护人</td><td>姓名</td><td>入职时间</td><td>学历</td><td>专业</td><td>本职经验</td></tr>
<tr><td></td><td></td><td></td><td></td><td></td><td></td><td></td><td></td><td></td><td></td><td></td></tr>
<tr><th colspan="12">学习任务内容</th></tr>
<tr><th>时段</th><th colspan="3">学习任务</th><th colspan="5">要求效果</th><th>是 / 否教授</th><th>教授时间</th><th>检查结果</th></tr>
<tr><td rowspan="9">第一周</td><td colspan="3">1. 认识售后关键岗位人员</td><td colspan="5">1. 认识主管及以上管理人员；2. 认识服务顾问</td><td></td><td></td><td></td></tr>
<tr><td colspan="3">2. 售后核心流程认识</td><td colspan="5">1. 熟知本部门的工作流程；2. 认识工具与资料</td><td></td><td></td><td></td></tr>
<tr><td colspan="3">3. 手动 / 风动工具、电源等认知与使用</td><td colspan="5">1. 认识手动与风动工具；2. 能合理安全使用工具</td><td></td><td></td><td></td></tr>
<tr><td colspan="3">4. 安全使用举升机并能举升车辆</td><td colspan="5">1. 会使用举升机；2. 能安全举升车辆</td><td></td><td></td><td></td></tr>
<tr><td colspan="3">5. 开工前准备工作</td><td colspan="5">1. 环车检查；2. 挂工作牌、翼子板布、零件车 / 盘</td><td></td><td></td><td></td></tr>
<tr><td colspan="3">6. 5S 工作的执行情况</td><td colspan="5">能完成岗位卫生、物件整理与收拾、工具零件摆放</td><td></td><td></td><td></td></tr>
<tr><td colspan="3">7. 拆装轮胎与检测</td><td colspan="5">1. 能正确拆装轮胎；2. 会检测轮胎（气压 / 磨损）</td><td></td><td></td><td></td></tr>
<tr><td colspan="3">8. 认识车外灯光与电器</td><td colspan="5">能认识车外电器并能指挥动作</td><td></td><td></td><td></td></tr>
<tr><td colspan="3">9. 会拆装空气滤清器与花粉滤清器</td><td colspan="5">会拆装空气滤清器与花粉滤清器并能清洁</td><td></td><td></td><td></td></tr>
</table>

续表

学习任务内容					
时段	学习任务	要求效果	是/否教授	教授时间	检查结果
第二周	10. 会更换机油及机油滤清器（换油服务）	1. 了解换油流程；2. 了解换油工具；3. 了解换油数据			
	11. 会检测充电系统与更换蓄电池	1. 会使用发电机/充电机；2. 熟悉拆装电池流程与电池设置			
	12. 会更换车尾灯泡与补胎	1. 会更换车尾灯泡；2. 会补胎			
	13. 会调校水箱位置与清理水槽	1. 能完成水箱加水与调校；2. 会清理水槽			
	14. 会更换传统式汽油滤清器与紧固底盘螺栓	1. 会更换汽油滤清器；2. 能按力矩紧固底盘螺栓			
	15. 会 PDI 作业	能完成 PDI 工作流程与操作			
	16. 发动机舱检查、底盘检查与油液加注	1. 能完成发动机舱、底盘的检查；2. 能完成发动机舱油液加注			
	17. 车内电器认识操作与检测	1. 能完成车内电器的开关操作；2. 能完成车内电器的检测			
	18. 常规保养项目与数据认识	1. 能完成常规保养项目；2. 能识读常用保养项目数据			
	19. 会首保作业	能完成首保作业流程与操作			

培训考核和择优奖励是培训管理方面不可缺少的环节，严格考核是保证培训质量的必要措施，也是检验培训质量的重要手段。择优奖励则是员工培训激励的重要方式，经销商应该对考核优秀的员工进行奖励，以增强员工学习的积极性。

做好培训考核的实施日录，以使管理者了解培训考核状态。培训考核实施目录如表 6-4 所示。

表 6-4　培训考核实施目录

公司名称

________年培训考核实施目录

序号	考核日期	考核内容	考核形式	考试地点	应到人员	实到人数	组织者	备注
1								
2								
3								
4								
5								
6								
7								
8								
9								
10								
11								

续表

序号	考核日期	考核内容	考核形式	考试地点	应到人员	实到人数	组织者	备注
12								
13								
14								
15								
16								
17								
18								
19								
20								

表 6-5 所示为培训考核成绩记录表。

表 6-5　培训考核成绩记录表

公司名称

____年培训考核成绩记录表

序号	姓名	1 次成绩	2 次成绩	3 次成绩	4 次成绩	5 次成绩	6 次成绩	7 次成绩	8 次成绩	9 次成绩	10 次成绩	11 次成绩	12 次成绩
1													
2													
3													
4													
5													
6													
7													
8													
9													
10													
11													
12													
13													
14													
15													
16													
17													
18													
19													
20													

6. 做好车间人员的培训档案

必须建立车间人员培训档案，通过培训档案可方便掌握员工的培训信息，为领导调动人员提供依据。

7. 培训效果评估

员工培训评估是指企业在员工培训过程中，依据培训的目的和要求，运用一定的评估指标和评估方法，检查和评定培训效果的活动过程。但许多经销商只重视培训课程本身的过程，或将培训课程结束当作整个培训活动的结束，忽视培训的真正效果和实效性。因此，对培训效果进行评估是十分必要的。

培训效果评估可从以下几个方面进行，如图 6-5 所示。

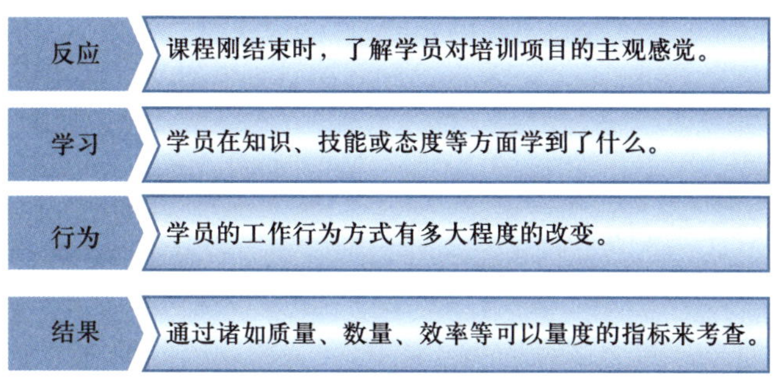

图 6-5
培训效果评估

6.1.2 经销商内部培训体系的建立

经销商必须建立完善的内部培训体系，使员工不断满足市场的发展，经销商新入职技术人员通过完善的内部培训机制，不断学习，自我提升，逐步从一级助理晋级为二级助理、三级助理，进一步提高，纳入一汽—大众 DEP 技术人才培养工程，接受一汽—大众专业技术培训，获得相应的资格认证后，成长为一汽—大众认可的维修技师、高级技师，乃至行业顶尖的专家技师。这也为经销商技术人员职业生涯发展构建了体系通道，如图 6-6 所示。

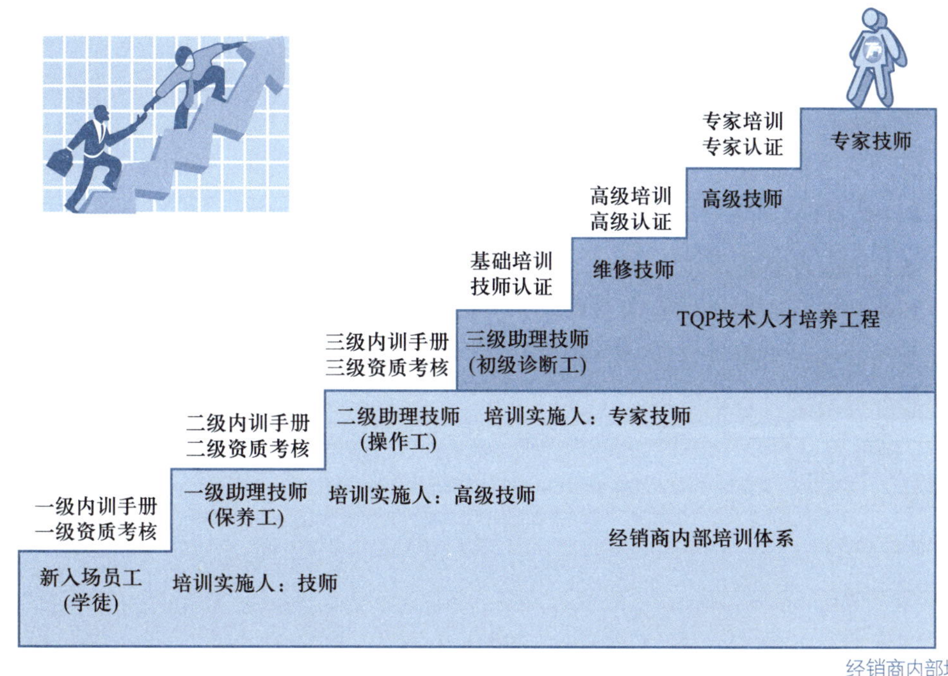

图 6-6
经销商内部培训体系

1. 新入厂员工的定义及学习内容

（1）新入厂员工的定义

新入厂员工为从未对一汽—大众车辆进行过维修保养工作的人员，包括刚毕业的学生、学徒工，以及从事过汽车维修但未涉及一汽—大众品牌车型的人员等。

（2）新入厂员工的学习内容

1）通用工具设备

- 举升机的使用及日常检查。
- 通用工具的使用及校准。

2）PDI（售前检查）

- PDI 检查的流程。
- 一汽—大众各种车型 PDI 检查项目。

3）保养

- 一汽—大众各种车型首次保养项目。
- 快修服务操作流程。

（3）晋升一级助理技师考核

- 迈腾首保 + PDI。

2. 一级助理技师定义及学习内容

（1）一级助理技师的定义

一级助理技师为具备一定汽车理论基础，能够熟练应用通用工具和设备，对车辆进行 7 500 千米保养和 PDI 检查项目的人员。

（2）一级助理技师的学习内容

1）保养

- 一汽—大众各种车型 15 000 千米保养项目。
- 一汽—大众各种车型 30 000 千米保养项目。
- 一汽—大众各种车型 60 000 千米保养项目。

2）车辆机械部分

- 发动机拆装及基础原理。
- 手动变速箱拆装及基础原理。
- 车身内外饰、底盘拆装及基础原理。
- 电器部件拆装及基础原理。

3）车辆电器部分

- 简单电路图识图。

4）维修资料

- 维修手册。
- 自学手册。
- 故障案例。

5）505X 的应用

• 应用 505X 对各控制单元进行基本设定。

（3）晋升二级助理技师考核

迈腾 60 000 千米保养 + 控制单元基本设定。

3. 二级助理技师定义及学习内容

（1）二级助理技师的定义

二级助理技师为具备一定汽车理论基础，能够熟练应用各种工具和设备，熟练使用维修资料，对车辆各部件进行拆装及电器元件基本设定的人员。

（2）二级助理技师的学习内容

1）505X 的应用

• 自诊断功能。

• 功能导航。

• 故障导航。

• 在线匹配。

2）车辆机械部分

• TSI 发动机拆装。

• 自动变速箱拆装。

• DSG 变速箱。

3）车辆电器部分

• 了解电器元件的工作原理及电路图信号的走向。

• 简单电器故障诊断。

4）四轮定位

• 四轮定位检测。

• 四轮定位调整。

（3）晋升三级助理技师考核

电器故障排除 + TSI 发动机正时调整。

4. 三级助理技师定义及学习内容

（1）三级助理技师的定义

三级助理技师为具备扎实的汽车理论基础，能够熟练应用通用工具和设备，对车辆故障进行简单分析和诊断的员工。

（2）三级助理技师的学习内容

参加一汽—大众基础培训。

（3）晋升维修技师考核

一汽—大众维修技师考核。

注：一汽—大众技术服务部将向经销商下发电子版的培训教材，由各经销商按照要求对内部员工进行培训实施工作。

6.1.3　经销商内部培训实施案例

如何使培训更有针对性具有非常重要的意义，因此如何开展针对车间人员的针对性培训是研究的重要课题之一。这里将介绍一种面向车间生产的培训实施案例。

根据“二八法则”，经销商维修项目的 20% 约占总维修台次的 80%。因此对“20%”维修项目的培训变得非常重要。

对维修量大的维修项目确认方式如下。

1. 数据来源

① 半年内备件消耗量排名前 100 项。

② 每月客户抱怨的故障或维修项目前 10 项。

2. 数据采样方法

1）备件消耗量排名取样方法

• 登录 ds-erp 系统，选择“备件消耗量排名”。

• 输入日期范围，单击“维修领料”即可。

• 在出现备件消耗量排名结果清单后，单击“预览”按钮，将其导入到 Excel 表格。根据备件号、备件名称及适用车型确定常见维修项目。

2）客户抱怨故障及维修项目前 10 项取样方法

• 根据经销商客服回访并与服务经理共同确定一个月内客户抱怨较多的项目，最后确定前 10 项。

• 根据以上两项确定了主要维修项目后，同时应考虑季节差异、地区差异和维修车型差异等，适当调整维修项目名称，以确保制定的维修项目更贴近实际生产需求。表 6-6 所示为北京地区某经销商确定的维修项目。

表 6-6　北京地区某经销商维修项目

序号	维修项目名称	适用车型
1	首保、7 500 千米保养	所有车型
2	15 000 千米保养	所有车型
3	3 000 千米保养	除 TST 车型
4	更换火花塞	所有车型
5	更换前刹车片、刹车盘	所有车型
6	更换蓄电池	所有车型
7	更换油浮子（捷达）	捷达
8	更换雨刷片	所有车型
9	更换刹车灯开关	宝来、高尔夫、捷达
10	更换电子驻车制动开关	迈腾
11	清洗节气门	所有车型

续表

序号	维修项目名称	适用车型
12	换玻璃升降器	捷达、速腾
13	换轮胎、动平衡	所有车型
14	更换空调花粉滤清器	所有车型
15	更换刹车油	所有车型
16	更换防冻液	所有车型
17	更换正时皮带、涨紧器	除 TSI 车型
18	清洗喷油嘴	所有车型
19	更换变速箱油	所有车型
20	更换电子扇	所有车型
21	更换前减压力轴承	所有车型
22	空调抽空加制冷剂 134a	所有车型
23	更换转向灯	迈腾
24	更换点火线圈	所有车型
25	更换天窗开关	速腾、迈腾

3. 根据维修项目名称，制作培训用课件（内容构成可参照面向生产的教学光盘）

具体要求如下。

① 课件只需能包含核心知识点即可，无须花费过多的时间美化课件。

② 课件要以实际生产为基础，针对实际工作遇到的问题与核心知识点进行讲解，不过多介绍理论。

4. 按培训课件内容对员工进行培训，做好培训签到表和培训考核

确保每个接受培训的员工都能够按照标准要求圆满完成该项工作。

6.2 专用工具、设备和资料的管理

通常所说的汽车专用工具及设备是指根据某一汽车的结构特点而专门用来维修该汽车的设备或工具，主要由汽车生产企业指定的厂商负责生产和供货，并随着车型的发展而有所新增或改变。这类设备与工具是其他车型的设备与工具所不能取代的。

专用工具及设备的主要用途有以下 3 点。

- 用于特殊零部件或者总成的拆装。
- 用于总成或车辆性能的检测、调整。
- 方便工人的操作，保证维修的质量和效率。

工具设备是经销商维修车间进行生产活动的物质基础，是决定车间生产效率的重要因素之一。加强设备管理，对于保证车间正常的生产秩序，提高车间生产效率，促进经销商发展和技术进步，有着举足轻重的作用。因此工具设备管理是车间内部管理的重点之一，同时也是体现经销商车间管理水平的重要手段之一。

6.2.1　专用工具及设备管理

1. 专用工具及设备配备规定

（1）各个经销商应该在与汽车生产企业签订《意向性协议》后的规定时间内订购汽车保养及维修所必需的专用工具、检测仪器及设备，各品牌汽车生产企业的经销商维修设备及工具配备标准如表 6-7 所示（此表仅供参考）。

表 6-7　各品牌汽车生产企业的经销商维修设备及工具配备标准（仅供参考）

序号	设备工具名称	配备数量	配备要求	备注
一、通用设备工具				
（一）一般设备工具				
1	双柱举升机	8	必备	公用
2	活塞式空压机	2	必备	公用
3	工具小车	8	必备	个人
4	虎钳	3	必备	公用
5	手电钻 (10　)	1	必备	公用
6	液压机 (≥ 15T)	1	必备	公用
7	测量工具（套）	1	必备	公用，含计量器具
8	轮式液压千斤顶 (≥ 2T)	3	必备	公用
9	支撑架 (≥ 2T)	6	必备	公用
10	液压小吊车 (≥ 1T)	1	必备	公用
11	台式砂轮机	1	必备	公用
12	台钻 (16　)	1	必备	公用
13	总成部件拆装举升器 (500 kg)	1	必备	公用
（二）机电维修设备工具				
14	机电修班级常用工具（套）	2	必备	公用，含计量器具
15	个人常用机电修工具（套）	6	必备	个人，含计量器具
16	数字式万用表（带温度测量）	3	必备	公用，含计量器具
17	带气压表充气嘴	2	必备	公用，含计量器具
18	正时枪	2	必备	公用，含计量器具
19	转速表	1	必备	公用，含计量器具
20	汽油车气缸压力表	1	必备	公用，含计量器具
21	废油收集器	2	必备	公用
22	尾气排放气体分析仪	1	必备	公用，含计量器具
23	冷却系统检测仪	1	必备	公用
24	显示仪表测量仪	1	必备	公用
25	密度计	2	必备	公用
26	蓄电池充电机	1	必备	公用
27	蓄电池检测仪	1	必备	公用

续表

序号	设备工具名称	配备数量	配备要求	备注
（二）机电维修设备工具				
28	电喷喷油嘴清洗机	1	必备	公用
29	R134a 制冷剂加注机	1	必备	公用
30	制冷剂测漏仪	1	必备	公用
31	轮胎拆装机	1	必备	公用
32	车轮动平衡机	1	必备	公用
（三）钣金设备工具				
33	钣金工常用工具（套）	2	必备	个人
34	砂轮打磨机	2	必备	个人
35	车身修理夹钳（套）	1	必备	公用
36	玻璃胶枪	1	必备	公用
37	惰性气体保护焊机	1	必备	公用
38	气（电）动锯	1	必备	公用
（四）油漆设备工具				
39	油漆喷枪	2	必备	个人
40	刮灰板	2	必备	个人
41	磨灰胶托	2	必备	公用
42	红外线干燥器	1	必备	公用
43	抛光机	1	必备	公用
44	烤漆房	1	必备	公用
二、专用工具及专用设备				
	注：根据具体车型配备		必备	公用

（2）各经销商在开展过渡服务开业前必须已经订购规定的专用工具和设备，否则不受理过渡及开业事宜。

（3）所有经销商需要的专用工具清单及其资料，应主动与汽车生产企业的售后服务部联系，经销商如果以各种理由不订专用工具和设备，将按经销商自动取消协议处理。

（4）经销商如有条件开展其他产品（如自动变速器等）的服务工作，则必须在原有的专用工具、设备基础上增订相应车型所需要增添的专用工具和设备，否则将不授权经销商开展此类产品的售后服务工作。

2. 专用工具及设备订购的规定

（1）经销商在与汽车生产企业签订售后服务《意向性协议》之后，要在规定的时间内将《服务站专用工具、设备信息反馈表》以传真或特快专递方式发给汽车生产企业的售后服务部门；并在规定时间内填写订购表，订购一套完整的专用工具、检测仪器及设备。

（2）经销商如果因特殊原因不能按规定时间订购专用工具和设备，应及时向汽车生产企业的售后服务部门以书面形式说明原因并提出延迟申请。

（3）汽车生产企业的售后服务部门根据各个经销商反馈的订货时间，安排订购专用工具及设备。

（4）汽车生产企业的售后服务部门准备齐全专用工具、仪器和设备后，立即通知各个地区的经销商汇款。

（5）各地区的经销商接到通知后必须在两周内按通知上的账号及款额汇出专用工具和设备款。汇款后将电汇底联传真给汽车生产企业的售后服务部门。

（6）汽车生产企业的售后服务部门接到经销商电汇底联后将在两天内通知发货并开具发票，结清货款及运费，并按经销商汇款额多退少补。

3. 专用工具及设备的到货清点

（1）经销商在收到专用工具和设备后，应派专人在一周内按订单进行认真清点。

（2）清点后将清点时间及结果签字并加盖公章后反馈给汽车生产企业的售后服务部门。

（3）经销商订购的工具和设备的质量担保期为一年，以经销商所反馈的清点结果上的日期起开始计算。

（4）若存在缺件或有缺陷工具，则在反馈清点结果的同时将相应信息反馈给汽车生产企业的售后服务部门。

（5）汽车生产企业的售后服务部门将调查确认是否属实，若属实则必须负责落实缺件及有缺陷工具的补发或更换等事宜。

（6）经销商必须在收到货物后立即清点，并在清点后立即将清点结果反馈给汽车生产企业的售后服务部门，如因清点结果反馈不及时而影响质量担保的实施，后果由经销商自负。

4. 专用工具及设备的管理规定

（1）专用工具及设备管理规定

- 建档、造册（包括名称、型号、数量、价格、购买日期、保养周期和保管人）。
- 专人负责保管维护，专用工具要专室存放。
- 对于专用工具严格执行借用制度，使用前后认真填写登记表（见表6-8）。

表6-8 专用工具借用登记表

序号	工具名称	数量	借用时间	借用人签字	归还时间	保管人签字

- 对于设备严格按安全操作规程使用设备（新进员工必须经设备安全使用规定培训后方

可上岗），重要设备的使用必须指定人员；设备按规定摆放，未经许可不得随意移动。

• 专用工具一律不外借，未经主管领导批准，专用工具一律不得在厂外使用。

• 借用的专用工具必须当日归还，未经主管领导批准，一律不得过夜。

• 建立专用工具使用说明和图册，以方便正确、有效地使用。

• 专用工具及设备必须按养护规定认真保养。

◊ 每日清洁。

◊ 每周清洁、润滑、调整。

◊ 每月进行安全性能检查。

• 每月对专用工具及设备的数量、状况进行盘点。

• 正常损坏的专用工具，必须上报主管领导，并及时更新、补充；丢失及恶意损坏的视情况赔偿。

• 专用工具必须使用计算机管理，管理程序使用小 R3 系统中的“专用工具”管理项目。

• 专用工具摆放实施位置码管理，位置码清晰，查找方便，如图 6-7 所示。

图 6-7
专用工具摆放实施位置

（2）设备点检管理

设备的点检也是设备维护保养的内容之一，是作为预修设备计划的依据。通过点检，能及时发现设备事故隐患，针对存在的问题采取相应的措施，保证设备正常运转，从而减少停机损失。特别需要指出的是，设备负责人应认识到设备点检的准确性和及时性对设备事故的避免起着极其重要的作用。经销商车间管理人员必须建立设备的点检管理制度，并实施设备的点检管理，做好记录。经销商应根据设备的使用说明书制定适合自己车间的车间设备点检记录表，如表 6-9 所示。

（3）工具设备的“检定”与“校准”

为确保工具设备在使用过程中保持良好的精确性，需要对车间设备定期进行“检定”或“校准”。

检定是指“查明和确认计量器具是否符合法定要求的程序，包括检查、加标记和（或）出具检定证书”（引自 JJF1001—1998《通用计量术语及定义》）。检定的依据是计量检定规程。通过检定，查明和确认计量器具是否满足法规中所规定的计量要求、技术要求及有关行政要求。

表 6-9　车间设备点检记录表

车间设备点检记录

设备名称：门式（双柱）举升机	设备型号：	设备编号：　　　　　　　年　月	班组：

序号	检查项目	点检周期	点检日期																														
			1	2	3	4	5	6	7	8	9	10	11	12	13	14	15	16	17	18	19	20	21	22	23	24	25	26	27	28	29	30	31
1	擦拭清洁	日																															
2	检查是否漏油	日																															
3	检查钢丝绳是否在缆轮内	日																															
4	检查摇臂托垫是否损坏或磨损	日																															
5	检查锁块是否变形	日																															
6	各按钮、电器是否正常	日																															
7	检查油面高度	周																															
8	紧固螺栓	周																															
9	检查平衡钢丝绳松紧情况	月																															
10	检查横梁上限位开关功能正常	月																															
11	轨道润滑	月																															
12																																	
13																																	
操作者签字																																	
异常情况及维修记录																																	
备　注			特别说明：液压油常规一年更换一次（首次使用三个月更换）																														
			点检符号：✓表示正常　×表示异常　⊗ 表示修复　Ⓗ表示更换液压油																														

对于经销商内部需要检定的设备，做好检定计划和记录，同时保存好检定报告。工具设备检定计划和记录如表 6-10 所示。

表 6-10　工具设备检定计划和记录

检测设备外委检定计划和记录

序号	检测设备名称	设备编号	出厂编号	检定 / 校准周期	第 1 次检定 / 校准		第 2 次检定 / 校准		第 3 次检定 / 校准		第 4 次检定 / 校准	
					时间	结果	时间	结果	时间	结果	时间	结果

编制人________　　　　　　　　　　　　________年____月____日

对于校准的工具设备，做好校准记录。检测设备自校准记录如表 6-11 所示。

表 6-11　检测设备自校准记录表

检测设备自校准记录

设备名称		编号		规格型号	
制造厂家				测量精度	
测量范围				校准周期	
校准依据					

测量过程、校准方法：

校准数据：

校准结论（明确适用精度范围及有效期）：

校准人：

校准日期：

5. 补订专用工具

经销商在使用过程中可能会出现专用工具的丢失及损坏。经销商丢失及损坏的专用工具必须及时补订。经销商应将所需补订的专用工具、设备的订货号及名称反馈给汽车生产企业的售后服务部门。汽车生产企业的售后服务部门根据经销商所反馈的补订专用工具、设备信息定期汇总后安排订货。到货和汇款发货等工作程序与订购专用工具相同。补订专用工具及设备的清单同样要遵守到货清点的制度。

6.2.2　资料管理

汽车生产企业为保证售后服务工作的正常开展，必须对经销商实施有效的管理，实施工具是通过下发各种资料来实现的。汽车生产企业为经销商提供维修技术、管理等类的文件资料或光盘，以便经销商的服务人员学习和查阅；或者提供作为处理问题的依据，如《索赔员工作手册》等；或者提供管理的标准和方法及其努力方向，如《售后服务管理手册》等；或者提供有利于经销商的服务人员提高自身业务水平的书籍，如《自学手册》《典型案例分析》等，从而提高工作人员的技术水平和管理水平，为用户提供更加快速、满意的服务。

（1）资料的发放

经销商与汽车生产企业签订意向性合作协议后，就可以到汽车生产企业的售后服务部门领取资料。随着新技术和新车型的增加，售后服务部门将随时为各个经销商邮寄补发新增加的资料。资料发放一般为两套，一套作为维修服务人员借用，一套存档备查。

（2）资料的管理

经销商应对资料实行严格的管理，建立独立的资料室或在工具间内设立资料专柜，由专人负责管理。参加了汽车生产企业培训的人员要做好经销商内部的培训工作，同时经销商应收回每期发放的资料，统一保管，以备其他员工学习和查阅。资料管理人员对管理类资料和技术类资料应分别存放。所有资料应进行编码，并建立资料明细。技术文件类的资料其配置及状态应齐备、完好、可随时借阅，并且应具有能阅读光盘版技术资料的设备。维修技术资料应得到应有的利用，技术经理应每季度抽查 1 ~ 2 项维修项目进行考核，维修人员应会查阅维修技术资料，并按维修资料的要求进行维修。维修技术资料应放在固定位置由技术经理指定专人管理，建立资料目录及借阅档案。

管理人员对资料的借用应认真登记，并实行损坏、丢失赔偿制度，责任落实到人。经销商必须保证资料配备齐全。如资料经长期使用，破损严重，经销商应向售后服务科申请更新。申请更新时应写出书面材料，由经销商负责人签字并加盖经销商业务专用章，再经汽车生产企业的售后服务部门驻当地现场代表审核签字后，传真给售后服务部门，售后服务部门审核通过后将为其免费更新。如果经销商管理不善，导致资料破损或丢失，应及时向售后服务部门申请补领，申请补领时应写出书面材料，由经销商负责人签字并加盖业务专用章后传真给售后服务部门。售后服务部门审核通过后将为其补发，但将收取资料成本费，并另加收 100% 的成本费作为罚金。

6.3　信息管理与网络管理

由于市场瞬息万变，企业要想生存并发展，就要与时俱进，适应市场的变化，所以企业要不断地进行市场营销调研和预测。在工业社会里，战略资源主要是资本，而在现代社会里，信息成了主要战略资源，因此及时掌握信息成了企业具有较强的应变能力、能及时做出正确决策的重要优势。各大汽车生产企业的“4S 店”的提法，即整车销售、备件销售、维修服务和信息反馈，就突出了信息反馈的作用，可见信息管理对企业和经销商的重要性。来自于全国各地的经销商（有的是代表最终消费者）的产品质量信息、售后服务信息和市场营销信息是汽车生产企业新产品开发、设计、改进产品质量、制定销售服务政策的重要依据之一。同时，汽车生产企业为其特许经销商提供新产品、新技术、销售服务管理及市场开拓等方面的信息，能有效促进其特许经销商的技术水平和管理水平的提高，最终达到双赢的目的。当然，信息的内容不单指汽车生产企业与经销商两者之间的信息，还包括宏观环境方面的信息。

6.3.1　信息管理

1. 信息来源

信息的来源主要有以下几个途径。

① 直接用户、经销商及汽车生产企业内部有关单位。

② 政府机关的经营决策部门。

③ 有关交通、汽车和能源的科研部门。

④ 当地交通管理部门等。

2. 信息分类及传递方式

下面主要从汽车生产企业对经销商信息管理的要求入手，研究一下微观环境内汽车生产企业和经销商之间的信息管理。

（1）信息分类

经销商与汽车生产企业之间沟通的信息分为：文件、函电；经销商基础信息；人员信息；《经销商运营月报》；服务营销信息；车辆信息反馈；技术服务手册（HST）；电子信息系统（ELSA）；其他信息等。

（2）信息传递的方式

经销商与汽车生产企业之间可以通过内部网络系统进行信息反馈，对于特殊情况无法连通内部网络系统或特殊原因暂时无法通过 Internet 网络来反馈的信息，则通过传真、邮件等其他方式反馈信息。

3. 信息管理

（1）文件、函电的管理

汽车生产企业对经销商的管理，经常通过发放文件、业务通知及其他信函等方式进行。对于汽车生产企业给经销商所发的通知或文件全部在内部网络的售后服务通知单列表中；其他的通知或业务信函等通过内部网络的信箱发送。

各个汽车生产企业发放的文件、业务通知都具有相应的编号，举例如下。

售后服务科文件	××× 年销售服务部（服）字第 ×× 号
售后服务科业务通知	×××× 年售后服务第 ×× 号
备件科文件	×××× 年销售服务部（备）字第 ×× 号
备件科业务通知	×××× 年备件第 ×× 号

对于能通过网络传递信息的经销商，每天必须查看售后服务通知单列表和收件箱，并按规定进行信息的存档和传递；对于特殊情况无法连通内部网络系统或无法通过网络来反馈信息的经销商，则通过传真、邮件等其他方式接收文件、函电信息。

（2）基础信息管理

经销商基础信息包括：财务名称、地址；中文名称、地址；邮编：传真；24h 服务电话；经理电话；经销商状态（① 新签协议；② 过渡服务；③ 开业）；现场服务代表；是否通过质量体系认证；经销商类别；是否使用销售公司规定管理软件；内部网络系统是否联网；签约日期；开业日期等。

经销商的基础信息不许任意变更，如因特殊情况要进行变更，必须经过汽车生产企业的售后服务部门签字确认后反馈给相应部门处理（财务地址、财务名称反馈给财务部门；24h 服务电话、传真、站长电话、E-mail 地址、经销商名称、地址和邮编等反馈给售后服务部门）。

（3）人员信息管理

经销商的所有人员信息，包括人员编号、姓名、职务、电话、手机、出生日期、性别和工作日期等，必须录入内部网络系统。当人员信息发生变化时，要及时在系统中维护。人员编号由经销商自行定义，一经录入内部网络系统则不能更改，且经销商应让本人熟知自己的人员编号，方便在其他场合使用。

（4）《经销商运营月报》管理

《经销商运营月报》包括维修台次、备件营业额、工时收入、维修备件收入和索赔数据等。所有已开展过渡服务的经销商和已经开业的经销商从开展服务后的下个月开始，每月完整、准确地填报《经销商运营月报》。经销商对经营状况进行分析，配合售后服务人员结合《经销商运营月报》中反映出来的问题进行整改，以便及时改进自己的服务并提升售后服务能力；同时经销商还要配合售后服务人员对月报数据进行走访和调研。一般《经销商运营月报》月报的内容如图 6-8 所示。

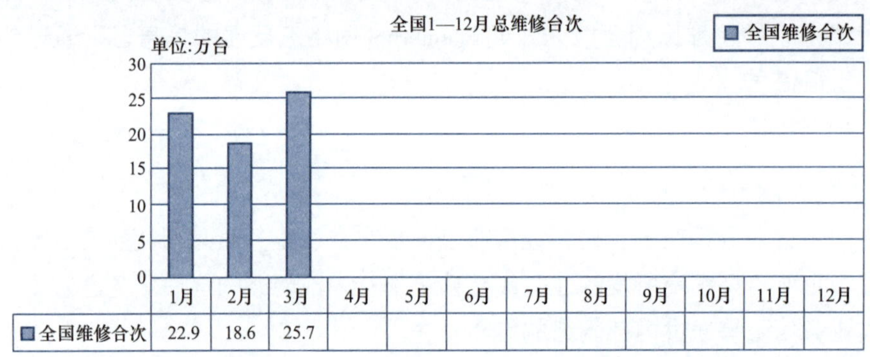

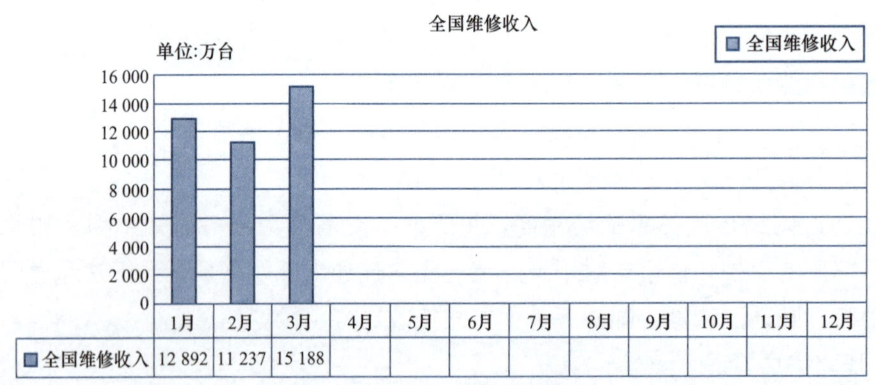

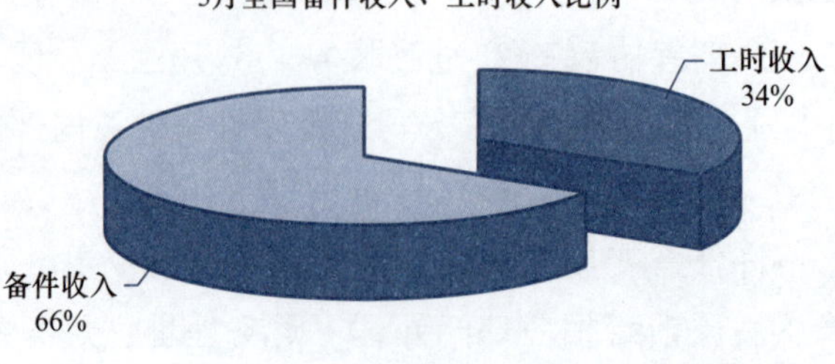

图 6-8
经销商运营月报

（5）服务营销信息管理

各种服务营销活动，如冬季服务行动、夏季服务行动、3.15 消费者权益活动、厂庆活动和军车服务活动等的总结，以及年终经销商的工作总结等都应按照相应的服务活动的要求反馈信息。经销商有义务和责任把当前活动的信息反馈给汽车生产企业的主管部门。汽车生产企业的相关部门有权对经销商信息反馈的及时性、反馈质量等进行监督，并纳入经销商的考核内容。

（6）车辆信息反馈管理

1）《车辆信息反馈单》

售后车辆信息反馈是经销商与汽车生产企业之间进行技术支持、车辆信息反馈等的主要沟通渠道。当经销商需要技术支持或进行车辆信息反馈时，必须在系统中录入或传真《车辆信息反馈单》。

经销商应定期（每周）将批量投放的车辆信息进行汇总和整理，通过内部网络系统中的“车辆信息反馈单”反馈给技术支持人员，要求的信息必须填全。特殊情况下允许使用传真等其他手段。

2）新产品、新项目的反馈

新产品、新项目首批投放地区的经销商应及时、准确地做好售后质量信息快捷反馈工作，反馈方式为通过内部网络系统的“质量信息快速单”反馈给售后服务部门的技术支持人员。

3）重大问题处理信息反馈

重大问题处理完毕后，经销商应将总结报告按时通过（R3）信箱或电子邮件方式（特殊情况下可以填写“重大问题报告”以传真形式）反馈给售后服务部门的技术支持人员。经销商负责整理并提供维修信息、典型维修案例等方面的技术信息。

4）技术疑难问题信息反馈

经销商维修人员在解决技术疑难问题后，应及时报告给技术经理，技术经理应对故障现象、故障分析、故障排除及建议等内容进行整理，并以典型故障排除报告样式将信息以内部网络信箱、电子邮件或传真方式反馈给汽车生产企业的售后服务部门。

5）重点信息的跟踪

经销商在汽车生产企业反馈的信息中有重点跟踪的信息时，一定要进行认真跟踪，并把跟踪信息的详细过程录入到系统中。

6）信息反馈总体要求

经销商在收到汽车生产企业的技术支持信息后一定要进行经销商反馈，录入经销商实施情况等信息，以便形成信息闭环。经销商传递给汽车生产企业的车辆信息要求反馈内容应齐全、清晰、翔实、完整、及时。经销商应对车辆信息反馈的准确性、及时性和完整性负责。按照汽车生产企业要求的格式将技术疑难问题、典型维修案例等反馈给售后服务部门的技术支持人员，同时经销商的技术经理对经销商反馈的信息进行确认并负责对其进行解释。将信息反馈表进行归档管理以方便查询。

（7）技术服务手册管理

对于已经联网的经销商，技术服务手册由汽车生产企业通过内部网络系统以信息等方式下发，并根据新产品情况在电子信息系统中及时把技术服务手册的内容更新。经销商应及时按相应的规定处理。对于不具备条件的经销商，采取其他方式发放技术服务手册。

1）技术服务手册下载

应由经销商的技术经理（或委托专人）及时将内部网络系统中的技术服务手册活页下载，建立文件下载记录（下载日期、下载人和接收人）。

2）技术服务手册的汇总

经销商的技术经理（或技术总监）将所有下载的技术服务手册活页汇总存放。建立专门的技术服务手册下载文件夹，编写好目录，以供有关人员进行查阅。技术经理应认真学习所有的技术服务手册下载活页内容，融会贯通，达到理论与实际相结合，并能指导他人的程度。

3）技术服务手册的培训

技术经理在收到技术服务手册的新内容 5 日内，针对技术服务手册活页中的内容，对相关维修人员进行培训，并将相关技术服务手册活页副本下发到相应的维修人员手中，并做好下发记录，10 日内，技术经理按照技术服务手册活页中的内容，对相关维修人员进行考核，做好考核记录并存档。

4）对技术服务手册的保密

技术服务手册属内部使用的保密技术信息禁止外传他人（技术服务手册以外的其他技术文件保密工作依照规定另行执行）。

（8）电子信息系统（ELSA）

电子信息系统包括：各部分的维修手册、工位工时定额、索赔员工作手册、服务组织管理资料、故障代码、自学手册、技术服务手册、电路图、仪器使用说明、服务款项管理、保养表格和要点信息等。比较先进的企业以光盘的形式下发，经销商应注意保存、保密，并配备计算机合理使用。目前，国内大部分汽车生产企业仍以印刷资料的形式下发。以光盘的形式下发的优点是节约资金，便于更新；缺点是可靠性差，不利于传阅。现在有许多维修站从事具体维修服务的维修技师还没有条件经常应用计算机。

（9）其他信息管理

其他信息管理包括培训方面的信息管理、索赔方面的信息管理和备件方面的信息管理等，不同的汽车生产企业有不同的规定，经销商一定要按照厂家关于此方面的规定进行。另外，经销商对于一些突发事件、市场信息、产品性能、产品质量信息和用户信息等的信息反馈，要通过信箱或传真等形式反馈给汽车生产企业的现场服务代表。

4. 信息存档及处理

（1）信息的存档

经销商应设置信息员对信息进行管理。设置档案室，要有文件柜、文件盒和文件夹，对文件资料实行分类定置管理，并有档案目录。对于通过内部网络系统等收到的电子信息，应及时处理，并对电子信息进行存档。经销商应在 C：盘或 D：盘下建立下列文件夹，并对已在计算机存档的信息进行定期备份，以免由于其他原因造成信息丢失。并对收到的信息和反馈给汽车生产企业的信息资料进行存档。经销商在充分利用各种信息的同时，要保证信息的安全，对于因管理不善而造成信息的泄密，给汽车生产企业和经销商造成的损失，由经销商承担全部责任。各种电子版信息的光盘、软盘等要同文件信息一样妥善保存。对存储、使用信息的计算机要设置口令，并保证口令不被他人盗取，防止信息被他人窃取、破坏。

（2）信息处理

信息的采集要快速、准确、翔实。反馈时要使用标准专业术语，内容完整、条理清晰、有逻辑性，必要时可附图片或照片，对于非电子版的信息要求字迹工整。信息的反馈要做全程跟踪，以保证信息的连续性和完整性，同时信息的处理也要及时。

5. 对经销商信息管理的考核

汽车生产企业的售后服务部门的技术支持人员定期（每季度）对经销商反馈的信息进行整理汇总和考评，并将结果作为经销商信息管理考核的参考。

6.3.2 网络管理

汽车售后服务过程中的网络管理主要包括两方面内容：一方面是针对经销商的内部业务的计算机网络管理系统；另一方面是针对经销商和汽车生产企业之间的售后服务业务往来的计算机网络管理系统。

经销商和汽车生产企业之间的计算机网络管理系统是汽车生产企业内部网络系统中的一部分。它们是两个互相独立的计算机管理系统，但为了传递信息的方便，进行软件开发时要求两个系统之间的相容度要特别好。即：彼此的有些基础数据库、有些表格内容及一些数据统计相同或能互相支持。在售后服务工作中，引入计算机网络管理系统，有效地提高了彼此的工作效率、彼此的管理水平和整体的竞争力，是现代汽车营销及售后服务理念中共赢原则的一种体现。

1. 经销商内部计算机网络管理

汽车生产企业为使经销商的内部管理规范化、统一化、高效化，提高整个销售渠道的形象和市场竞争能力，要求其经销商配置经销商内部计算机网络管理系统。目前一汽—大众的特许经销商要求应用长春一汽启明信息技术有限公司开发的经销商内部业务管理计算机系统；一汽轿车股份有限公司应用的是浙江绍兴卓越公司开发的系统；奇瑞汽车应用的也是浙江绍兴卓越公司开发的系统：二汽神龙公司应用的是深圳元征公司开发的系统等。各个公司应用的计算机网络管理系统虽然不同，但系统的基本功能却相差不大。相应的硬件配置要求也大致相同。下面以一汽—大众汽车有限公司要求的经销商内部计算机网络管理系统为例加以说明。

（1）计算机综合管理系统

1）经销商使用《经销商内部管理软件》的要求

对于未开业的经销商，在开业前必须统一使用此系统。对于已经开业的经销商，没有使用计算机综合管理系统的，建议使用此系统。该系统由安装人员到经销商处现场安装、现场培训。经销商申请安装时，需填写安装《经销商内部管理软件》申请表。经销商安装《经销商内部管理软件》时必须签订《技术服务合同》。

2）系统概要

此系统能帮助各汽车生产企业规范经销商进行管理，规范经销商的业务流程，提高经销商的工作效率，使经销商实现现代维修服务管理。

（2）系统的特点及功能

1）系统特点

- 支持多公司、多车型核算。
- 严密、灵活的权限设置，避免越权操作。
- 系统中各模块具有相对独立性，可根据实际业务选择安装。
- 用户可根据业务的需要随机地组合菜单，做到“所见即可用”。
- 预设两个不可修改的超级用户，满足特殊用户的需要。
- 代码文件特殊管理，保证系统中各类代码的完整性及延续性。
- 提供随时监控上机用户功能，确保系统安全可靠。
- 支持不同模块之间功能窗口的快速切换。

2）系统功能

① 修车服务管理。

修车服务管理包括修车、服务和索赔等功能，规范了经销商的业务流程。从服务顾问接待客户到派工、领料、维修服务、结算全部实现计算机联网管理，能够大大提高经销商的管理水平和工作效率，并提供各种丰富、详细的统计查询，满足经销商的各种业务需求。经销商的需求主要有以下几个方面。

- 修车服务管理的初始参数可自行设置，满足各类经销商的不同需要。
- 多种委托单录入方式，提高服务顾问的工作效率及数据的准确性。
- 与应收模块有机结合，直接面向用户，实时结算，方便灵活。
- 修车档案与整车档案高度统一，实现销售与服务一条龙管理。
- 完善的修车服务功能，提供预约及跟踪服务，实现预约维修。
- 各类查询统计均支持对历史情况进行操作。
- 系统设置自定义查询、自定义排序等功能，操作灵活、方便。
- 工时、工位及省市代码等基础文件可随时从内部网络下载。
- 修车档案、整车档案和服务月报等可定期上传。
- 索赔管理与 R3 紧密相联，同时提供索赔件管理的完整功能。

② 整车及备件管理。

整车及备件管理是将整车、备件的采购管理、销售管理及库存管理有机地相结合。在保证销售和修车领料的同时，最大限度地控制库存占用，降低成本。这部分模块与修车管理、用户服务、存货核算、应收账、应付账等模块进行实时信息沟通，数据共享，从而提高工作效率，并且使物流、资金流和信息流达到高度的统一。这种统一主要体现在以下几个方面。

- 从潜在客户信息到客户订单、执行销售、最终形成用户车辆档案，实现了从客户关系管理到销售管理的完整过程。
- 整车及备件的采购、销售、入出库和盘盈盘亏均能自动生成相应的会计凭证。

• 整车及备件主文件能从 R3 下载，从而保持与一汽—大众汽车有限公司的产品信息同步。

• 采购订货能按“电子目录”订货，结果能直接发送到一汽—大众汽车有限公司的 R3 系统。

• 采购入库能直接从 R3 下载一汽—大众汽车有限公司的发货单。

• 备件按“定置定位”管理，也可灵活调换更改库位。

• 领料出库可处理正常领料、领料及代销品（一进一出）。

• 备件销售结算能做欠账和挂账处理。

• 可按库号或备件号进行盘点。

• 支持备件的借 / 还处理。

• 具有详细的查询和报表统计功能。

3）财务管理

财务管理除了具有一般财务软件的功能外，还与整车管理、备件管理和修车服务管理之间建立接口，由物流带动资金流，销售、采购、库存和修车等凭证可以自动生成，将客户从冗长乏味的人工记账中解脱出来，并随时提供贵公司财务状况的准确信息。

• 多套账管理，最多可以设置 99 套账。

• 会计科目 1 ~ 7 级，最大长度为 15 位。

• 凭证分组，用户可以对会计凭证进行分组管理。

• 设置转账科目，实现自动转账。

• 实行严格的财务分工，会计科目实行授权管理。

• 查询条件可以任意组合，查询结果随时打印。

• 用户可以根据需要自行定义资产负债表及损益表。

• 与物流实时衔接，根据各类发票及入出库单据，自动生成凭证。

• 支持预收款和预付款处理。

• 支持其他应收款和其他应付款处理。

• 支持应收及应付票据处理。

• 支持返利处理。

• 支持索赔款处理。

• 自定义账龄区间，自动计提坏账。

• 自动生成暂估及反冲会计凭证。

2. 售后服务的 ERP 系统

汽车生产企业对其经销商要在全国乃至世界范围内进行多方面的统一管理和各项信息交流，以及资金结算等业务，如果没有一个实用可靠的计算机网络管理系统，上述业务的实现是一件相当复杂的事情。如果汽车生产企业和经销商都安装了针对汽车生产企业的较先进的内部网络系统，那么双方就可以快捷、方便地进行各项业务。售后服务管理的 ERP 系统是企业整个 ERP 系统中的一部分，所以，经销商安装了售后服务 ERP 系统有利于双方的工作，大大提高了工作效率和整体竞争力。

（1）售后服务 ERP 系统的业务范围

售后服务联网系统主要管理以下几个方面：经销商基础信息管理、索赔业务管理、备件订货业务和办公自动化等。经销商基础信息管理包括企业基础信息、人员管理、培训管理、技术支持、专用工具订购和《经销商运营月报》等。索赔业务管理包括首保、索赔业务处理、索赔款查询和索赔件管理等。备件订货业务包括电子目录、订货清单和订货费用等项目。办公自动化管理包括收发电子邮件等。

（2）售后服务 ERP 系统的接入方式

系统的接入有两种方式，一种是单点拨号方式，使用长途电话线远程登录到汽车生产企业的 ERP 系统，费用高；另一种是互联网方式，利用互联网登录到汽车生产企业的 ERP 系统，费用较经济。

（3）售后服务 ERP 系统的有关人员要求

各经销商的相关人员必须参加《ERP 系统基础信息管理培训》，索赔员及备件订货员必须参加汽车生产企业的索赔及备件培训，培训合格后才能上岗进行相应的业务操作。IT 信息员必须参加相应的培训。要求所有经销商必须使用 ERP 系统录入经销商人员信息、培训申请、办理索赔及备件业务等。经销商可专机专用，也可作为《经销商内部管理软件》的一台工作站使用。但机器应由专人负责，使用 ERP 系统的业务员不能随意将密码和口令告诉其他人。如果因为密码或口令泄漏而给汽车生产企业造成损失，由经销商承担。

3. 售后服务 ERP 系统的购买方法

目前，各大汽车生产企业已经使用 ERP 系统处理索赔业务及备件订货业务，为了增加 ERP 系统的安全性及保密性，汽车生产企业一般都耗巨资在企业安装安全认证系统。

为真正发挥 ERP 系统的作用，汽车生产企业与所有特许经销商采用统一软、硬件平台，并统一由汽车生产企业负责安装及维护。双方采取互惠互利的原则，汽车生产企业为经销商提供硬件、应用软件产品、技术咨询服务、用户许可和权限，经销商为汽车生产企业提供硬件设施、软件产品、服务、许可和权限支付相应的费用。双方签订协议，经销商付款后，即可实施售后服务联网系统的安装。安装时经销商必须具备一定的安装条件：如具备稳定的电源，需要有 4 个电源插口；两根具有 BJ11 插头的电话线，一根是国内长途，用于直接拨号上网，登录到汽车生产企业；一根是市内电话，用于出现故障时，汽车生产企业管理员远程登录解决问题。两根电话线不需要实时占用，只要设置在计算机附近，需要时可及时插到 Modem 口即可。汽车生产企业应为经销商提供在使用应用软件产品过程中遇到的技术支持服务和使用培训服务，包括设备安装、联网调试、人员的技术培训、电话咨询、远程诊断、经销商计算机送修和现场服务等。还必须为经销商设置用户权限和访问许可，即该用户在系统内可以接触到的业务范畴及其相应的浏览、创建、修改和存储权等。

经销商在运行 ERP 系统时，如出现系统故障，请咨询汽车生产企业管理安装调试的管理服务部门。如经销商在运行 ERP 系统时出现业务上的问题，请咨询企业的相关业务部门，如销售服务部、售后服务科或备件科等。

思考题

1. 汽车生产企业对经销商的培训有哪些分类？各包括哪些培训内容？
2. 汽车生产企业对经销商的人员培训都有哪些方式？
3. 信息来源有哪些途径？
4. 试说明员工绩效考核的步骤。

模块 7
客户满意度管理

学习目标

1. 了解客户服务体系的内容。
2. 掌握提高客户满意度的流程。
3. 了解一次修复率对客户满意度的影响。
4. 了解提高客户感受的方式。
5. 了解提高服务意识的措施。
6. 了解汽车生产企业提供的客户关怀措施。

7.1　提高客户满意度的流程

7.1.1　客户满意度的定义

作为售后服务管理最核心的内容，客户满意度管理越来越受到各大汽车生产企业和经销商的重视。客户满意度管理是以客户感受为主线，以客户满意为关注焦点，借助客户满意度的测量分析与评价工具，不断地进行售后服务管理方面的改进和创新。提高客户满意度是增强汽车生产企业和经销商竞争实力的一种服务管理模式。

客户满意度（Consumer Satisfactional Research，CSR）也称客户满意指数，是指客户通过对一种产品的感受与他或她的期望值相比较，所形成的愉悦或者失望的感觉状态。如果客户的感受低于期望，顾客会不满意；如果客户的感受与期望相匹配，顾客就满意；如果客户的感受超过期望，顾客就会高度满意或者欣喜。

顾客的期望来源于过去的经验、朋友和伙伴的言论、媒体的宣传，以及营销者和竞争者的信息及承诺。如果营销者将期望值定得太高，顾客很可能会失望。而另一方面，如果公司将期望值定得太低，又无法吸引顾客。由此可以看出，客户的满意度与客户对服务的期望值是紧密相联的。所以，正确地管理客户的期望对客户满意度管理显得尤为重要。

客户满意度是对服务性行业的顾客满意度调查系统的简称，是一个相对的概念，是客户期望值与最终获得值之间的匹配程度。客户满意度管理的最终目标是追求客户的忠诚度，一个顾客是否忠诚，往往取决于一些小的事件的累加。客户满意度与客户忠诚度通常有以下 4 种表现。

• 当客户满意度为“不满意”时，客户忠诚度为负值。客户不仅不会选择令他们感到过不满意的产品和服务，还会影响周围其他人选择这种产品或者服务。

• 当客户满意度为“一般”时，客户忠诚度为零。客户对产品或者服务没有任何特别的深刻体会。客户会在任何同类产品或者服务中进行尝试，直到找到真正让他信任的产品或者服务为止。

• 当客户满意度为“基本满意”时，虽然客户忠诚度为正值，但他们也具有很高的转换率，随时都有可能放弃目前让客户感到基本满意的产品或者是服务，转换到其他的品牌或者替代品。

• 当客户满意度为“非常满意”时，客户会表现出高忠诚度和低转换率，这就是一汽一大众汽车有限公司一直在追求的“客户欣喜度”，它是客户满意度的最高境界。由于为客户提供了超出他们期望值的产品或者服务，客户会有欣喜的体验和感受，所以会表现出高的忠诚度。各大汽车生产企业和经销商通过这些高忠诚度的客户来实现经济效益和社会效益。

7.1.2 提高客户满意度的工作流程

如何利用客户满意度管理真正提升客户的满意度，达到让客户欣喜，如何解决客户满意度管理中出现的一系列问题，一直是各大汽车生产企业和经销商需要解决的难题。

可以从以下几个方面来提高客户满意度。

1. 重视“客户资源”的价值

在过去相当长的一段时间内，人们对“客户资源”的理解往往停留在“客户档案”这个范围内。随着市场环境的变化及竞争的日趋激烈，各个汽车生产企业对于“客户资源”的理解也越来越具体。各个汽车生产企业在充分认识到“客户资源”价值的同时，也越来越重视对于“客户资源”的有效管理和利用。通常采取以下几种方式进行客户资源的管理。

① 成立专业的客户关系管理部门，集中管理汽车生产企业的“客户档案”和“业务数据”。

② 重视各个渠道的客户请求和需求信息。

③ 重视营销机会的管理，使它有更高的成功率。

④ 把“客户资源”作为企业资产来管理，将它的“利用率”与业务部门的绩效考核结合起来，以便更好地管理、利用客户资源。

2. 划分客户类型，为不同类型的客户提供不同方式的服务

要对稀缺的经营资源进行优化配置，集中力量提升高价值客户的满意度；与此同时，也应该关注一下潜在的高价值客户，渐进式地提高他们的满意度。从全部客户满意，到价值客户满意，再到高价值客户满意，最后到高价值客户关键因素满意，这是企业提升“客户满意度价值回报”的“流程”。

3. 不断收集和研究客户需求

汽车生产企业要实现中长期的稳定成长和发展，必须不断地收集和研究目标客户群的产品和服务需求，积极而有效地反馈并且还要融入到自身的产品和营销策略中去。只有这样，才能在充分而激烈的竞争中提高现有的客户满意度，抓住新客户。

4. 和客户建立亲善关系

现在的客户越来越精明，越来越理性，他们通过网络、电视等媒体可以获得更多、更详细的产品和服务信息，更加不能容忍被动的推销。客户希望与企业的关系超过简单的售买关系，因此各个汽车生产企业应该为客户提供个性化的服务，使客户在使用产品及接受服务的过程中获得产品以外的良好的心理体验。服务人员在与客户的交往中，要善于听取客户的意见和建议，表现出对客户的尊重和理解，要让客户感觉到企业特别关心他们的需求。企业还应鼓励员工站在客户的角度思考应该提供什么样的服务，以及怎样提供服务。

5. 积极地解决客户的抱怨

统计表明，不满意的客户中有 6.5% 的客户会采取公开的抱怨方式，这些公开的抱怨会给公司带来各种负面影响。如果对这些抱怨处理不及时、不合理，就会有一些客户采取一些过激的方式，如不付账单、对客户服务人员蛮横无理等，更严重的是四处诋毁该公司——通过网络影响若干潜在客户。所以，企业要给客户提供抱怨的渠道，并认真对待客户的抱怨，在企业内部建立处理抱怨的规章制度和业务流程，如规定对客户抱怨的响应时间、处理方式和抱怨趋势分析等。

提高客户满意度，使其为企业创造更大的利润空间，应该是各个汽车生产企业都十分关心的问题。只要信任和尊重客户，真诚地视顾客为朋友，给顾客以“可靠的关怀”和“贴心的帮助”，就可能赢得客户的满意。

7.2　一次修复率对客户满意度的影响

对于汽车生产企业的经销商来说，一次修复率（FFV）是指经销商在一段时间内，客户车辆首次进厂即得到满意的维修服务的车辆数 a 占进厂维修总量 b 的百分比：FFV=$a/b\times100\%$。

返修是指客户因为相同的原因重复到维修站报修。它对客户满意度和售后服务质量有着显著的影响。FNV（返修率）=1−FFV。

返修既包括由于维修技术原因而导致未能排除故障造成的，又包括整个服务接待过程不当引起的客户抱怨，甚至可能是汽车生产企业某个环节造成客户返厂进行检测维修。所以要想降低返修率，提高一次修复率，需要在生产质量、服务技术及售后服务的所有环节进行优化和提高。

客户满意度与 FFV 成正比，与 FNV 成反比。

1. 通过提高 FFV（降低 FNV）提高客户满意度

提高客户满意度和售后服务质量是售后服务工作的最高目标和追求，这里既涉及前面描述的维护良好的客户关系问题，又涉及维修技术、车间管理等因素体现出的具体的服务质量问题。对于这些问题需要采取集中且有针对性的方式，才能实现客户满意这一目标。

没有良好的客户关系可能不能实现客户满意，但客户关系维系再好，返修率居高不下，也不能实现客户满意，这是不争的事实。为了实现客户满意，必须降低 FNV，也就是提高 FFV，进而提高客户满意度。图 7-1 所示为从发生返修车辆的客户满意度变化趋势图抽样分析，调研统计结果清楚地表明：一次修复的车辆，客户 78% 表示满意；而当出现返修后，客户中仅有 42% 表示满意。其中差额的 36% 的客户因为车辆返修而表示不满意。若在本次返修的过程中再次出现解决不了的问题而返修，那么就会产生更大比例的抱怨。

一次返修就会导致客户满意度显著下降，更可怕的是返修往往会出现两次甚至三次，或者同类原因得不到妥善解决，会造成返修在一段时间内的反复大量出现。因此，对于客户满意度来说，需要特别注意返修这个问题。显著并持久的降低返修率，就是提高客户满意度的有效途径。

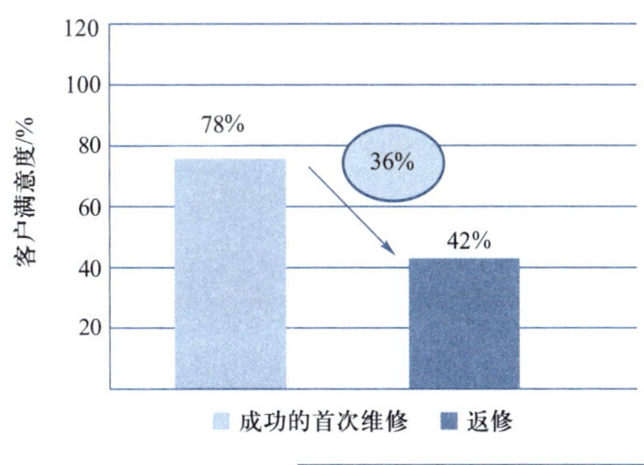

图 7-1
客户满意度与 FFV 的关系

提高客户满意度既是汽车生产厂家关注的重点，也是特许经销商持续优化和改进的方向。从哪些环节入手才能降低 FNV、提高 FFV 呢？需要汽车生产厂家和特许经销商正确了解各自市场特点，有必要对于市场进行充分调研，还可以借助客户满意度调研（CSS）结果和销售与服务回访的样本数据，进行统计分析，再有针对性地调整正在实施和将要实施的措施，以及在局部组织机构中更有力地实施这些措施，才能提高 FFV，进而提高客户满意度。但这需要一个持续优化与完善的过程，切不可急于求成。

2. 提高 FFV（降低 FNV）的方法

一次修复分析的目的是运用一定的方法找出出现返修的原因，并给出相关的服务环节，并指定可实施的措施以提高 FFV。为了提高 FFV，就要对返修进行分析。返修分析可分为两种方法：一是维修过程细节分析方法；二是客户对话抽样调查法。两种方法的侧重点不同，维修过程细节分析法，可详细研究是哪些原因造成了返修，具体分出合作配套厂、生产厂和经销商环节；客户对话抽样调查法，可以了解经销商范围哪些环节可以影响返修率，并了解各个经销商的潜在优化需求。但分析结果是否有效，与所选样本有很大关系。下面利用某汽车生产企业的 CSS 数据，对各经销商返修率及客户满意度的数据进行分析，得出如图 7-2 所示的经销商方面的返修原因。

返修的原因虽然千差万别，但从整体上可以分为汽车生产企业的原因和非汽车生产企业的原因两大类。其中汽车生产企业的原因又分为协作配套的零件制造商、进口商汽车生产企业的区域，以及合作配套厂等原因，但这些与经销商销售服务环节及客户使用环节都无关，所以定义为汽车生产企业方面的原因，这就需要从汽车生产企业环节加以整改提高；而除此之外的原因可以从销售服务环节加以改善。

而造成客户抱怨的车辆返修的具体原因如何界定呢？有的汽车生产企业和经销商各有一套 CSS 系统，就会得出各自的结论，有时还是互相矛盾的。所以数据的分析比较是一个比较重要的过程，可进一步甄别返修的真正原因。比较抽样过程以底盘编号为基础，针对每个底盘编号在经销商和汽车生产企业的 CSS 抽样调查，比较汽车生产企业与经销商的调查结果分类法是否一致。如果不一致，分析团队要重新分析细节以求找出真正的能影响返修的原因。这种情况下，分析团队最好直接与经销商或客户联系，弄清返修的真正原因以制定行之有效的解决措施。

1. 制造商/进口商/国家售后服务中心方面的原因	
1.1	无法使用技术问题解决方案
1.2	技术问题解决方案没有以目标为导向
1.3	文献资料不正确
1.4	引导型故障查询没有以目标为导向
1.5	原装零部件供应问题
1.6	缺少原装零部件
1.7	技术服务中心维修咨询没有以目标为导向
1.8	活动
2. 经销商方面的原因	
2.1	没有具体描述、了解客户保修内容
2.2	没有将保修内容完整、正确地传递给相关部门、人员
2.3	没有使用文献资料
2.4	没有使用技术问题解决方案
2.5	没有进行引导型故障查询
2.6	没有正确诊断出故障原因
2.7	没有及时订购原装零部件
2.8	维修错误
2.9	维修站装备不足
2.10	保修内容不同
3. 客户的感受(包括详细的注释)	

图 7-2
经销商方面的返修原因

当然，绝对的一致是不可求的，如果汽车生产企业与经销商分类法的一致性很高（>90%），可以认为双方调研结果的回答正确，并且作为制定解决方案的措施。如果一致性很低，则分析团队须了解并弄清各种情况，直到统一为止。

7.3　提高客户感受与客户满意度

7.3.1　加强经销商网络服务组织与管理

1. 经销商服务组织的宏观管理

经销商网络建设，一般是生产厂家提供统一的建筑标准；提供统一的形象建设标准及标识标准；贯彻先进的管理模式；免费提供技术培训、管理培训、索赔培训、备件培训及计算机业务培训；疑难维修技术支持；提供技术资料、管理资料；统一订购专用工具和仪器设备，指导通用工具订购；提供电子信息服务系统网络及经销商内部管理软件；提供原厂备件；免费提供产品宣传及服务宣传资料；授权开展售前整备、首保及索赔业务；指导经销商开展服务营销。

例如，一汽一大众汽车有限公司遍及全国的统一形象、统一标识的 500 余家经销商，曾经让德国奔驰总裁羡慕不已地说了一句心里话：“中国的大众就是德国的奔驰。”这足以说明经销商网络建设的重要性。这是一汽一大众始终贯彻德国大众的同一星球、同一品牌、同一标准的硕果，正是在这一工作方针的指导下，在全体经销商的共同努力下，一汽一大众汽车有限公司的网络服务功能日益完善，基础工作扎实稳健，服务盈利和抗风险能力加强。

服务组织与管理说大也大，说小也小，从小的方面说，业内人士有一个共识：走进经销商展厅内只看一下卫生间，即可大致判断出服务水平；大的方面讲的是服务理念。大的方面极其相似，小的方面各有不同。尽管核心流程是统一模式的，但激烈竞争导致经销商自觉地开展特色服务营销，经销商为缓解库存压力积极服务营销活动的意识越来越强烈。

2. 经销商服务组织的微观管理

（1）服务承诺的诞生

服务承诺是指售后服务部门为体现客户关怀，落实服务标准的兑现，通过经销商承诺的方法向客户公示的服务特色的一种表现形式。

对于一汽一大众汽车有限公司的经销商来说，面对德国大众的售后服务核心流程，针对中国市场的复杂性与多样性，以及客户需求的多层次性、复杂性，经销商的把握和理解程度都会有很大的差异，所以执行结果也不尽如人意。为了充分体现"严谨就是关爱"的售后服务理念，体现客户关怀，一汽一大众汽车有限公司根据 CSS 中的弱项及服务核心流程的执行情况，制订了一套简单易行的提高客户满意度解决方案，即"九个一"的服务承诺。通过"九个一"的服务承诺可使服务核心流程和 CSS 的结果，在服务承诺方案中实现闭环的管理与控制，是客户满意的依据与保障。

体现严谨就是关爱服务品牌的服务"九个一"承诺。

- 将在一分钟内接待客户。
- 给客户提供一个公开、透明的价格标准。
- 维修前，为客户提供一套完整的维修方案。
- 为客户提供一个舒适整洁的休息空间。
- 将按照约定在第一时间交付客户的爱车。
- 维修后，为客户解释在本店的一切消费内容。
- 每次来店将免费为客户洗车一次。
- 为客户提供原厂备件一年或 10 万千米的质量担保（以先达者为准，易损件除外）。
- 为客户的爱车提供专业的每天 24 小时救援服务保障。

从上面的内容可以看出，这 9 项内容并不复杂，也不难做到。但恰恰是这些细节在 CSS 中丢分较多。服务核心流程中包括这里面的所有内容。

（2）细节决定成败，落实是关键

一汽一大众汽车有限公司要求经销商将上述"九个一"承诺，以目视板的形式公示出来，确保客户直观、清晰地看见服务承诺。为兑现服务承诺，经销商根据实际情况制定相应的服务承诺细则，各经销商应按服务承诺细则的内容要求从软件和硬件上符合标准的要求，真正体现客户关怀。经销商管理人员不定期地进行服务承诺的监督与检查。客户服务中心调查经销商服务承诺执行情况，根据调查结果给予经销商相应的奖惩。

7.3.2　加强客户关怀

汽车生产企业为了提高客户的满意度，会从多角度为客户提供客户关怀，还会从多方面为客户提供汽车贷款、汽车保险、汽车租赁和二手车评估等衍生服务。

1. 什么是客户关怀

从时间上看，客户关怀活动包含在售前、售中和售后的客户体验的全部过程中。售前的客户关怀会加速企业与客户之间关系的建立，为鼓励和促进客户购买产品或服务起到催化剂的作用。售中的客户关怀则与企业提供的产品或服务紧紧地联系在一起，包括订单的处理及各种有关销售的细节，都要与客户的期望相吻合，满足客户的需求。售后的客户关怀活动则集中于高效地跟进和圆满地完成汽车的维修和保养的相关步骤，以及围绕着产品与客户通过关怀、提醒或建议、追踪，最终达到汽车生产企业、经销商与客户的互动。汽车生产企业对产品、客户及其变化趋势有很好的把握效果，能为企业进一步的产品升级和客户拓展达到积累资料的目的。售后服务的跟进和为客户提供有效的关怀，可以大大增强客户对产品和企业（汽车生产企业和经销商）的忠诚度，使客户能够重复购买企业的产品和服务。

为了高效处理客户投诉，缓解客户抱怨，提高客户满意度，经销商都要配合汽车生产企业的售后服务部门和客户关怀部门，共同处理客户的投诉和抱怨，让客户达到满意或者是欣喜的程度。

2. 客户关怀措施

不同的汽车生产企业根据自身产品的特点，制定自己的关怀策略。各个汽车生产企业应该区分不同的规模、贡献、层次、地区甚至民族、性别，采取不同的策略，从关怀频度、关怀内容、关怀手段和关怀形式上制订计划，落实客户关怀措施。下面重点介绍汽车生产企业为客户提供的善意补偿款和优惠索赔措施。

（1）善意补偿款

1）善意补偿款的定义

善意补偿款是汽车生产企业为了处理重大客户投诉而发生的相关费用。善意补偿款包括：赔偿客户损失及诉讼等发生的直接费用，但不包括连带费用。应急处理时，一般由汽车生产企业的技术团队现场确认后，由经销商第一时间为汽车生产企业垫付给客户，再由经销商向汽车生产企业申报。

2）善意补偿款支付流程

• 经销商在垫付善意补偿款前与客户签订免责协议，协议通常是由经销商与客户间签订的。签订的协议需要有汽车生产企业的相关人员确认。

• 汽车生产企业的售后服务人员向经销商提供《善意补偿款申请表》，由经销商服务总监负责填写，在经销商鉴定结果中必须标明支付金额，汽车生产企业的售后服务人员签字确认后，汽车生产企业的区域服务经理和总经理签字确认后将《善意补偿款申请表》反馈给产品责任部相关人员。

• 产品责任部相关人员负责将《善意补偿款申请表》上报领导审批。

• 《善意补偿款申请表》审批以后，产品责任部相关负责区域服务人员，并将《善意补偿款申请表》存档。

• 区域服务人员负责通知经销商服务总监准备相关材料（发票、结算单和判决书等）。

• 产品责任部负责进行善意补偿款的结算，这项费用由汽车生产企业承担。善意补偿款不计入区域单车索赔费用。支付费用由售后服务部门以备件索赔的形式支付。

（2）优惠索赔

根据客户的特殊性，为客户办理优惠索赔，解决超过质量担保期的敏感客户（新闻媒体记者、VIP、大客户及挑剔客户等）的抱怨，提高客户满意度。

1）优惠索赔的范围

敏感客户车辆在超过质量担保期发生的由于质量问题导致的车辆故障，汽车生产企业承担车辆的维修费用，但不包含任何其他额外的补偿。

2）优惠索赔的内容

• 客户向经销商提出优惠索赔的请求。

• 经销商服务总监初审是否符合优惠索赔的条件并请示汽车生产企业的现场服务代表，经过现场服务代表核实并确认客户车辆状况，联系区域的现场技术经理进行技术确认。

• 现场技术经理鉴定是否属于质量问题，尽快将鉴定结果反馈给现场服务代表。

• 对于可办理优惠索赔的车辆，现场服务代表通知经销商的服务总监填写《优惠索赔审批表》，在经销商鉴定结果处标明索赔金额（汽车生产企业不承担连带责任）。

• 经过现场技术经理和现场服务代表签字确认后，由汽车生产企业售后服务部门的相关人员对优惠索赔进行技术审核，审核合格后交给索赔人员处理及存档。

• 对于审批合格的优惠索赔，现场技术经理负责将结果通知现场服务代表。

• 汽车生产企业的索赔人员依据《优惠索赔审批表》进行优惠索赔结算。这项费用由汽车生产企业承担。

• 自然灾害造成的车辆损坏，由经销商负责解决客户的抱怨。

总之，客户关怀管理真正体现了“以客户为中心”“以营销为整体”的现代企业经营理念，是企业市场营销系统的重要组成部分，也是企业打造持续的市场竞争力、实现可持续发展的基本要求。

7.3.3 超越客户满意实现客户欣喜方案的设计

尽管各个汽车生产企业的售后服务核心流程在国内都能得到更好地普及与发展，汽车生产企业的产品质量在不断提高，客户满意度分值也在上升，但通过国际客户满意度调研组织J.D.POWER的调查结果却不理想，甚至下滑速度非常快。无论是公认的调研组织J.D.POWER，还是汽车生产企业自身的CSS数据分析显示，客户满意度分值还在逐年提高。这就体现出了一方面竞争在加剧，竞争对手在提高；另一方面客户的需求在提高。服务的组织管理方式必须创新，才能为客户带来高附加值客户满意。一汽—大众汽车有限公司在这方面做了许多探索，在新的竞争形势下改变服务组织现状，为客户提供更好的服务势在必行。

从上面的分析不难看出，客户需求提升的速度已经超过了服务发展的速度，传统的服务需要改进，单纯的客户满意已经不能满足于现在的市场发展需求，需要实现超越客户满意的境界。

为了进一步稳固在中国汽车市场上的地位，提高市场竞争力，一汽一大众汽车有限公司售后服务的新目标是为客户提供令人欣喜的售后服务体验。

如何才能创造欣喜呢？能够为客户传递品牌所赋予的历史、荣誉和传统的信息；具备能够满足客户预期的人员、产品和服务；客户能够感觉到独一无二的、富有荣誉感的、强烈的心理满足感；销售和服务过程中体现出创意、创造性、独特性；高技术含量、高精准性、高品质；具备专业的、思路清晰的、具有吸引力的销售和服务人员；关注细节、家的感受、清晰透明的；将客户当作客人一样对待，只有尊敬和欢迎，从不施加压力；在接到客户来电时能够高效地进行解答和回应；满足客户需求，包括那些未明确表达的需求。

客户欣喜方案，也就是在现有核心流程的基础上，加入时代元素，营造客户想象之外的满意，力图超越满意创造欣喜。

（1）打造一流的客户体验服务流程

整合各行业世界一流客户服务标准，以“客户至上”的理念为指导优化现有的工作内容，并加入了各种新颖的工作形式。本土化改良德国特色的核心服务流程能够更准确地满足中国消费者的需求。

（2）欣喜之旅优化后的核心流程

经销商工作人员与客户的每一次接触都是创造客户欣喜的机会，客户感到欣喜是因为接受到意想不到的创新的工作方式超出了他们的期望，这就需要经销商工作人员在细节上表现出与众不同，让客户感觉到更出色。对比目前的表现和客户的期望值，只要超越客户的期望，即创造客户欣喜，同时也能带来更多的忠实客户，而他们又会向朋友和家人推荐该服务品牌。

1）服务前

经销商客户保留和集客活动（推陈出新，打动我心）。

2）服务开始

① 服务预约（预约安排，想我所想）。

② 接待与预检（热情接待，预检我车）。

③ 服务需求确认及评估（需求分析，确认我意）。

3）服务进程

① 车辆维修（专业细致，修我爱车）。

② 客户关怀和信息交流（沟通信息，安慰我心）。

4）服务交付

服务交车（高效周到，交还我车）。

5）服务跟踪

致谢并确定客户欣喜措施（售后关怀，令我欣喜）。

7.4 提高服务意识与客户满意度

汽车生产企业为了保证提升客户满意度方案的顺利、有效实施，充分调动售后服务人员的工作热情，汽车生产企业会设计一整套的奖励激励措施，同时还对经销商开展现场辅导工作，提高经销商服务人员对提高客户满意度方案的理解和执行。

7.4.1 服务满意度的奖金激励

1. 服务满意度奖金激励的目的

① 通过经济利益的正向激励，促进改善返修率，提高客户满意度。

由于服务顾问对返修率的影响最大，因此针对服务顾问设定客户满意度奖金。

② 有针对性地表扬和表彰少数最佳服务人员，并以实际情况证明可以实现质量提高目的，带动服务顾问整体综合服务能力的提高。

2. 服务满意度正向激励的总体条件和前提

对各个服务顾问服务质量指标的评定可信，以及最佳服务顾问的评定受到广泛认可，注意评定过程一定要透明清晰，并且可以有针对性地进行一段时间的跟踪评比，为力求达到客观真实，最低要求是每年每个售后服务企业抽样 60 次客户满意度对话。实施步骤如下。

（1）确定评定标准和评定期限

将评定中的受奖励人员数量限制在较低的范围，并找出一个相对简单的计算方法。生产厂家可按季度评定经销商平均满意度情况，并予以适当激励；同时经销商可以月度为周期，评定服务顾问满意度情况，并颁发满意度优胜奖和满意度进步最快奖。

注重那些可以优化客户满意度与售后服务质量、降低返修率的有关的评定要素。这些要素及权重的内容如下。

- 服务顾问评定标准的权重，可设定为返修率（50%）。
- 交车时对所作的工作加以说明（10%）。
- 深入了解客户的需求和愿望（10%）。
- 维修站工作正确（10%）。
- 客户联系指数（20%）。

为保证将评定中的受奖励人员数量限制在较低的范围，可将表彰条件设定为如图 7-3 所示的服务顾问激励条件。

- 接车返修率 < 排名最前的 40% 的服务顾问。
- 客户满意度排名 > 最前的 40% 的服务顾问。

同时具备这两个条件，可以认为是经销商网络内有代表性的服务顾问，进入激励范围，进而达到树立样板、激发服务顾问群体的目的。

（2）确定奖励等级

① 确定整体激励预算。奖金分配计划与两个因素有关：需要表彰的服务顾问的数量，一般比例为 30%；最高奖金额度（月工资的 50%~150%）。

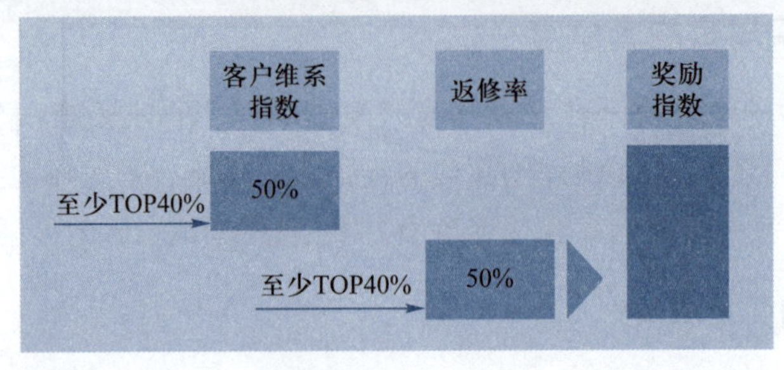

图 7-3
服务顾问激励条件

② 确定获奖服务顾问的数量。经销商要使每个售后服务顾问都能了解奖励激励措施的存在。因此至少排名前 30% 的售后服务顾问都应获得过奖励。

为了确保奖金确实能够颁发，应根据各地服务顾问月工资的实际水平确定奖金的数量。下限为月工资的 50%，上限为税前月工资的 150%。图 7-4 所示为服务顾问激励奖金分配方案。

对于结构明显多样性的经销商，它们可能存在多品牌经营，不可避免地存在复杂的跨品牌竞争，可以根据需求的不同进行奖励方案培训。在准备期就确定奖金的数量，以便能让员工对奖励制度有一个正确的理解。确定一个基准作为下限，一个最大额度作为上限。然后分配剩下的预算，使每一级的奖金都按一定的比例上升（例如，奖励排名最前的 100 名售后服务顾问，可以在基准的基础上以 1.5% 的比率递增每一级的奖金）。

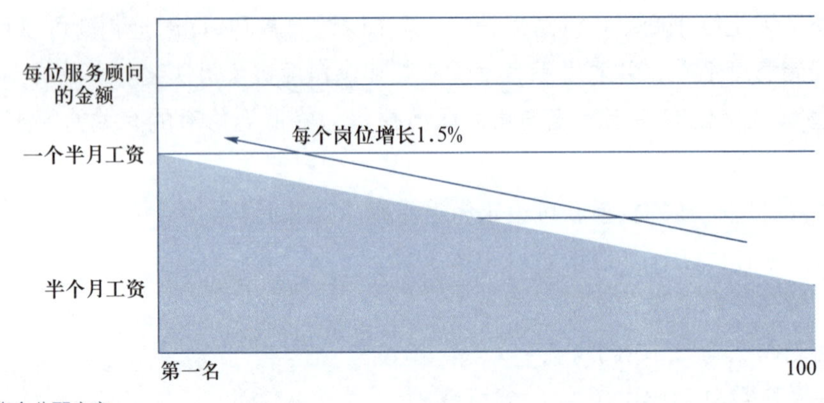

图 7-4
服务顾问激励奖金分配方案

③ 奖励扩展方案。为了能够在表彰最佳售后服务顾问的同时，还能嘉奖上一年进步最大的售后服务人员，也可以将评比由最佳（根据排名）转化为进步最大，以鼓励新入职或长期处于偏后的服务顾问的进步，但这种评比可以每年度一次。

（3）注意激励方案客观合理，注重经常交流

可以安排售后服务年会交流。汽车生产企业的售后服务部门，邀请最优秀的经销商的售后服务部门的主管，参加售后服务营销年会，并在这个一年一度的总结会中进行相应的表彰激励和经验交流。

另外，还可以定期交流服务顾问最新的排名，可包括全国排名、大区排名、小区排名乃至经销商内部排名。让竞争与激励深入到每家经销商、每个服务顾问的各个工作环节。有必要定期举办区域性经验交流会，这样可以在物质激励的基础上强化精神激励的作用。

7.4.2 服务技术竞赛激励

这里所说的服务技术竞赛是广义的，既包括每年一度的服务技术竞赛，也包括日常工作考评中的服务技术竞赛。其目的都是通过竞赛的方式正向激励少数经销商及其售后服务领域业绩突出的优胜者，树立标杆，促进经销商领导重视技术、尊重人才、提高服务意识，并激发服务技术人员专研技术、用心服务，进而为客户创造欣喜。

售后服务竞赛是一种综合的激励措施，具体分为以下两种形式。

第一种售后服务竞赛是有针对性地激励主管 – 持有人、服务技师、服务顾问及备件工作人员努力工作，进而降低返修率，为客户创造欣喜。近年来各汽车生产企业普遍举行的服务技术锦标赛，如德国大众，每年都组织全球范围内服务与技术双杯竞赛。作为竞赛的一部分，各子公司都要组织经销商的服务顾问、技术精英及备件业务人员，全员参与竞赛考核，如一汽—大众汽车有限公司、上海—大众汽车有限公司和大众（中国）汽车有限公司都会在这一轮预赛中选择成绩优异的选手，参加全国性统一的复赛，复赛中录取前 10%，参加本系统年度决赛，其中优胜者既可得到丰厚的奖金或实物奖励，又可获得参加德国的世界锦标赛总决赛及颁奖仪式的资格。

为激励服务技术人员提高服务技术能力，近年来奖励不断上升。例如，一汽—大众 2007 年技术锦标赛冠军个人及团队获得 15 万元现金奖励，并获得免费参加德国总决赛及欧洲 8 国游的奖励、亚军个人获得 3 万元现金奖励、季军获得 1.5 万元现金奖励，亚军及季军团队获得国内四川省九寨沟、黄龙免费旅游奖励；2008 年服务和技术优胜者各获得新宝来轿车一辆、二等奖 6 万元现金、三等奖 3 万元现金、参与奖 5 000 元现金的奖励。

不仅如此，在奖金发放细则上，也实施培养人才、用好人才、留住人才的售后服务长远战略。因此个人获得奖励金额要分 3 年支付，每年需要经销商提供该员工在职证明和发票，这基本上可保证经销商培养出的人才 3 年内不会发生流失，也是实现更好的服务创造欣喜的基础。

第二种售后服务竞赛是指对经销商售后服务组织与管理水平，以及整体运营质量定期进行综合性评价，并评出运行良好的经销商进行正向激励的一种常态性的服务组织与管理能力竞赛。例如，德国大众集团已在欧洲推行 European Volkswagen Service Quality Award（欧洲大众汽车售后服务质量奖）。它根据 CSS 结果（或具有等同性的分析结果）奖励欧洲排名前 100 的售后服务企业。实践证明，该措施对创造和实现客户欣喜起到了重要作用。

7.4.3 企业现场辅导

1. 全面企业辅导

全面企业辅导是指来自第三方或主机厂资深培训师，伴同经销商企业管理人员，深入企业售后服务组织与管理实践中，从售后服务核心流程的各个工作过程中发现缺点与不足，挖掘出创造客户超越满意的因素，再通过现场总结会的方式予以纠正或校准的全过程。这种辅导可及时发现经销商个性化的服务组织与管理方面的问题，一般可以以一年为周期循环进行，以达到持续改进的目的。

这种辅导方式特别适用于售后服务核心流程的实施度不足，而导致客户返修抱怨的经销商。但辅导周期要缩短，甚至应用一种新的引领式帮扶活动，即在新建的经销商服务网点开业初期，主机厂派出经验丰富的管理人员，实施一定时间的伴随服务，由指导下工作逐渐转为带领式工作，最后到引领式开展业务。

（1）全面企业辅导的目的

通过有效实施售后服务核心流程或识别并排除已有的售后服务核心流程中的薄弱环节，并且与经验丰富的售后服务核心流程专家进行交流，确保能够持续改善返修率。这是售后服务领域客户满意度能够整体提高的基础，也是原装零部件及附件销售环节中补救功能不断提高的基础，所以此项工作是提高客户满意度和售后服务盈利能力的有效手段，也是实现客户超越满意的基石。例如自 2006 年 5 月开始，在德国开展了名为“质量与利润并存”的全面企业辅导活动，截至 2007 年 6 月 1 日，共有 104 家售后服务企业接受了全面企业辅导且成效显著。

（2）全面企业辅导的总体条件和前提

根据客户满意度分析（如 CSS）结果，参考售后服务企业返修率决定选择哪些环节需要接受辅导。

对于参与这项辅导的企业来说，人员和经济上的要求都很高。费用可由主机厂对经销商的奖励费用中全部或部分支出。例如 2006 年，一汽—大众汽车有限公司出资，聘请北京先锋公司对服务网络中服务满意度排名前 100 家优秀经销商进行免费的企业现场辅导。企业中的辅导参与者必须稳定在相应岗位上一年以上，故不适合为那些人员尚不确定的新经销商进行全面辅导。

培训师必须具备较高的业务能力，以及对所执行的特有流程十分了解。因此，分别由两个不同的培训师负责业务接待能力和组织机构流程这两个主题的辅导。要求服务总监、服务经理和技术经理在场，并认真对所发现的不合格项立即制定措施并予以改正；对扣分项选定负责人，进行持续优化和改进。

（3）全面企业辅导的实施步骤

• 由培训师沿着售后服务核心流程结构化的盘点，从中发现流程问题。

• 与经销商管理层一起分析问题，以找出经销商可以接受的解决方案。

• 通过从预约开始，直到最后交还车辆，这一系列工作是改善售后服务企业中流程化的细节工作。

• 现场直接培训售后服务员工改善交流方式。

2. 细化的企业辅导

细化的企业辅导就是针对各个售后服务企业所制定的独立的流程咨询。这种咨询分成几个部分，如果组织机构流程范围内只有某个因素比较薄弱，这种咨询就特别适用于有针对性的优化这一范围；如果分析结果表明需要改善多个成功参数，则需要进行全面的企业辅导。

（1）细化的企业辅导的目的

根据评定分析找出成功参数，可以了解和处理各个经销商与用户满意度和返修相关的、最重要的薄弱环节，并由此降低返修率。

（2）细化的企业辅导的总体条件和前提条件

经销商中的工作流程具有一定的结构，并且是有组织的，可以针对这些工作流程展开细化的企业辅导计划。以 CSS 或其他类似评定结果为基础，通过分析找出各个市场的成功参数。

（3）细化的企业辅导的实施步骤

通过统计分析结果，根据各个参数改善返修率的程度，识别出各个市场中的成功参数。

对于各个售后服务企业，通过对各个成功参数进行客户满意度评定而做出独立的评分，将这个评分值与非常满意的客户反馈比较，由此找出改善措施的着手点。

辅导措施的重点内容需要与区域市场特色取得一致才能确定，并沿着售后服务的核心流程步骤继续细化。针对交流这个主题应单独进行交流辅导。每个售后服务核心流程步骤的辅导措施如图 7-5 所示。

售后服务的核心流程步骤	可能的培训重点
预约	- 改进预约调配(使用电子预约规划系统，把难解决的问题安排在高峰期以外) - 遵循“电话预约”清单的要求 - 预约时询问顾客有关附加工作的情况 - 对服务人员进行有关预约的强化培训
准备工作	- 特别记录返修率 - 建立DISS信息 - 检查车辆历史记录 - 更好地调配物流及备件
接收车辆/制作订单	- 使用“交谈”清单 - 改进沟通方式，对工作进行说明 - 与客户一起进行分析试驾 - 将客户的谈话内容记录在任务单上 - 在车辆旁完成直接验收工作 - 在车辆旁进行检验程序操作
维修	- 详细记录订单扩展服务项目 - 任命负责的技师 - 改进ELSA和TPL的系统应用 - 技术培训 - 维修车间装配
质量检查	- 每次交车前进行试驾 - 每次交车前由服务顾问进行最终审核
交车/结账	- 通过服务顾问改进账单说明 - 引入账单检查流程

图 7-5
核心流程中的辅导措施

7.4.4　客户沟通技巧辅导

专业的沟通对于售后服务质量（特别是对返修率）和客户满意度的影响是十分显著的，也就是创造用户欣喜的关键所在。通过对经销商进行客户沟通技巧辅导，可以显著改善经销商与客户沟通的情况。在沟通辅导中，将探讨一些实用的创造用户欣喜的技巧，使服务顾问很快就可以在实践中运用这些技巧，从而最大限度地为用户创造欣喜。

改善售后服务企业中与客户沟通的情况，特别是在预约时间、接收和交付车辆的“关键时刻”，如接收车辆时对维修站工作加以说明，深入了解客户的需求 / 愿望，交车时对工作 / 账单加以说明，具体细节如图 7-6 所示。

同时有针对性地找出可以降低返修率的沟通元素。根据企业的规模，通过以上的分析可以快速开始客户沟通技巧辅导。

客户间的作用与影响，对服务组织与管理也是一个至关重要的因素。永远不变的真理就是，用户满意所能影响的群体和放大的范围，永远比不上不满意的影响。所以在与用户沟通的环节一定要掌握“先保证不犯错误，再伺机创造欣喜”的原则。

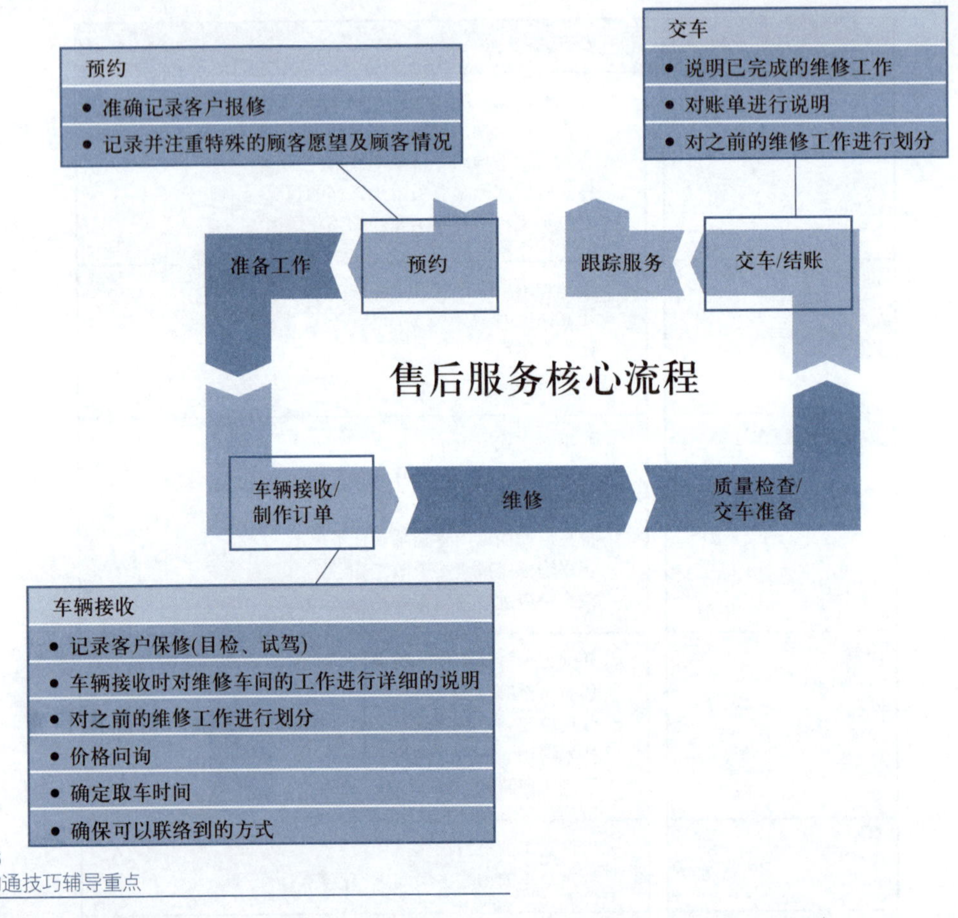

图 7-6
客户沟通技巧辅导重点

思考题

1. 哪些奖励措施可以激发服务人员的服务热情，为客户带来欣喜的服务？

2. 客户满意度与客户忠诚度有什么关系?
3. 影响客户满意度的因素有哪些?
4. 什么是一次修复率?

模块 8
特许经销商的其他业务

学习目标

1. 了解汽车销售的流程。
2. 掌握一汽—大众售前检查（PDI）的内容及规定。
3. 了解二手车的鉴定方法和交易手续。
4. 了解汽车保险知识及理赔流程。
5. 了解汽车美容的内容。
6. 了解汽车装饰的内容。

8.1 销售业务

8.1.1 销售业务简介

汽车销售（Auto Sales）是向用户提供一汽—大众的品牌新车，为用户介绍车型的性能、结构特点和性价比等优点，向用户提供试乘试驾、汽车上牌和汽车信贷等服务，树立一汽—大众的品牌效应。销售业绩的提升与销售顾问的业务水平有着很大关系。

1. 汽车销售的整个过程

① 客户开发。在销售流程的潜在客户开发步骤中，最重要的是通过了解潜在客户的购买需求来与他建立一种良好的关系。只有当销售人员确认关系建立后，才能对该潜在客户进行邀约。

② 接待。为客户树立一个正面的第一印象。由于客户通常预先对购车经历抱有负面的想法，因此殷勤有礼的专业人员的接待将会消除客户的负面情绪，为购买经历设定一种愉快和满意的基调。

③ 咨询。重点是建立客户对销售人员及经销商的信心。对销售人员的信赖会使客户感到放松，并畅所欲言地说出他的需求，这是销售人员和经销商在咨询步骤通过建立客户信任所能获得的最重要利益。

④ 产品介绍。要点是进行针对客户的产品介绍，以建立客户的信任感。销售人员必须通过传达直接针对客户需求和购买动机的相关产品特性，帮助客户了解一辆车是如何符合其需求的，只有这时客户才会认识其价值。直至销售人员获得客户认可，所选择的车合他的心意，这一步骤才算完成。

⑤ 试车。这是客户获得有关车的第一手材料的最好机会。在试车过程中，销售人员应让客户集中精力对车进行体验，避免多说话。销售人员应针对客户的需求和购买动机进行解释说明，以建立客户的信任感。

⑥ 协商。为了避免在协商阶段引起客户的疑虑，对销售人员来说，重要的是要使客户感到他已了解所有必要的信息并控制着这个重要步骤。如果销售人员已明了客户在价格和其他条件上的要求，然后提出销售议案，那么客户将会感到他是在和一位诚实的、值得信赖的销售人员打交道，会全盘考虑他的财务需求和关心的问题。

⑦ 成交。重要的是让客户采取主动，并允许有充分的时间让客户作决定，同时加强客户的信心。销售人员应对客户的购买信号敏感。一个双方均感到满意的协议将为交车铺平道路。

⑧ 交车。交车步骤是客户感到兴奋的时刻，如果客户有愉快的交车体验，那么就为长期关系奠定了积极的基础。在这一步骤中，按约定的日期和时间交付洁净、无缺陷的车是特许经销商的宗旨和目标，这会使客户满意并加强他对经销商的信任感。重要的是此时需要注意客户在交车时的时间有限，应抓紧时间回答任何问题。

⑨ 跟踪。最重要的是认识到，对于一位购买了新车的客户来说，第一次维修服务是他亲身体验经销商服务流程的第一次机会。跟踪步骤的要点是在客户购买新车与第一次维修服务之间继续促进双方的关系，以保证客户会返回经销商处进行第一次维护保养。新车出售后对客户的跟踪是联系客户与服务部门的桥梁，因而这一跟踪动作十分重要，这是服务部门的责任。

2. 销售技巧

经销商不但应该重视整车销售的数量和售后服务的业务量，还应该重视在销售过程中向用户提供周到、细致的服务，要提供全面的汽车性能和价格方面的介绍，这样做不仅会提高销售额，更会增加来公司接受售后服务用户的数量，从而全面提高经销商的经济利益和社会效益。

经销商的整车销售人员（一般称销售顾问）应该主动接待用户，了解用户的需求，向用户介绍所销售汽车的特点和卖点。所以，一个好的销售顾问不但应该了解营销学和心理学，还应该具有一定的汽车理论和维修常识，这样才能全方位地和用户沟通，真正做到在向用户提供服务的过程中完成销售，引导用户消费。所以，要多角度地和用户进行沟通，以便向用户推荐自己所销售的车型。

（1）了解用户购车的用途

如果用户购车主要用于长途奔波或远距离旅行，应建议用户考虑具有足够容量的密闭式行李箱空间，以便将行李装进去而非暴露在外面承受日晒雨淋。

如果用户购车大部分时间是用来在市内使用，那么应建议用户选择一辆轴距较短并带有动力助力转向的轿车，以便能够见缝插针，停车方便，能挤入稍有些空地的停车场或穿过拥挤的购物中心。

如果用户购车经常在恶劣的路况下驾驶，应考虑汽车的通过能力，那么购买一辆四轮驱动的越野车或者运动型多功能车再合适不过了。

（2）了解用户的购买能力

在和用户沟通过程中，还要了解他能提供多少钱来买车、养车和使用车。如果是贷款买车，还要考虑还贷能力，然后再向用户介绍所销售车型的各项成本。

1）车辆购买成本

用户在接触到车的第一部分花费必然是买车的成本，而且这一部分的花费是一次性支出，价值也是最大的，往往被用户看成最重要的购车因素。

2）车辆正常保养成本

用户在购买车辆后，紧接着就要面临着保养与维护，保养与维护的好坏也将直接影响车辆以后的驾乘感觉及使用寿命等。

3）燃油成本

其实只有燃油费用才是伴随车辆使用全过程的，这部分成本应该是最多的，也是最重要的，能不能节约成本从燃油消耗上最能直接体现出来。虽然每百千米的耗油量相差只是 1 ~ 2 L，但是长此以往，也就不是一个小数目了。这也是除了车价以外用户最为关心的。

4）易损件及事故件更换成本

鉴于用户的驾驶习惯、驾驶技巧及驾驶用途等不尽相同，难免会出现磕磕碰碰或者更加严重的小事故。还有就是由于一些非人为因素，如天气、道路状况等，造成的车辆某些零部件的损坏，需要经常更换，也是用户在用车过程中一项比较大的开支。

（3）了解用户对汽车性能的要求

根据用户对汽车性能的要求，根据所销售汽车的特点，向用户介绍汽车在动力性、经济性、安全性和可靠性等方面的优势。同时也要纠正某些用户在选购车辆时的不正确看法。

1）车身越坚固则车辆越安全

交通事故安全分析和试验数据表明，如果车身整体都非常坚固，在车辆碰撞时，车内乘员就要承受巨大的撞击能量和减速度，容易造成伤害。遇到强烈碰撞时，汽车前面的发动机罩将形成符合碰撞试验标准的倒 V 字形，而后面的行李箱盖渐渐塌陷，令来自前冲或后撞的冲击力得以“软着陆”。

2）“小车”的安全配置偏低

随着汽车技术的进步，完备的安全配置早已不是高档轿车的专利。其实，现在的一些“小车”已经将原先高档轿车才有的双安全气囊、ABS 防抱死制动系统和全车碰撞吸能设计作为紧凑型家庭轿车的标准配置，3 年来带动了国产紧凑型家庭轿车安全配置的普遍提升。此外，五座标准安全带、宽胎等也都是容易被忽视的车辆安全保障。尤其是轮胎，高档的宽扁胎可以带来高强度的轮胎抓地性，增强车辆的操控性能和行驶平稳性，是安全性的重要保证。

3）单纯比拼油耗

一部汽车的油耗水平往往是汽车厂商综合考量一部车的市场需求特性之后综合匹配的结果。比如，所有有益于车辆安全、舒适的配置均加大了整车质量（车重），其油耗也跟着相应提高。再如，轮胎越宽，则滚动阻力越大，车辆低速时的耗油量越大。此外，车辆的舒适性还间接影响到汽车风阻系数的设定。消费者对整车各项性能指标充分了解之后，应根据自身的用车需求，在汽车的动力性、安全性、舒适性与燃油经济性之间做出评定和选择。值得提醒的是，作为家庭用车，对家人安全及乘坐舒适性的考虑是必不可少的选购因素。

（4）寻找潜在客户

1）留意首次来店的客户

当一个客户走进汽车展厅的前 3 分钟，绝大多数的客户希望自己（注意，是自己，不需要销售顾问干预）可以先看一下展厅内的汽车。把握时机：当客户的目光聚焦的不是汽车时，说明他们正在寻找可以提供帮助的销售顾问；动作：他们拉开车门，要开车前盖，或者他们要开后盖等，这些都是信号，是需要销售顾问出动的信号。注意问题：以上这些行为给出的提示是，在客户刚走进车行的前 3 分钟还不是接近他们的时候，可以打招呼、问候，并留下一些时间让他们自己先随便看看，或者留一个口信，“您先看着，有问题我随时过来”。初次沟通的要点——初步降低客户的戒备，逐渐缩短双方的距离，逐渐向汽车话题转换。成熟的销售人员非常清楚，这是客户从陌生开始沟通的时候，一般不先说与车有关的事情。可以谈刚结束的车展，还可以谈任何让客户感觉舒服的、不那么直接的、不是以成交为导向的任何话题。比如，可以是与客户一起来的孩子，长的真高，多大了，比我侄子可高多了；也可以是客户开的车，或者客户开的车的车牌，您的车牌号码是特选的吧，等等。所有这些话题的目的就是为了初步降低客户的戒备，逐渐缩短双方的距离，逐渐向汽车话题转换。这前 3 分钟也是递交名片的好时候，也是记住与客户同来的所有人名字的好时候。

2）利用“有望客户”（PROSPECT）和“寻找有望客户”（PROSPECTING），开发潜在的客户

P（Provide）：“提供”自己一份客户名单。

R（Record）：“记录”每日新增的客户。

O（Organize）：“组织”客户资料。

S（Select）：“选择”真正准客户。

P（Plan）：“计划”客户来源来访问对策。

E（Exercise）：“运用”想象力。

C（Collect）·“收集”转手资料。

T（Train）：“训练”自己挑客户的能力。

P（Personal）：“个人”观察所得。

R（Record）：“记录”资料。

O（Occupation）：“职业”上来往的资料。

S（Spouse）：“配偶”方面的协助。

P（Public）：“公开”展示或说明。

E（Enchain）：“连锁”式发展关系。

C（Cold）：“冷淡”的拜访。

T（Through）：“透过”别人协助。

I（Influence）：“影响”人士的介绍。

N（Name）：“名录”上查得的资料。

G（Group）：“团体”的销售。

要开发新客户，应先找出潜在客户，而潜在客户必须多方寻找。增多潜在客户的渠道：朋友介绍；参加车展举办的各种试乘试驾活动；驾校、汽车俱乐部和汽车维修厂等汽车潜在客户集中的单位或场所；老客户介绍；售后服务人员介绍；电子商务；汽车相关的网站论坛；电子邮件；直邮（DM）。销售信函电话：电话最能突破时间与空间的限制，是最经济、有效率的接触客户的工具，若能规定自己，找出时间每天至少打 5 个电话给新客户，一年下

来能增加 1 500 个与潜在客户接触的机会。展示会：扩大自己的人际关系（特别是目标客户集中的团体或场所）。

只有在至少 5 个客户拿着你的名片走进展厅找你的时候，才有资格正式开始汽车的销售生涯。

8.1.2　售前服务

售前服务 PDI（Pre Delivery Inspection），即车辆出厂前检查，为了保证车辆正常使用并处于良好的技术状态，使车辆在到达用户手中之前，排除由于质量、运输及储运等原因所造成的各种故障，使其完全符合厂家的出厂标准，满足用户的要求，从而在各方面提高所有售前单位的知名度及声誉，厂家对售前的系列产品全部进行售前检查，此项工作由全国各地指定的特许经销商在代理商的协助下承担。

PDI 是新车在交车前必须通过的检查。因为新车从生产厂到达经销商处经历了上千千米的运输路途和长时间的停放，为了向顾客保证新车的安全性和原厂性能，PDI 检查必不可少。越是高档车辆，其电子自动化程度越高，PDI 项目的检查也就越多。例如，未做 PDI 的新车，会始终在运输模式运行。这种模式只能简单行驶，很多系统没有被激活，强行使用会导致功能不全，甚至会严重损害车辆，给车辆及驾驶员的安全造成极大的危害。正常情况下，各种车辆在使用过程中都要进行正规的维护保养。PDI 检查项目范围很广，其中一些细微的检查也许车主连想都没有想过，如电池是否充放电正常、钥匙记忆功能是否匹配、舒适系统是否激活，以及仪表灯光功能是否设置到原厂要求等。技术人员所做的一切，就是为了向顾客确保车辆的安全性和驾驶的舒适性。

1. 售前服务的范围和内容

（1）范围

从储运部门发运开始到销售部门销售给最终用户为止。

（2）内容

① 代理商接车时由经销商按车辆售前检查表验车，如图 8-1 所示。

② 经销商对验收中发现的问题或代理商在储运中发生、发现的问题进行调整和修理。

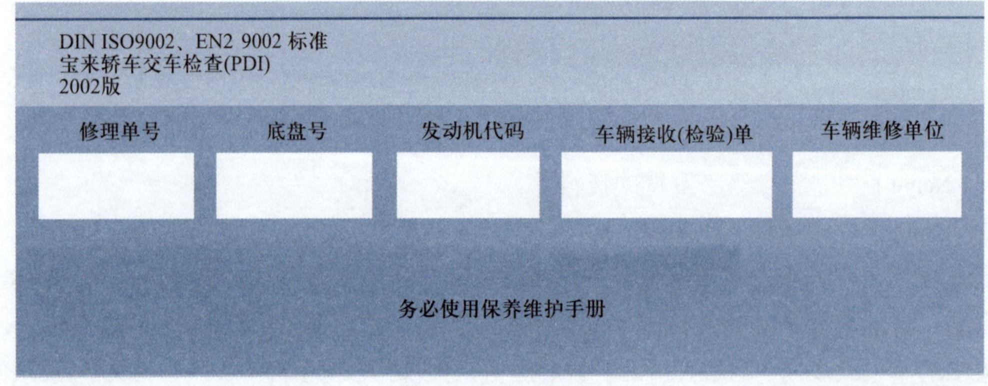

图 8-1
宝来轿车交车检查

说明：久置车辆，请遵照相关手册中的处理措施执行。

功能检测：所有开关、用电器、指示器和其他操纵件，以及车钥匙的各项功能。

校准时钟及维修保养间隔显示归零，查询各电控单元的故障记忆。

检查电动窗玻璃升降及中央门锁功能，车外后视镜调整功能，内后视镜防眩目功能，以及天窗开关功能。

收音机：检查功能，将收音机的密码贴于收音机说明书上。

检查行李箱灯、警告灯、各车外灯、车内照明灯及仪表照明灯功能，以及大灯灯光手动调整功能。

检查前后杯架是否安好，后遮阳帘是否完好。

自动空调：检查功能状态，将自动空调的温度调至 22℃。

检查座椅调整、加热功能及安全带是否正常，后座椅折叠功能是否正常。

检查转向盘调整功能，燃油箱盖开启功能。

检查内饰各部位是否清洁，行李箱是否清洁；除去座椅保护罩和地毯保护膜。

装上附带在车内的所有装备件：脚垫、顶棚天线和轮罩。

检查车身外部是否清洁：漆面、装饰件、玻璃和刮水器片；漆面是否完好。

除去车门边角塑料保护膜。

检查轮胎及轮辋状况。

车轮紧固螺栓：按规定力矩检查并紧固。

轮胎：调定气压（气压规定值详见油箱盖）。

备胎：调定气压（气压为油箱盖上规定值的最大值）。

运输安全件：除去前轴减振器上的止动件。取下车内后视镜处的说明条。

目视检查发动机舱中的发动机及其他部件：有无漏油，损伤（不拆下发动机舱下部防护板）。

前轴、主传动轴、转向系统、万向节防尘套：目视检查有无漏油和损伤（不拆下发动机舱下部防护板）。

制动车液、软管、液体容器：目视检查有无溢漏和损伤（不拆下发动机舱下部防护板）。

目视检查车身下部（下底板）有无损伤。

蓄电池：用手检查蓄电池电极卡夹是否牢固到位。

蓄电池：检查状态及电压容量。

刮水器－风挡清洗电动机：刮水器各挡位功能，雨量传感器功能检查，喷嘴调整检查，清洗液添加充足。

机油状态检查：按《保养维护指南》检查机油油位，必要时添加。

目视检查机舱内的发动机及其他部件，有无渗漏和损伤（上部）。

冷却液：检查液面，应接近最高液面标识。

助力转向：检查液面，应接近最高液面标识。

制动液：检查液面，应接近最高液面标识。

保养手册：填写交车检查证明（位于保养手册中第 12 页）。

检查随车资料及随车工具是否完整，配齐。

试车：检查发动机、变速箱、制动系、转向系和悬挂系统等功能。

合格 = 已检查未发现缺陷

不合格 = 检查中发现缺陷

消除 = 按维修信息消除缺陷

上述工作完成后，在维修保养手册上填写好“交车检查证明（PDI）”记录，消除所有缺陷，并将此表存档备注，如图 8–2 所示。

日期/签名(终检)		日期/签名(用户)

图 8–2
存档备注

2. 各方应遵守的原则

① 代理商接到到货通知后，至少提前 24 小时将到货地点和时间通知经销商。

② 经销商必须派专人按通知地点和时间验车。

③ 代理商除协助经销商验车外，有责任对车辆自检。

④ 代理商接车后，对于由于质量原因所产生的故障车辆应予接收，由经销商负责维修。

⑤ 运输过程中造成的损伤或被换件，代理商必须与运输单位确定具体责任，由责任单位承担一切费用，由经销商维修。

⑥ 代理商在储运过程中发现或发生的故障必须到经销商维修。

⑦ 凡由经销商维修的车辆必须更换原厂备件，决不允许使用假冒备件。

⑧ 凡经售前服务交代理商的车辆必须完好，经销商要对此负责；凡属质量问题，费用由厂家承担，属非质量问题，由责任单位结清费用后，代理商方可向经销商提车。

3. 费用结算

① 检查费：每车 20 元，与厂家结算。

② 售前服务中发现的质量问题，经销商可按照索赔程序与厂家结算。

③ 对于维修费质量原因造成的故障所发生的费用，由代理商或责任单位承担，工时费按索赔工时标准结算，材料费用按备件科有关规定结算。

8.1.3　销售配套服务

1. 试乘试驾

如今，体验式营销正在成为汽车行业当下最时尚的营销模式之一，通过试驾，消费者可以深切感知产品本身的品质。因此，试乘试驾已经成为各大汽车制造商和经销商推广新车型，消费者选购新车前必不可少的环节。试乘试驾浪潮也在全国风起云涌：媒体试车、消费者试车、集体试车及组合试车等各种形式的试车体验一个接一个，令人目不暇接。尽管试车永远是一种令人心动的体验，但是怎样试车，如何引导用户根据车的性价比判断车况，仍然是各经销商相关人员需要重视的问题。为此，经销商相关人员应做好以下工作。

（1）掌握车型资料

试车前，首先要掌握汽车的基本资料。

① 整车参数，包括车长、车宽、车高、轮距、轴距和整车装备质量。

② 动力参数，包括发动机排量、最大输出功率、最大输出转矩、气缸排列方式、气缸数、气门数、转向操控方式、驱动方式、制动方式、悬架方式、变速器类型（自动 / 手动）和风阻系数。

③ 性能参数，包括 0~100 km/h 加速所需时间、最高时速和经济性（百千米油耗）。

这样就会对整车基本情况从理论上有一个全面的掌握，对于该车特别突出的性能更要记在心里，以便向用户介绍。

（2）引导用户观察整车外观和内饰设计

① 格栅、前灯和车轮。

② 车的外形。

③ 外形与车的功能是否符合。

④ 车身漆面。

⑤ 车内布局是否符合人体工程学，如开关按键布局是否直观或便于操控。

⑥ 内饰材料、色彩和手感，内饰件颜色搭配协调，车内饰件贴合严密。

⑦ 车的行李箱空间大小。

⑧ 轮胎与车身的协调性。

（3）引导用户感受舒适性

① 坐进车里，从乘坐空间的角度介绍汽车设计的合理性，根据用途不同，介绍空间的合理利用。

② 车前座与后座有令人满意的头部空间和腿部空间。

③ 介绍座椅调整方法，座椅的加热功能，以及在较长旅途情况下，座椅的舒适程度。

④ 介绍车内空调系统运行状况，充分制冷或制暖，制冷和制暖迅速。

⑤ 介绍车内灯光的舒适度，门灯和脚灯。

⑥ 介绍车门进出的方便性。

⑦ 介绍被试车提供的安全装备、三点式座椅安全带、头部保护装置和安全气囊的功能。

⑧ 介绍车辆主动安全性，如 ABS、ESP、ASR、EBV 及动力转向助力调节系统等的功能。

⑨ 介绍被试车在撞车实验中的表现。

（4）介绍并比较装备价格

① 介绍装备价格比。

② 介绍在既定价格下，被试车提供的装备，如空调系统、音响系统和电动门窗等。

③ 介绍在同级别车型中，有无其他品牌车没有提供的装备。

④ 介绍本车型提供的保用期。

⑤ 讨论在同级别车型中，与竞争对手相比的相对优点。

（5）指导用户驾驶与乘坐体验

① 点火着车，体验发动机运转是否顺畅，留心听发动机声音（还可踏下加速踏板，听

听声音是否顺畅）。感受转向盘和座椅有无轻微或不可忍受的振动，试试静止时车的排挡（自动挡车型）是否可以顺畅拨动。

② 在不同路面（如湿滑路、坡路、土路或一般公路），体验起步加速是否平稳。

③ 在不同路面，体验不同速度下汽车行驶质量怎样，感觉底盘是硬还是软。

④ 体验汽车动力是否强劲（包括起步、超车和提速），在不同挡位体验加速是否顺畅。

⑤ 体验转向是否精确，范围包括直线行驶稳定性、转向随动性和制动稳定性等，汽车转向有无转向不足或转向过度问题。

⑥ 体验整车悬架设计，包括弹簧支柱、四连杆式悬架是否与整车动力表现匹配。

⑦ 感觉齿轮转换或啮合是否精确或顺畅，如果是自动变速器，是否频繁跳挡。

⑧ 体验轮胎在干、湿路面能否充分抓地，同时感受制动性能表现如何。

⑨ 感觉高速行车时发动机噪声、路面行驶噪声及风噪的大小。

⑩ 体验节油性如何。

2. 汽车贷款

消费信贷与一个国家的经济发展水平和消费水平密切相关，只有在买方市场的情况下才会发生消费信贷。近几年我国消费信贷发展迅速，从 5 年前的 10.27 万亿元，发展到 2017 年年末金融机构全部消费贷款余额的 31.5 万亿元，占金融机构各项贷款余额的 26.2％。消费信贷的投向主要集中在住房、汽车和助学等方面。消费信贷的迅速提高标志着我国的消费者，特别是年轻人的消费观念正在发生重大变化。

目前，我国人均 GDP 已经超过 9 000 美元，居民消费结构升级加快，汽车消费发展前景广阔。在发达国家，居民购买汽车 60％ ~ 70％的资金来自贷款；消费贷款在全部贷款中的比例平均为 30％ ~ 50％，其中，美国高达 70％，德国为 60％。而目前我国这两个比例都比较低，汽车贷款业务发展的潜力十分巨大。

新的《汽车贷款管理办法》的颁布实施，对于规范和加强汽车贷款业务管理，防范汽车贷款风险，促进汽车消费市场持续健康发展，带动和促进扩大居民消费，都将发挥积极作用。从长远来看，必将促进我国的汽车消费更快、更好地发展。

（1）贷款规定

时下，购车并不需要一次性付清一切款项，银行车贷和汽车金融公司贷款已成为购车的新选择。汽车贷款是指贷款人向申请购买汽车的借款人发放的贷款，也称汽车按揭。

目前多数汽车品牌的经销商都与银行联合开办了汽车贷款业务，某品牌汽车经销商的分期付款顾客登记表如表 8-1 所示，欲贷款购车的用户填好此表后方可办理业务。

• 贷款对象：借款人必须是贷款行所在地常住户口居民，具有完全民事行为能力。

• 贷款条件：借款人具有稳定的职业和偿还贷款本息的能力，信用良好；能够提供可认可资产作为抵、质押，或有足够代偿能力的第三人作为偿还贷款本息并承担连带责任的保证人。

• 贷款额度：贷款金额最高一般不超过所购汽车售价的 80％。

• 贷款期限：汽车消费贷款期限一般为 1~3 年，最长不超过 5 年。

• 贷款利率：由中国人民银行统一规定。

• 还贷方式：可选择一次性还本付息法和分期归还法（等额本息、等额本金）。

汽车金融或担保公司就是上文所说的有足够代偿能力的第三人作为偿还贷款本息并承担连带责任的保证人。

表 8-1 分期付款顾客登记

<table>
<tr><td>顾客名称</td><td></td><td>联系电话</td><td></td><td>家庭住址</td><td></td></tr>
<tr><td>选购车型</td><td></td><td>销售价格</td><td></td><td>颜　色</td><td></td></tr>
<tr><td>贷款期限</td><td></td><td colspan="2">贷款车款（　　）%</td><td>贷款金额</td><td></td></tr>
<tr><td>月 利 率</td><td></td><td colspan="2">首付车款（　　）%</td><td>首付金额</td><td></td></tr>
<tr><td colspan="6">××××××汽车销售有限公司</td></tr>
<tr><td>选购车型</td><td></td><td>销售价格</td><td></td><td>颜　色</td><td></td></tr>
<tr><td>贷款期限</td><td></td><td colspan="2">贷款车款（　　）%</td><td>贷款金额</td><td></td></tr>
<tr><td>月 利 率</td><td></td><td colspan="2">首付车款（　　）%</td><td>首付金额</td><td></td></tr>
<tr><td rowspan="7">保 险 费</td><td>车　损</td><td></td><td rowspan="6">落籍费用</td><td>通 行 费</td><td></td></tr>
<tr><td>三　者</td><td></td><td>拓印照相</td><td></td></tr>
<tr><td>盗　抢</td><td></td><td>牌 照 费</td><td></td></tr>
<tr><td>自　然</td><td></td><td>购置附加税</td><td></td></tr>
<tr><td>履　约</td><td></td><td>扩 大 号</td><td></td></tr>
<tr><td>1 年保险费合计</td><td></td><td>小　计</td><td></td></tr>
<tr><td>2 年保险费合计</td><td></td><td colspan="2">前期总计金额</td><td></td></tr>
<tr><td rowspan="4">其他费用</td><td>公 证 费</td><td></td><td colspan="2">月 还 款</td><td></td></tr>
<tr><td>工商验证费</td><td></td><td colspan="2">总 利 息</td><td></td></tr>
<tr><td>封 籍 费</td><td></td><td colspan="2">业务经办人</td><td></td></tr>
<tr><td>小　计</td><td></td><td colspan="2">联系电话</td><td></td></tr>
</table>

（2）贷款程序

① 借款人应当对所提供材料的真实性和合法性负完全责任，借款人申请贷款时应当向贷款人提供以下资料。

• 贷款申请书。

• 有效身份证件。

• 职业和收入证明，以及家庭基本状况。

• 购车协议或合同。

• 担保所需的证明或文件。

• 贷款人规定的其他条件。

② 贷款人在收到贷款申请后，应对借款人和保证人的资信状况、偿还能力及资料的真实性进行调查，并最迟在受理贷款申请之日起 15 日内对借款人给予答复。

③ 对于符合贷款条件的借款人，贷款人必须履行告知义务。告知内容包括贷款额度、期限、利率、还款方式、逾期罚息、抵押物或质物的处理方式和其他有关事项。

④ 贷款人审查同意后，应按《贷款通则》的有关规定向借款人发放贷款。对于不符合贷款条件的借款人，应说明理由。

⑤ 贷款支用方式必须保证购车专用，并经银行转账处理。借款人不得提取现金或挪作他用。

⑥ 在贷款有效期内，贷款人应对借款人和保证人的资信和收入状况及抵押物保管状况进行监督。

（3）汽车消费贷款流程

① 购车人到贷款行或已与贷款行签订合作协议的汽车销售商处咨询汽车消费贷款的有关事宜。

② 购车人到汽车销售商处挑选车辆，与销售商谈妥有关条件后签订购车合同（意向）。

③ 购车人携带有关资料到贷款行申请汽车消费贷款。

④ 购车人在我行开立存款账户或银行卡，并存入不少于车价 30％的首期付款。

⑤ 银行对购车人进行资信调查后，最迟在受理借款申请之日起 5 日内对购车人是否贷款给予答复，若有意向贷款，汽车经销商要提供购车人的购车发票原件及复印件，然后银行与购车人签订《消费担保借款合同》，并委托银行办理车辆保险。

⑥ 购车人委托汽车销售商代为办理汽车上牌、税费缴纳和抵押登记；贷款合同将在以上工作完毕后生效。

⑦ 合同生效后，银行将根据购车人的委托将贷款和首期款划转到汽车经销商的账户，购车人就可以提车了。

⑧ 购车人以后只要每月（每季）20 日前在存款账户或银行卡上留足每期应还款额，银行会从购车人账户中自动扣收，到期结清全部本息。

⑨ 贷款归还后，贷款行注销抵押物，并退还给购车人。

案例

本案例以农行的汽车消费贷款流程为例进行讲解。

1．汽车消费贷款的概念

汽车消费贷款是农行对在特许经销商处申请购买汽车的借款人所发放的人民币担保贷款。

2．基本条件

① 有固定住所，具有完全民事行为能力的自然人，或依法设立的企（事）业法人。

② 借款人具有稳定的职业和收入，信用良好，确有偿还贷款本息的能力。

③ 能为汽车贷款提供我行认可的有效担保。

④ 同意在贷款银行办理银行卡（或折），每期贷款本息委托贷款银行扣收，首期付款不少于车价的 30%，以国债、存单质押的除外。

⑤ 同意承担贷款抵押物评估、登记和保险等费用。

3. 需要提供的资料

① 与汽车销售商签订的购车合同原件。

② 夫妻双方身份证或有效身份证明、户口本、结婚证、驾驶证等原件及复印件，若是未婚，还需提供未婚证明。

③ 购车人若为国家公职人员，要提供本单位的收入证明。

④ 购车人为法人的要携带有效的《企业法人营业执照》或《事业法人执照》、法定代表身份证明书、财务报表和贷款卡。

⑤ 若是股份制企业，还需提供公司章程和董事会同意抵押证明书，以及贷款银行认为必须提交的其他资料。

4. 业务一般规定

贷款金额以国债、存单质押的贷款本息不超过国债或存单的面值；以所购车辆或房产抵押的，贷款金额不超过购车款的 70%；以保证人担保的，贷款金额不超过购车款的 60%。贷款期限一般为 3 年，最长不超过 5 年，如果所购车辆用于经营，则贷款期限最长为 2 年，工程车贷款期限最长为 2 年。贷款利率执行中国人民银行的规定。如遇法定利率调整，期限为 1 年以内的，执行合同利率，不分段计息；期限为 1 年以上的，则于次年初执行新的利率。借款人应按合同约定的还款方式和还款计划归还贷款本息。贷款期限在 1 年以内（含 1 年）的，实行按季付息，到期全部结清；贷款期限在 1 年以上的，实行按月等额分期偿还贷款本息。

3. 汽车上牌

目前多数品牌经销商与当地公安车辆管理部门合作，代办汽车上牌业务，大大节省了用户自己上牌的时间。

（1）初次领取牌照

① 国产车验车完毕 5 个工作日后，到各区、县车管所领取牌照，同时领取行驶证待办凭证，待 3 ~ 15 个工作日内，方可办理行驶证。

② 进口车验车完毕 5 个工作日后，到车管所总所上缴车辆底档，领取有效期为一个月的临时牌照及行驶证待办凭证，待 30 个工作日后方可办理行驶证。

③ 领取牌照所需材料。

• 购车发票。

• 质量合格证，进口车需提供进口海关证明或准运证明、商检证明。

• 个人需提供身份证，单位需提供企业法人代码证，国家控制车辆需提供“准购证明”。

- 保险单。
- 购置附加费证。
- 验车合格的机动车登记表。
- 停车泊位证明（某些停车泊位紧张的城市需要办理）。

领取私人牌照需本人亲自到场。

（2）安装牌照

① 安装牌照时，要保证牌照无任何变形和打孔，并基本垂直于地面，其误差小于 15°。

② 安装牌照时，每面要用两个压有发牌照机关代号的牌照专用固封装置固定。

③ 前号牌必须安装在车体前正面下部的中间或偏右位置上。

④ 后号牌必须安装在车体后正面下部的中间或偏左位置上。

⑤ 凡 1992 年 10 月 1 日以后生产的各类机动车辆，必须按上述要求及号牌尺寸规格设计制造相应的安装位置或号牌架。

⑥ 大型载货汽车和挂车必须在后栏板处喷写本车号牌的放大号，字体放大 2.5 倍，字体标准与号牌一致。

⑦ 大型货车挂车应悬挂挂车号牌一面（半挂车用主机号牌），并喷放大号，发给行驶证，即主机与挂车不是一个号牌。

（3）各类机动车业务收费标准

各类机动车业务收费标准如表 8-2 所示。

表 8-2　各类机动车业务收费标准

收费项目	单　位	收费标准 / 元
新领、换领汽车牌证	套	114
新领、换领挂车、农用运输车号牌	套	64
新领、换领摩托车（轻便车）牌证	套	84
新领、换领特种车标志牌	套	20
教练学员登记本	本	5
补领汽车牌证	套	214
补领挂车、农用运输车号牌	套	114
补领摩托车（轻便车）牌证	套	154
补领《机动车行驶证》	套	20
机动车过户、变更手续费（含行驶证）	辆次	15
机动车转出、注销手续费	辆次	5
新领、换领临时行驶车号牌（纸）	辆	5
机动车年检手续费	辆次	7

续表

收费项目	单　位	收费标准 / 元
号牌专用固封装置	套	4
《机动车登记证书》工本费	本	10
机动车抵押登记费	辆次	100

4. 汽车保险

目前多数品牌经销商与保险公司合作，在用户购车时代办保险。汽车保险有以下几种：车辆损失险、第三者责任保险、车上责任险、无过失责任险、全车盗抢险、玻璃单独破碎险、新增设备损失险、自燃损失险和不计免赔特约险。详细内容见 8.3 节。

5. 汽车金融公司

（1）汽车金融服务

汽车金融服务最初是在 20 世纪初期，汽车制造商向用户提供汽车销售分期付款时开始出现的。它的出现引起了汽车消费方式的重大变革，实现了消费支付方式由最初的全款支付向分期付款方式的转变。这一转变虽然促进了汽车销售，却大大占用了制造商的资金。随着生产规模的扩张、消费市场的扩大，以及金融服务及信用制度的建立与完善，汽车制造商又开始向社会筹集资金，通过汽车金融服务这个新的融资渠道，利用汽车金融服务公司来解决制造商在分期付款中出现的资金不足等问题。这样，汽车金融服务就形成了一个完整的“融资—信贷—信用管理”的运行过程。

汽车金融服务主要是指在汽车的生产、流通、购买与消费环节中，融通资金的金融活动，包括资金筹集、信贷运用、抵押贴现、证券发行和交易，以及相关保险、投资活动，具有资金量大、周转期长、资金运动相对稳定和价值增值等特点，它是汽车制造业、流通业、服务维修与金融业相互结合渗透的必然结果，涉及政府法律、法规、政策行为及金融保险等市场的相互配合，是一个复杂的交叉子系统。

（2）汽车金融服务公司

汽车金融服务公司是汽车销售中商业性放款和汽车个人消费贷款的主要提供者。1919 年，美国通用公司设立的通用汽车票据承兑公司是最早的汽车金融服务机构，主要向汽车消费者提供金融信贷服务。1930 年，德国大众公司推出了针对本公司生产的“甲壳虫”的未来消费者募集资金。此举开创了汽车金融服务向社会融资的先河，与在此前由美国通用公司创立的汽车销售中商业性放款和汽车个人消费贷款的金融服务业务，形成了一个初具雏形的汽车金融服务体系。

专业化的汽车金融公司，在国外有近百年历史。通常，汽车金融公司隶属于较大的汽车工业集团，成为向消费者提供汽车消费服务的重要组成部分。可以凭借其先天的汽车行业背景，向消费者提供完整的专业服务，推动汽车业的健康发展。

汽车金融公司是从事汽车消费信贷业务并提供相关汽车金融服务的专业机构，其首要市场定位是促进汽车及相关产品的销售。汽车销售涉及产品咨询、签订购买新车或旧车合同、办理登记手续、零部件供应、维修保养、索赔，以及旧车处理等。

银监会 2003 年 10 月 3 日颁布的《汽车金融公司管理办法》规定， 在我国，汽车金融公司是为中国的汽车购买者及销售者提供贷款的非银行金融企业法人。出资人应为国内外依法设立的企业法人。其中，非金融企业最近一年的总资产不低于 40 亿元人民币或等值的自由兑换货币，年营业收入不低于 20 亿元人民币或等值的自由兑换货币。非银行金融机构注册资本不低于 3 亿元人民币或等值的自由兑换货币；经营业绩良好，最近 3 年连续盈利；主要出资人须为汽车企业、非银行金融机构等。汽车金融公司的准入门槛为注册资本不得低于 5 亿元人民币或等值的自由兑换货币。

国内的一些可以提供购车贷款服务的汽车金融服务公司有以下几个。

• 一汽财务有限公司（一汽金融）：提供一汽品牌车辆的贷款，如一汽丰田、一汽大众、一汽马自达、一汽红旗、一汽奥迪及卡车等。

• 大众金融公司：提供大众品牌车辆的贷款，如上海大众、一汽大众等。

• 丰田金融公司：提供丰田品牌车辆的贷款，如广汽丰田、一汽丰田等。

• 东风雪铁龙金融公司：提供雪铁龙品牌车辆的贷款。

8.2　二手车

二手车的英文为“used car”，意为“使用过的车”，在中国也称为“旧机动车”。“中古车”是日本的叫法。在美国，有二手车经营者为了更好地卖出二手车，改变消费者对二手车质量差的看法，给二手车定义为“曾经被拥有过的车”。

二手车最大的优点就是便宜。不同年份的二手车价格仅相当于新车的 1/3~1/2，甚至更少。而且由于新车头两年折旧率比较高，买二手车避开了汽车的快速折旧期，所以还具有相对保值的优势。此外，某些特定年代和车型的二手车还具有收藏价值。

国内二手车行业的发展日趋完善，二手车的交易和服务也呈现多样化形态，产生了二手车买卖信息、二手车拍卖、二手车评估和二手车保养维修等服务项目。多项服务手段结合，可以使人们减少购买二手车的种种顾虑，对二手车行业的发展有一定的促进作用。

8.2.1　二手车的鉴别

越来越多的使用一年半载的汽车流入了二手车市场，其崭新的车外形和优惠的价格吸引了众多准车族人的眼球。很多有意购买二手车的消费者都面临如何鉴定二手车车况的难题，针对二手车市场中参差不齐的车况，专家提醒，购买二手车不仅要看外观，更要检查发票、手续等单据，以免上当受骗。

① 查找事故痕迹与隐患。掀开车内地毯，查找下面车身是否藏有硬伤。仔细观察车门，看是否被重新油漆过。任何新的油漆都说明掩盖了不想让人知道的缺陷。机盖下的车架当然会有焊接点，但原来的焊接点粗糙，不规则。

② 识别二手汽车的真实年龄。看一眼踏板上的橡胶蒙面，这里最能透露出车辆的实际年龄。经常有人担心原车主会在里程表上作伪，这也有办法查验，可索要该车最近的保修发

票，那上面应该注明车辆的行驶里程。

③ 查看轮胎磨损程度，尤其是前轮。假如花纹扁平，边缘已全无棱角，说明原车主驾车的习惯粗野。这样不仅轮胎本身状况不佳，更透露出车的整体情况很成问题。

④ 了解二手汽车车身状况。耐心地围着车身多转几圈，仔细观察挡泥板的边缘及车轴处，看机件磨损与经受风吹日晒的情况。或者查看排气管外端，检查其陈旧或生锈程度。

⑤ 查看发动机外观与运转情况。查看发动机外观，识别漏水漏油的痕迹。点燃发动机，观察排出气体的颜色。假如排出的气体是半透明的淡灰色，则说明状况良好；如果是黑色，则说明发动机没有调校好；蓝色说明发动机已经十分疲劳；白色说明汽缸垫行将报废。另外，嗅一嗅气体的气味，如果难闻则说明征兆不祥。

⑥ 检查旧车行驶性能。通过亲自驾驶来检测车辆状况是绝对必要的。首先检查各种电器，包括转向灯、车大灯、暖气系统、空调系统和收音机等是否都能正常运转。然后启动发动机，令其低速运转，倾听运转状况是否平稳。要想查验离合器的状况，有一个很好的方法，起步时把变速器挂在三挡而不是通常的一挡，假如发动机未像正常情况熄火，说明离合器已经衰老。

⑦ 要驾车行驶一程，并且等发动机上升到适当的温度，继续仔细倾听发动机的声音。尽可能频繁地转换车速，查看在加速与减速时车辆的反应。假如车速一高车身与方向盘就抖动，则说明情况不妙。

⑧ 请原车主驾车带你行上一程。看看此人在驾驶座上的习惯和做法。假如此人驾车动作粗暴，那么他的车肯定不妙。

8.2.2 交易车辆的手续检查与交易资格审核

1. 旧机动车的手续

本书所讨论的旧机动车交易是在继续使用的前提下进行的，不同于收藏、回收等其他条件下的旧车买卖行为，它的价值包括车辆实体本身的有形价值和保证其能继续合法上路行驶所要缴纳的各项税费。只有手续齐全，才能发挥机动车辆的实际效用，才能构成车辆的全价值。因此，旧机动车的手续是指保证该交易车辆在交易后能继续合法上路行驶，按照国家法规和地方法规应该办理的各项有效证件和应该交纳的各项税费凭证。

2. 旧机动车的交易证件

旧机动车的交易证件是指证明旧机动车手续完备合法的书面证明，具体包括旧机动车的来历凭证、机动车行驶证、车辆号牌、车辆运输证和交易双方的身份证明等。

（1）机动车来历凭证

进行交易的旧机动车历凭证分为新车来历凭证和旧车来历凭证两种。

第一次进行旧车交易的车辆，其来历凭证与新车交易的来历凭证一样，是指经国家工商行政管理机关验证盖章的机动车销售发票。其中没收的走私、非法拼（组）装汽车或摩托车的销售发票是国家指定的机动车销售单位的销售发票。

已经交易过的旧车再次交易，其来历凭证是指经国家工商行政管理机关验证盖章的旧机动车交易发票。除此之外，还有因经济赔偿、财产分割等所有权发生转移，有人民法院出具的发生法律效力的判决书、裁定书或调解书。

（2）机动车行驶证

机动车行驶证是机动车取得合法行驶权的凭证，与登记车辆一一对应，由公安车辆管理机关依法对机动车辆进行注册登记后核发（农用拖拉机由当地公安交通管理部门委托农机监理部门核发证件）。机动车行驶证是机动车上路行驶必须携带的证件，也是旧机动车过户和转籍必不可少的证件。一般载有该车车型、车主信息和车辆号牌、发动机号、车架号、车辆技术性能信息、检验记录等内容。

（3）机动车号牌

机动车号牌亦即车辆牌照，是指由公安车辆管理机关依法对车辆进行注册登记核发的金属号牌，在办理车辆注册登记时和机动车行驶证一同核发，其号牌字码与行驶证号牌一致。

（4）道路运输证

道路运输证是县级以上人民政府交通主管部门设置的道路运输管理机构对从事客货运输（包括城市出租客运）的单位和个人核发的随车携带的证件，用于证明该车能用于相应的客货运输。营运车辆转籍过户时，应到运营机构及相关部门办理营运过户有关手续。

（5）车辆购置附加费

为了解决我国发展公路运输事业与国家财力紧张的矛盾，1985 年 4 月 2 日国务院发文，决定对所有购置车辆的单位和个人，包括国家机关和单位，一律征收车辆购置附加费，车辆购置附加费由交通部门负责征收，征收标准一般是车辆价格的 10%。

（6）机动车辆保险费

按照我国现行管理法规，机动车第三者责任险是强制保险险种，车辆不投保该险种不能办理合法上路行驶手续。另外，机动车所有人为了避免在车辆发生事故时造成较大损失，一般都会对车辆进行保险。需要注意的是，旧机动车交易完成后，交易双方应到保险公司办理批改手续，以确保保险权利和义务的执行。

（7）车船使用税

国务院 1986 年发布《中华人民共和国车船使用税暂行条例》规定，凡在中华人民共和国境内拥有车船的单位和个人，都应该按照规定按年缴纳车船使用税。

（8）公路养路费

我国的交通管理部门规定车辆所有者使用车辆所占道路必须缴纳公路养路费。它是国家按照“以路养路，专款专用”的原则，由交通部门向用车单位或个人征收的用于公路保养和建设的专项事业费。拥有车辆的单位和个人必须按照国家规定，向公路养护部门交纳养路费，交纳养路费的车辆发给养路费交讫证，此证是机动车辆通行公路的必备条件之一。

（9）客、货运附加费

客、货运附加费是国家本着“取之于民、用之于民”的原则，向从事客、货运输的单位或个人征收的专项基金。客运附加费的征收是用于公路汽车客运站、点设施建设的专项基金；货运附加费的征收用于港航、站场、公路和车船技术改造的专项基金。

（10）交易双方的身份证明

即买卖双方证明或居民身份证。这些证件主要用于向注册登记机关证明机动车所有权转移的车主身份和住址。

3. 禁止交易的车辆

根据《旧机动车交易管理办法》的规定，下列机动车禁止交易。

① 已经办理报废手续的各类机动车；虽未办理报废手续，但已达到报废标准或在一年时间内（含一年）即将报废的各类机动车；未经安全检测和质量检测的各类旧机动车；没有办理必备证件和手续，或者证件手续不齐全的各类旧机动车；各种盗窃车、走私车；各种非法拼、组装车；国产、进口和进口件组装的各类新机动车不能当作旧机动车交易；右方向盘的旧机动车；手续不全，各种规定费用没有交清的车辆。

② 国家法律、法规禁止进入经营的其他各种机动车。这主要包括：军队交地方的退役车辆不满 2 年的，不得进入旧车交易市场交易；华侨、港澳同胞捐赠的，以及出国回国人员购买的。

8.3 保险理赔

汽车保险产生的前提是自然灾害和意外事故。自然灾害和意外事故的客观存在，使人们开始寻找设法对付各种自然灾害和意外事故的措施，但是，对于预防和控制显然是有限的，于是人们想到了经济补偿。保险业作为一种有效的经济补偿措施走进了人们的生活。可以说，没有自然灾害和意外事故就不会产生保险，并且人类社会越发展，创造的财富越集中，遇到自然灾害和意外事故所造成的损失程度也就越大，就越需要通过保险的方式提供经济补偿。

8.3.1 机动车保险的基本知识

机动车保险主要分为 2 个主险种和 3 个附加险种，主险种有车辆损失险和第三者责任险，机动车附加险是在投保了主要险种后的附带险种，即只有投保了主要险种后才能投保相对应的附加险，附加险不能单独投保。机动车保险种类如表 8-3 所示。

表 8-3 汽车保险种类

主要险种	附 加 险
车辆损失险	盗抢险
	玻璃单独破碎险
	车辆停驶损失险
	火灾、爆炸、自燃损失险
	新增加设备损失险
第三者责任险	救助特约险
	车身划痕损失险
	无过失责任险
	车上人员责任险

续表

主要险种	附 加 险
第三者责任险	车上货物责任险
	不计免赔险

1. 车辆损失险

车辆损失险是指车主向保险公司投保的预防车辆可能造成的损失的保险。《机动车辆保险条款》中对什么原因造成的保险车辆损失，保险人负责赔偿或不负责赔偿都有严格的责任界定（如保险车辆上的一切人员和财产，该险种是不负责赔偿的）。车辆损失险的保险金额可以按投保时的保险价值或实际价值确定，也可以由投保人与保险公司协商确定，但保险金额不能超出实际价值。比如价值 10 万元的车辆，保险金额只能在 10 万元以内。

2. 第三者责任险

被保险人允许的合格驾驶人员在使用保险车辆过程中发生意外事故，致使第三者遭受人身伤亡或财产的直接损毁，依法应当由被保险人支付的赔偿金额，保险人依保险合同的规定给予赔偿。投保时，被投保人可以自愿选择投保档次——事故最高赔偿限额。关于第三者的赔偿数额，应由保险公司进行核定，保险人不能自行承诺或支付赔偿金额。

3. 车辆损失的附加险

① 盗抢险。保险车辆因全车被盗、被抢劫或被夺时，保险人对其直接经济损失按保险金额计算赔偿。赔偿后保险责任终止，该车辆权益归保险人所有。

② 自然损失险。在保险车辆因本车电气线路、供油系统发生损毁及运载货物的自身原因起火燃烧，造成保险车辆损失，以及被保险人在发生本保险责任事故时，为减少车辆损失所支出的必要、合理的施救费用，由保险公司进行赔付。

③ 玻璃单独破碎险。指保险车辆发生玻璃单独破碎后，由保险公司承担赔付责任。

④ 新增加设备损失险。指保险车辆在出厂时除原有各项设备以外，被保险人对另外加装设备而进行的保险，保险人将在保险单该项目所载明的保险金额内按实际损失赔偿。

4. 第三者责任险的附加险

① 车上责任险（司乘人员意外伤害险）。保险车辆发生保险责任范围内的事故，致使保险车辆上的人员遭受伤亡，保险人在保险单所载明的该项赔偿限额内计算赔偿本应由被保险人支付的赔偿金额。

② 车载货物掉落责任险。如在使用过程，投保车辆所载货物掉落致使其他人遭受人身伤亡或财产损失，保险公司可以照“车载货物掉落责任险”进行赔偿。

③ 车上货物责任险。如投保车辆在使用过程中，所载货物遭受直接损失，以及被保险人为减少货物损失而支付的合理施救、保护费用，可由保险公司依据“车上货物责任险”为投保车辆提供一定金额的赔偿。

5. 其他附加险

不计免赔险。投保了车辆损失险及第三者责任险的车辆如发生保险责任范围内的事故，而造成车辆损失（不含盗抢）或第三者责任赔偿，由保险人依据《机动车辆保险条款》赔偿规定的金额负责赔偿。

《机动车辆保险条款》第十七条规定："根据保险车辆驾驶人员在事故中所负责任，车辆损失险和第三者责任险在符合赔偿规定的金额内实行绝对免赔率：负全部责任的免赔20%，负主要责任的免赔 15%，负同等责任的免赔 10%，负次要责任的免赔 5%"。即：两个主要险种在发生事故时的赔偿率并非 100%，而是根据保险人在事故中所负的责任大小，按比例赔偿。

由此可知，如投保了不计免赔险，在发生保险责任范围内的事故时，就可以收到 100%的赔偿。

8.3.2 保险条款中的不赔责任

常见的不赔条款如下。

① 无证驾驶或超出准驾车型，或持不合格的驾驶证。

② 酒后、吸毒、药物麻醉所致的车辆损失和第三者责任。

③ 第三者责任险拒绝支付投保户与第三者私下协定的赔偿金额。

④ 逾期报案，报案不实。

⑤ 报案车辆发生转移、变更用途、增加危险程度而未办理批改手续。

⑥ 发生事故未报保险公司备案。

⑦ 发生事故时保险车辆的行驶证无效。

8.3.3 保险理赔和维修的基本流程

汽车维修企业不仅应该知道保险理赔的基本流程，而且要让客户知道。如果客户出现交通事故后能与维修厂联系，由修理厂出面帮助顾客处理保险理赔，那么出险车辆就肯定会到自己的修理厂维修。保险理赔流程如图 8-3 所示。

1. 报案定损

出险后客户要保护现场，及时报案，除了向交通管理部门报案外，还要及时向保险公司报案。

出险车辆定损的基本流程如下。

• 车主出示保险单证、行驶证、驾驶证及被保险人身份证。

• 车主出示保险单。

• 车主填写出险报案表，详细填写出险经过、出险地点、时间，详细填写报案人、驾驶员和联系电话。

• 保险公司理赔员和车主一起检查车辆外观，拍照定损。

• 根据车主填写的报案内容拍照核损。

• 交付维修站修理。

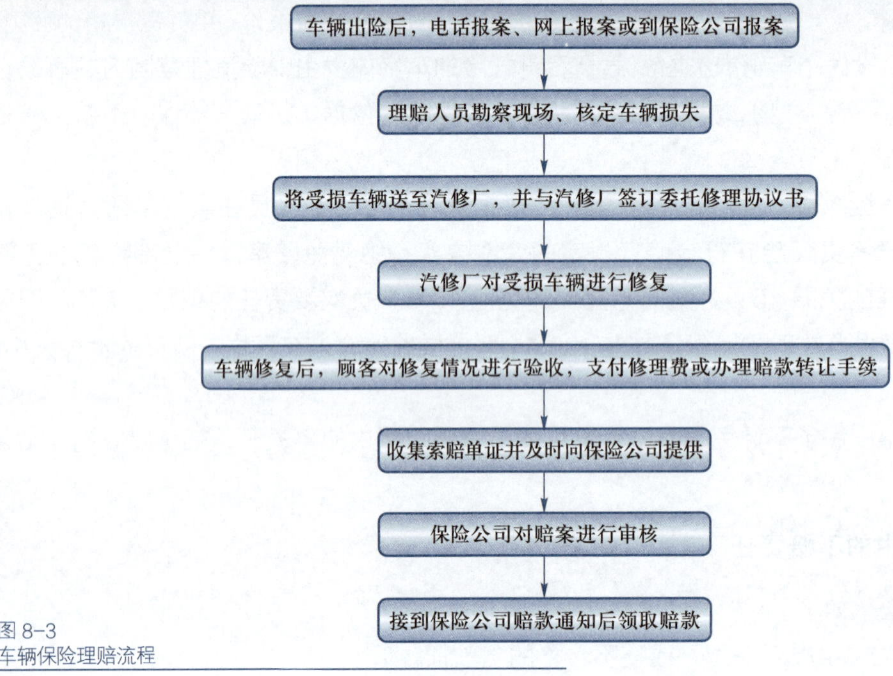

图 8-3
车辆保险理赔流程

• 理赔员开具任务委托单，确定维修项目及维修时间。

• 车主签字认可。

• 车主将车辆交予维修站维修。

以上是车主和保险公司理赔员必须做的。一定要注意做好前期工作，避免事后理赔时麻烦被动。

2. 保险车辆维修流程

为保证保险车辆的工作进度和质量，维修企业应认真抓好保险车辆维修，其中很重要的一环是保险车辆维修流程。维修企业的保险车辆维修流程一般如下。

• 保险车辆进厂后应确定是否需要保险公司进行受损车辆损伤鉴定，若需要，由业务经理负责联系保险公司进行鉴定。切不可不经保险公司而直接拆卸，以免引起纠纷。

• 要积极协助保险公司完成对车辆查勘、照相及定损等必要工作。

• 保险公司鉴定结束后，由车间主任负责安排班组进行拆检。各班组长将拆检过程中发现的损伤件列表并通知车间主任或业务经理。

• 服务主管将损伤件列表后联系保险公司，对车辆进行全面定损并协商保险车维修工时费。定损时应由业务经理陪同，若业务经理不在，应提前向业务接待员交代清楚。

• 业务接待员根据保险公司定损单下达维修任务委托书。顾客有自费项目，应征得顾客同意，并另开具一张维修任务委托书并注明，然后将维修任务委托书交由车间主管安排生产。

• 业务接待员开完维修任务委托书后，将定损单转报给报价员。

• 报价员将定损单所列材料项目按次序填入汽车零部件询报价单，报价单必须注明车号、车型、单位和底盘号，然后与相关配件管理人员确定配件价格，并转给备件主管审查。

• 报价员在备份主管确定备件价格、数量及项目后，向保险公司报价，并负责价格的回返。

• 报价员将保险公司返回价格交备件主管审核，如价格有较大出入，由业务经理同保险公司协调。报价员将协调后的回价单复印后，将复印件转备件主管。

• 对于定损时没有发现的车辆损失，由业务经理协调保险公司，由保险公司进行二次查勘定损。

• 如有用户要求自费更换的部件，必须由顾客签字后方可到备件库领料。

• 保险车维修完毕后应严格检验，确保维修质量。

• 维修车间将旧件整理好，以便保险公司或顾客检查。

• 检验合格后，维修任务委托书转业务接待员审核，注明顾客自费项目。审核后转结算处。

• 结算员在结算前将所有单据准备好。

• 最后由业务接待员通知顾客结账，业务经理负责车辆结账解释工作。

• 如有赔款转让，由业务经理协调顾客和保险公司办理。

案例 1

某企业维修了一辆奥迪 A6 保险事故车，该车车顶棚变形严重，更换了前风窗玻璃、右前车门和右后车门。维修人员在打腻子时由于不仔细导致水进入驾驶室内，造成自动变速器电脑进水损坏。修理厂找到保险公司要求理赔，保险公司以自动变速器电脑非事故造成拒绝了修理厂的要求，修理厂只得赔偿用户自动变速器电脑，企业白白损失了四五千元。

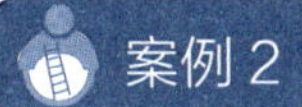
案例 2

一辆捷达轿车发生倾翻事故后被拖至一家修理厂维修。车辆在钣金整形过程中，维修人员曾多次想起动车辆，但感觉发动机转动无力，以为是蓄电池亏电，更换蓄电池后发动还是转动无力。后来发现车辆倾翻时机油进入气缸内，维修人员多次强行起动车辆将大部分气门顶弯。保险公司认为事故系人为造成拒绝赔偿，维修厂因此损失了 2 000 多元。

3. 赔付规定

（1）全部损失

• 保险车辆发生全部损失后，如果保险金额等于或低于出险当时的实际价值，将按保险金额赔偿。

• 保险车辆发生全损后，如果保险金额高于出险当时的实际价值，将按出险时的实际价值赔偿。

（2）部分损失

• 保险车辆局部受损失，其保险金额达到承保时的实际价值，无论保险金额是否低于出险当时的实际价值，发生部分损失均按实际修理费用赔偿。

• 保险车辆的保险金额低于承保时的实际价值，发生部分损失按照保险金额与出险当时的实际价值比例赔偿修理费用。

• 保险车辆损失最高赔偿金额以保险金额为限。

• 保险车辆按全部损失的一次赔款等于保险金额全数时，车辆损失险的保险责任即行终止。但保险车辆在保险有效期内，不论发生一次或多次保险责任范围内的损失或费用支出，只要每次赔偿未达到保险金额，其保险责任依然有效。

• 保险车辆发生事故遭受全损后的残余部分，应协商作价归被保险人并在赔款中扣除。

4. 赔付时间

在车辆修复或自交通事故处理结案之日内，车主应持保险单、事故处理证明、事故调解书、修理清单及其他有关证件到保险公司领取赔偿金。保险公司支付赔款一般在 10 天以内。赔款一般在一年内领取，否则将按放弃处理。

5. 争议

如与保险公司争议不能达成协议，可向经济合同仲裁机关申请仲裁或向人民法院提出诉讼。

8.4　汽车美容与装饰

汽车就像人的脸一样，美容装饰不仅可使车身整洁漂亮，也能延长汽车的使用寿命，防止车漆龟裂硬化和脱色，使其美观并保值。它还有较高的装饰性，让爱车美观亮丽，充分体现出车主高贵的身份。

8.4.1　汽车美容

1. 汽车美容的概念

“汽车美容”一词源于西方发达国家，英文名称表示为“Car Beauty”或“Car Care”，指对汽车的美化与维护。

西方国家的汽车美容业随着整个汽车产业的发展，已经达到非常完善的地步。他们形容这一行业为“汽车保姆”（Car Care Center），也称“第四行业”。所谓第四行业，顾名思义，是针对汽车生产、销售和维修 3 个步骤而言的。

现代汽车美容不只是简单的汽车清洗、吸尘、除渍、除臭及打蜡等常规美容护理，还包括利用专业美容系列产品和高科技设备，采用特殊的工艺和方法，对汽车进行漆面抛光、增光、深浅划痕处理及全车漆面翻新等一系列养护作业。

汽车美容按作业性质不同，可分为护理性美容和修复性美容两大类。护理性美容是指保持车身漆面和内室件表面亮丽而进行的美容作业，主要包括新车开蜡、汽车清洗、漆面研磨、抛光、还原、上蜡及内室件保护处理等美容作业；修复性美容是车身漆面或内室件表面出现某种缺陷后所进行的恢复性美容作业，其缺陷主要有漆膜病态、漆面划痕、斑点及内室件表面破损等，根据缺陷的范围和程度不同分别进行表面处理、局部修补、整车翻修及内室件修补更换等美容作业。

专业汽车美容具有系统性、规范性和专业性等特性。所谓系统性，就是着眼于汽车的自身特点，由表及里进行全面而细致的保养；所谓规范性，就是每一道工序都有标准而规范的技术要求；所谓专业性，就是严格按照工艺要求采用专用工具、专用产品和专业技术手段进行操作。汽车美容应使用专用优质的养护产品，针对汽车各部位材质进行有针对性的保养、修复和更新，使经过专业美容后的汽车外观洁亮如新，并保持长久。

2. 汽车美容的作用

（1）保护汽车

汽车涂膜是汽车金属等物体表面的保护层，它使物体表面与空气、水分、日光及外界腐蚀性物质隔离，起着保护物面、防止腐蚀的作用，从而延长金属等物体的使用寿命。汽车在使用过程中，由于风吹、日晒或雨淋等自然侵蚀，以及环境污染的影响，涂膜会出现失光、变色、粉化、起泡、龟裂和脱落等老化现象，另外，交通事故、机械撞击等也会造成涂膜损伤。一旦涂膜损坏，金属等物体便失去了保护的“外衣”。为此，加强汽车美容作业，维护好汽车表面涂膜，是保护汽车金属等物体的前提。

（2）装饰汽车

随着人们消费水平的提高，对于一些中、高档轿车来说，已不仅仅是一种交通工具，它已成为一种身份的象征。车主不仅要求汽车具有优良的性能，而且要求汽车具有漂亮的外观，并想方设法地把汽车装点得靓丽美观，这就对汽车的装饰性能提出了更高的要求。汽车装饰不仅取决于车型外观设计，而且取决于汽车表面色彩、光泽等因素。通过汽车美容作业，使汽车涂层平整、色彩鲜艳、色泽光亮，始终保持美丽的容颜。

（3）美化环境

随着我国国民经济的不断发展和科学技术的不断进步，以及人们生活水平的不断提高，道路上行驶的各种汽车越来越多。五颜六色的汽车装扮着城市的各条通路，形成一条条美丽的风景线，对城市和道路环境起到美化作用，给人们以美的享受。如果没有汽车美容，道路上行驶的汽车车身灰尘污垢堆积，漆面色彩单调、色泽暗淡，甚至锈迹斑斑，这样将会与美丽的城市建筑极不协调。因此，美化城市环境离不开汽车美容。

3. 汽车美容作业项目

（1）护理性美容作业项目

1）新车开蜡

一汽一大众为防止汽车在储运过程中漆膜受损，确保汽车到用户手中时漆膜完好如新，汽车总装的最后一道工序就是对整车进行喷蜡处理，在车身外表面喷涂封漆蜡。封漆蜡没有光泽，严重影响汽车美观，且易粘附灰尘。汽车销售商在汽车出售前对汽车进行除蜡处理，俗称开蜡。

2）汽车清洗

为使汽车保持干净、整洁的外观，应定期或不定期地对汽车进行清洗。汽车清洗是汽车美容的首要环节，同时也是一个重要环节。它既是一项基础性的工作，也是一种经常性的护理作业。

按汽车部位不同，清洗作业可分为车身外表面清洗、内室清洗和行走部分清洗。车身外表面主要有车身表面、车门窗、外部灯具、装饰和附件等；内室主要有地板（地毯）、座椅、仪表台、操纵件、内部装饰和附件等组成；行走部分主要指与汽车底盘有关的总成壳体的表面。

对车身漆面的清洗可分为不脱蜡清洗和脱蜡清洗两种。不脱蜡清洗是指车身表面有蜡，但是不想把它去掉，只是洗掉灰尘、污迹。清洗方法主要是通过清水和普通清洗剂，采用人工或机械清洗。脱蜡清洗是一种除掉车漆表面原有车蜡的清洗作业。有些汽车原先打过蜡，现在需要重新打蜡上光，在这种情况下，必须在洗车的同时将原车蜡除净，然后再打新蜡。脱蜡洗车使用脱蜡清洗剂，该清洗剂可有效地去除车蜡。用脱蜡清洗剂洗完之后，再用清水将车身表面冲洗干净。

3）漆面研磨

漆面研磨是去除漆膜表面氧化层、轻微划伤等缺陷所进行的作业。该作业虽具有修复美容的性质，但由于所修复的缺陷非常小，只要配合其他护理作业，便可消除缺陷，所以把它列为护理性美容的范围。

漆面研磨与后面的抛光、还原是三道连续作业的工序，研磨是漆面轻微缺陷修复的第一道工序。漆面研磨需要使用专用研磨剂，通过研磨 / 抛光机进行作业。

4）漆面抛光

漆面抛光是紧接着研磨的第二道工序。车漆表面经研磨后会留下细微的打磨痕迹，漆面抛光就是去除这些痕迹所进行的护理作业。漆面抛光需要使用专用抛光剂作业。

5）漆面还原

漆面还原是研磨、抛光之后的第三道工序，它是通过还原剂将车漆表面还原到“新车”般的状况。还原剂也称“密封剂”，它对车漆起密封作用，以避免空气中的污染物直接侵蚀车漆。还原剂有两种，一种是还原剂，另一种是增光剂。增光剂在还原作用的基础上还有增亮的作用。

6）打蜡

打蜡是在车漆表面涂上一层蜡质保护层，并将蜡抛出光泽的护理作业。打蜡的目的为：一是改善车身表面的光亮程度，增添亮丽的光彩；二是防止腐蚀性物质的侵蚀，对车漆进行保护；三是消除或减小静电影响，使车身保持整洁；四是降低紫外线和高温对车漆的侵害，防止和减缓漆膜老化。汽车打蜡可通过人工或打蜡机进行作业。

7）内室护理

汽车内室护理是对汽车控制台、操纵件、座椅、座套、顶棚、地毯和脚垫等部件进行的清洁、上光等美容作业，同时还包括对汽车内室定期杀菌、除臭等净化空气作业。汽车内室部件种类很多，外层面料也各不相同，在护理中应分别使用不同的专用护理用品，确保护理质量。

（2）修复性美容作业项目

1）漆膜病态治理

漆膜病态是指漆膜质量与规定的技术指标相比所存在的缺陷。漆膜病态有上百种，按病态产生的时间不同可分为涂装中出现的病态和使用中出现的病态两大类。对于各种不同的漆膜病态，应分析原因，采取有效措施积极防治。

2）漆面划痕处理

漆面划痕是因刮擦、碰撞等原因造成的漆膜损伤。当漆面出现划痕时，应根据划痕的深浅程度，采取不同的工艺进行修复处理。

3）漆面斑点处理

漆面斑点是指漆面接触了柏油、飞漆、焦油和鸟粪等污物，在漆面上留下的污迹。对斑点的处理应根据斑点在漆膜中渗透的深度不同，采取不同的工艺。

4）汽车涂层局部修补

汽车涂层局部修补是当汽车漆面出现局部失光、变色、粉化、起泡、龟裂或脱落等严重老化现象，或因交通事故导致涂层局部破坏时所进行的局部修补涂装作业。汽车涂层局部修补虽然作业面积较小，但要使修补漆面与原漆面的漆膜外观、光泽、颜色达到基本一致，需要操作人员具有丰富的经验和高超的技术水平。

5）汽车涂层整体翻修

汽车涂层整体翻修是当全车漆膜出现严重老化时所进行的全车翻新涂装作业。其作业内容主要有清除旧漆膜、金属表面除锈、底漆和腻子施工、面漆喷涂、补漆修饰，以及抛光上蜡等。

4. 汽车美容的依据

汽车美容应根据车型、车况、使用环境及使用条件等因素有针对性地、合理地安排美容作业的时机及项目。

（1）因“车型”而异

由于汽车美容项目、内容及使用用品不同，其价位也不一样。对汽车进行美容不仅要考虑效果，同时也要考虑费用。因此，不同档次的汽车采用的美容作业及使用的美容用品应有所不同。对于高档轿车主要考虑美容效果，而对于一般汽车，只需进行常规的美容作业即可。

（2）因“车况”而异

汽车美容作业应根据汽车漆膜及其他物面状况有针对性地进行。车主或驾驶员应经常对汽车表面进行检查，发现异变现象要及时处理。如车漆表面出现划痕，尤其是较深的划痕，若不及时处理，金属出现锈蚀后，会增大处理的难度。

（3）因“环境”而异

汽车行驶的地域和道路不同，对汽车进行美容作业的时机和项目也不同。如果汽车经常在污染较重的工业区行驶，应缩短汽车清洗周期，经常检查漆面有无污染色素沉积，并采取积极预防措施；如果汽车在沿海地区行驶，由于当地空气潮湿，大气中含盐较多，一旦漆面出现划痕应立即采取治理措施，否则会很快造成内部金属锈蚀；如果汽车在西北地区行驶，由于当地风沙较大，漆面易失去光泽，应缩短抛光和打蜡的周期。

（4）因“季节”而异

不同的季节、气温和天气的变化，对汽车表面及内室部件具有不同的影响。如汽车在夏季使用时，由于高温漆膜易老化，在冬季使用时，由于严寒漆膜易冻裂，应进行必要的预防护理作业。另外，冬夏两季车内经常使用空调，车窗紧闭，车内易出现异味，应定期进行杀菌和除臭作业。

8.4.2　汽车装饰

随着物质生活水平的提高，个性化、独具风格的汽车装饰已成为现代人生活的时尚。在不改变车辆本身功能和结构的前提下，通过外装饰改变汽车外观，使汽车更醒目、豪华、满足个性化要求。汽车内饰为车主营造温馨与舒适的空间。汽车视听装饰则可为车主欣赏更多音源、获得更好的音质及扩展音响的功能提供更大的空间。车载免提电话可提高汽车行驶的安全性。

汽车的装饰服务项目有：车窗与车身装饰、汽车内室装饰、汽车视听装饰、车载免提电话及汽车安全防护装饰等。

1. 车窗与车身装饰

车窗和车身构成了汽车外表面，其装饰效果直接影响汽车的外观。车主应根据汽车的实际情况，本着美观、协调、实用和安全的原则，有针对性地选择装饰项目，确保装饰效果。

（1）车窗太阳膜

太阳膜的功用有：① 改变色调。五颜六色的太阳膜可以改变车窗玻璃全部是白色的单一色调，给汽车增添美感。② 隔热降温。太阳膜可以减小光线照射强度，起到隔热效果，保持车厢凉爽。③ 防止爆裂。当汽车发生意外时，防爆太阳膜可以防止玻璃爆裂飞散，避免事故中玻璃碎片对司乘人员造成伤害，提高汽车的安全性。④ 保护肌肤。阳光中的紫外线对人体肌肤具有一定的侵害力，长期受紫外线照射易造成皮肤疾病。太阳膜可有效地阻挡紫外线，对肌肤起到保护作用。⑤ 单向透视。太阳膜的单向透视性可以遮挡来自车外的视线，增强隐蔽性。

太阳膜的种类：按颜色分有自然色、茶色、黑色、天蓝色、金墨色、浅绿色和变色等品种；按功能不同可分为普通太阳膜、防晒太阳膜和防爆太阳膜等；按产地不同可分为进口太阳膜和国产太阳膜两种。

（2）加装天窗

加装天窗的主要目的是有利于车厢内通风换气，车厢内的空气状况直接影响乘坐的舒适性。对于没有天窗的汽车主要是靠侧窗进行通风换气，而打开侧窗后车外的尘土和噪声便会灌进车内。若是冬夏两季，享受车内暖风和冷气时，让窗外的寒气或热浪扑面吹来，会使人感到很不舒服，同时还破坏了空调的效果。加装天窗后能较好地克服上述不足，实现有序换气。另外，有了天窗后，还可为驾车摄影、摄像提供了便利条件。

（3）车身装饰

汽车车身装饰可分为 3 类：一是保护类，为保护车身安全而安装的装饰品，如保险杠、灯护罩等；二是实用类，为弥补轿车载物能力不足而安装的装饰品，如行李架、自行车架和备胎架等；三是观赏类，为使汽车外部更加美观而安装的装饰品，加彩条贴、金边贴和全车金标等。

上述装饰中，有些项目改变了车辆的原设计外形尺寸，造成车辆超长、超高及超重现象，这是国家有关规定所不允许的。

在车身上粘贴形状、色彩各异的彩条贴膜，不仅能突出车身轮廓线，还能协调车身色彩，给人以丰富的联想和舒适的心理感受，使车身更加多彩艳丽。

2. 汽车内室装饰

汽车内室包括驾驶室和车厢，它是驾驶员和乘客在行驶途中的生活空间。对汽车内室进行装饰，营造温馨、美观的车内环境，从而使司乘人员乘坐舒适，心情愉快，给人一种宾至如归的感觉。

（1）座椅装饰

汽车座椅是车内占用面积最大、使用率最高的部件，因此，对其进行装饰不仅要考虑到美观，还要考虑到实用。

1）汽车坐垫的功能

① 提高舒适性。柔软的汽车坐垫可减缓汽车颠簸产生的振动，减轻旅途疲劳。

② 改善透气性。夏季使用的硬塑料或竹制品坐垫具有良好的透气性，给人以凉爽的感觉，有降温消汗的功效。

2）汽车坐垫的种类

① 柔式坐垫。主要由棉、麻、毛及化纤等材料制成。

② 帘式坐垫。主要由竹、石或硬塑料等材料制成小块单元体，然后将单元体串接成帘状制成坐垫，该坐垫具有极好的透气性，是高温季节防暑降温的佳品。

（2）更换真皮座套

目前，国产车和经济型进口车出厂时多数没配备真皮座椅，为营造更舒适、温馨的车内空间，越来越多的轿车开始更换真皮座套。

（3）车内饰品装饰

车内饰品种类很多，按照与车体连接形式的不同可分为吊饰、摆饰和贴饰 3 种：① 吊饰是将饰品通过绳、链等连接件悬挂在车内顶部的一种装饰。② 摆饰是将饰品摆放在汽车控制台上的一种装饰。③ 贴饰是将图案和标语制在贴膜上，然后粘贴在车内的装饰。

（4）桃木装饰

桃木装饰的特点是美观、高雅、豪华，其优美的花纹具有特殊的装饰效果。主要用于汽车内室控制台、转向盘及变速杆等部位装饰。

（5）香品装饰

车用香品对净化车内空气、清除异味、杀灭细菌、保持车内空气卫生具有重要作用。

现今市面上的车用香品种类繁多，按形态可分为气态、液态和固态；按使用方式可分为喷雾式、泼洒式和自然散发式等。

气态车用香品主要由香精、溶剂和喷射剂组成。液态车用香品由香精与挥发性溶剂混合而成，盛放在各种造型美观的容器中，此种车用香品在汽车室内应用最广。固态车用香品主要是香精与一些材料混合，然后加压成型。

3. 汽车视听装饰

人们在以车代步、乘坐舒适等需求满足之后，又进一步追求坐在车内听广播、欣赏音乐和看电视等享受。因此，汽车装饰项目中便增添了选配、安装或改装视听装置的内容。

（1）汽车视听装饰的作用

在汽车里安装音响、电视等视听设备具有以下作用。

① 减轻驾驶途中疲劳。在汽车行驶途中，听听音乐、相声和小品等文艺节目，既可提供优美的听觉享受，又可减轻驾驶途中的疲劳，使司乘人员感到轻松愉快。乘客还可通过汽车电视观看精彩的影视节目，消除途中寂寞。

② 提供交通信息。一些大中城市的广播电台已相继开通交通信息节目，向驾驶员及时传播道路情况、交通情况、汽车使用、维修服务及安全行车知识等信息，还接受驾驶员的信息咨询和投诉，成为驾驶员行车的顾问和向导。

③ 减少停车等待中的寂寞。停车等候乘客，这是客车驾驶员经常遇到的，此时打开视听设备，动听的音乐、诙谐的相声和小品可减少等待中的寂寞。

（2）汽车视听装饰的种类

汽车视听装饰主要有汽车收放机、汽车激光唱机、汽车电视机和汽车影碟机等。

4. 车载免提电话

大家都知道酒后驾车的危险，但可能还不知道，驾车人在行车中手持手机拨打或接听电话，发生交通事故的概率高达 27.3%，与酒后驾车相当，是正常行车的 4 倍。车载免提电话与车载电话的区别在于：一是通话时不必手持话筒，双手照样开车；而一般的车载电话只能在停车时或不开车时使用；二是免提电话价格低。

车载免提电话的种类如下。

（1）用手机做“心”的免提电话

这是一种上车后将手机置入机座内就可以使用的免提电话装置。它体积小，不影响车内装置，直接接到汽车点烟器，无须改装车内结构，来电话时从高保真扬声器传出。这种产品不仅克服了车载电话和手机是两个不同号码的弊端，而且无须更换手机和车载系统，它适合任何型号的手机和汽车。

（2）声控免提电话

这种电话靠声音控制，只需轻声一呼，电话就自动接通。这种电话可以预存 50 多个电话号码。当开车时，只要轻轻按一下“一指键”系统就提示“哪个名字？”当说出某人的名字后，系统会提示“哪个地点？”如果说“办公室”，等电话接通后就可以通话了。

（3）插卡式车载电话

这是同时具有普通车载电话功能和免提声控功能的高档车载电话。手机所具有的功能应有尽有，而且操作简单，可满足不同用户的需求，真正为用户建立了一个移动的办公室。

5. 汽车安全防护装饰

汽车安全防护装饰包括安装车辆防盗、报警和司乘人员行车保护等装置，它是为提高车辆的安全防护性能而采取的技术措施，对加强车辆及行车安全具有重要作用。

（1）安装汽车防盗装置

汽车防盗装置按照结构不同大致可分为 3 种：① 机械式汽车防盗装置。机械式汽车防盗装置大多为各种防盗锁，它们通过锁定转向盘、制动器踏板和变速杆等主要操纵件防止汽车开走。② 电子式汽车防盗系统。在高级轿车上多数安装的是微计算机控制的智能型电子遥控防盗器，该防盗器可在窃贼接近或进入汽车时，发出蜂鸣、警笛和灯光等信号，既可吓退窃贼，又可引起路人的注意。③ 网络式汽车防盗系统。网络式汽车防盗系统主要是利用 GPS 卫星定位系统对汽车进行监控达到防盗目的，该防盗系统不仅可以锁定汽车点火或起动，还可通过卫星定位系统（或其他网络系统）将报警信息和报警车辆所在位置无声地传送到报警中心。

（2）安装电子式汽车门锁

电子式汽车门锁有以下几种。

1）按键式电子门锁。按键式电子门锁采用键盘（或组合按钮）输入开锁密码，内部控制电路采用电子锁专用集成电路 ABIS。

2）拨盘式电子门锁。拨盘式电子门锁采用机械拨盘开关输入开锁密码。按键式电子门锁可以改造成拨盘式电子门锁。

3）电子钥匙锁。电子钥匙锁使用电子钥匙输入（或作为）开锁密码，电子钥匙是构成控制电路的重要组成部分。电子钥匙可以由元器件或由元器件构成的单元电路组成，做成小型手持单元形式。电子钥匙和主控电路的联系可以是声、光、电和磁等多种形式。此类产品包括各种遥控汽车门锁、转向锁和点火锁，以及电子密码点火钥匙。

4）触摸式电子门锁。触摸式电子门锁采用触摸方法输入开锁密码，操作简便。相对于拉链开关，触控开关使用寿命长、造价低，因此优化了电子锁控制电路。装触模式电子锁的轿车前门没有门把手，代之以电子锁和触摸传感器。

5）生物特征式电子门锁。生物特征式电子门锁的特点是将声音、指纹等人体生物特征作为密码插入，由计算机进行模式识别控制开锁。因此，生物特征式电子锁的智能化程度相当高。

（3）安装汽车安全报警装置

汽车是高速行驶的交通工具，为使汽车驾驶员和行人及时了解汽车运行过程中的各种信息，采取果断措施，确保行车安全，现代汽车上安装了多种安全报警装置。汽车安全报警装置的种类有超速报警装置、超车自动报警装置、倒车报警装置和多功能安全显示器等。

（4）安装汽车安全保护装置

1）安装汽车安全带

汽车安全带是属于汽车驾驶员和乘客的安全保护装置，当汽车遇到意外情况紧急制动时，安全带可以将驾驶员或乘客束缚在座椅上，以免前冲，从而保护驾驶员和乘客避免二次冲撞造成的伤害。

2）安装汽车安全气囊

安全气囊的安装应考虑以下几点：① 安全气囊的结构形式。目前安全气囊主要分为机械式、电子式和化学式 3 种，从反应速度上看，电子式和化学式的气囊充气速度较快，机械式的气囊充气速度比较适中。② 安全气囊的安装方式。安全气囊的安装方式主要有两种，一是直接将气囊安装在转向盘上，安装气囊组件时原车转向盘不更换；二是将整个转向盘换装成带有气囊的豪华转向盘，即安装气囊组件时需将原车转向盘更换。③ 安全气囊的生产厂家。在选购气囊时应注意认清所购气囊是否有国家安全鉴定权威机构（公安部车检中心）的检测合格证明，同时还要核实经销商及加装店的经营安装许可文件。

思考题

1. 汽车销售的整个过程分为几个步骤?
2. 售前检查的目的是什么?
3. 二手车鉴定过程中应该注意哪些事项?

模块 9
一汽—大众与经销商

学习目标

1. 了解一汽—大众在组织售后服务时，在服务管理和物品信息管理两方面都有哪些内容。

2. 熟悉一汽—大众如何对经销商提供技术培训支持。

3. 掌握一汽—大众对经销商的质量管理体系认证管理包含哪些内容。

4. 掌握一汽—大众对经销商的质量担保与索赔管理包含哪些内容。

9.1　一汽—大众的售后服务组织

随着我国汽车市场上新车型不断推出，汽车价格不断下降，整车保有量的急剧增加，行业内的竞争也日趋激烈，售后服务水平对一汽—大众的生存和发展起到越来越重要的作用，一汽—大众充分重视售后服务服务管理，不断提高售后服务水平，为顾客提供满意的服务。一汽—大众在以特许经销商为主体的售后服务网络中处于核心地位，在售后服务组织中起主导作用。一汽—大众在组织售后服务时，主要从服务管理和物品信息管理两方面着手，如图 9-1 所示。

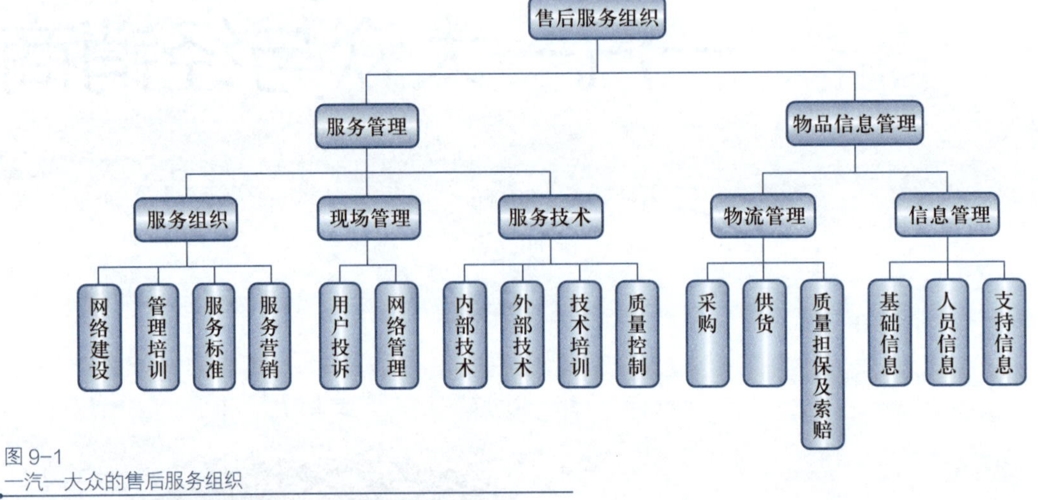

图 9-1
一汽—大众的售后服务组织

9.1.1　服务管理

一汽—大众根据汽车销售情况，把我国划分为东北区、华北区、华中区、华东区、华南区和西区共 6 个区域，每个区域都设置区域销售事业部，对该区域内的经销商进行管理。

1. 服务组织

（1）网络建设

服务网络的建设对做好售后服务来说非常重要，要按照标准来进行选择、建设，一汽—大众每年都要确定网络规划及选建计划，然后通过媒体发布信息，收集汇总入网申请，发放投标书和问卷，通过问卷筛选和实地考察进行资质认证，候选经销商要打入保证金，然后进行招标会，最后确定符合要求的入网经销商。

（2）管理培训

一汽—大众要对经销商进行管理培训，以使所有经销商都能按照品牌的要求进行运行和管理，从而达到统一的品牌形象。

（3）服务标准

一汽—大众要向经销商提供服务标准，让所有经销商向品牌车辆用户提供同一标准的服务，使所有的用户都得到优质的服务。

（4）服务营销

根据品牌发展的总体战略，提高品牌的知名度和影响力，以扩大品牌占有率，一汽—大众要制订服务营销计划，并确定活动主体和活动方案，组织开展活动并进行跟踪和信息反馈。

2. 现场管理

（1）用户投诉

在第一时间处理用户投诉，提高用户的满意率，监督经销商的服务效果。

（2）网络管理

对经销商实施日常的管理、监督、协调和考核。

3. 服务技术

（1）内部技术

将产品技术转化为适用于经销商售后服务的检测维修技术，并形成技术服务手册等相关技术资料，提供给经销商。

（2）外部技术

向经销商提供技术资料及维修资料，向经销商提供技术支持，帮助经销商解决服务中遇到的疑难问题。

（3）技术培训

向经销商从事售后维修服务的技术人员提供不同层次、不同专题的培训，以提高经销商人员的技术水平及解决实际问题的能力。

（4）质量控制

通过规范维修诊断过程，确保完成所有维修项目的维修质量。

9.1.2 物品信息管理

1. 物流管理

物品信息管理要对经销商配备维修工具、设备和备件的订购明确规定，规范管理。还要对索赔工作和召回工作做出明确规定，规范管理。

（1）采购

根据经销商历史订货情况、品牌车辆的保有量情况、不同季节及区域的车辆损坏特点来制订合理的订货计划。

（2）供货

根据经销商的不同特点采取最合理的供货方式，如在区域建立物流中转库，可以大大缩小供货半径和供货时间。

（3）质量担保及索赔

对一汽—大众的汽车产品质量担保及索赔进行规定，为实施索赔工作提供指导和管理。对发生的索赔业务进行监控和后续业务的实施。

2. 信息管理

信息管理要对一汽—大众与经销商之间的信息沟通，以及经销商内部信息管理进行规定，用于对经销商进行规范化信息管理。信息管理包括基础信息、人员信息、支持信息和服务营销信息等。为了规范一些特殊业务，如补办《整车合格证》《车身铭牌》等，一汽—大众也要作出明确规定。

（1）基础信息

经销商基础信息包括法定名称、地址、24 小时服务电话和服务总监电话等，经销商的基础信息不许任意变更。

（2）人员信息

经销商的所有人员信息必须录入经销商管理系统，便于一汽—大众与经销商之间的信息沟通。

（3）支持信息

编制并向经销商提供零部件目录，及时提供备件更改信息。

9.2　一汽—大众对经销商的管理与支持

在经销商的建设和正式服务阶段，一汽—大众都要从服务和物品信息两个方面对经销商进行规范管理，使经销商通过客户服务的统一化、标准化、专业化和个性化，打造服务品牌，提升客户满意度，更有效地吸引与保留客户。

9.2.1　服务授权管理

意向经销商按要求完成了服务功能建设，通过了一汽—大众验收而授予服务授权，才能正式对所在区域的汽车产品用户开展服务业务。

1. 目的

对特许经销商服务授权进行了规定，适用于对服务功能健全的授权经销商进行管理。

2. 管理内容

（1）服务授权的条件

1）维修车间及其他服务设施

建设方面达到一汽—大众授权经销商建筑标准和形象建设方面的要求。

2）经销商管理系统

经销商管理系统已与一汽—大众联网。

3）专用工具、通用工具与服装

专用工具、通用工具及服装已订购并到位。

4）备件

备件已订购并到位。

5）培训

维修技术、索赔、备件及管理经过一汽—大众培训。

6）岗位分工及岗位设置

按要求进行岗位分工及岗位设置，主要管理人员和业务人员任职经过一汽—大众公司的审批。

（2）服务授权的申请与审批

意向经销商在签订意向性协议后一年内，如无特殊情况必须完成各项建设工作，并申请开业验收，经销商通过开业验收后，经一汽—大众批准，即可取得相应车型的销售和服务授权。得到服务授权的经销商可以开展索赔和服务营销业务，并有资格参加用户满意度调查等相关服务活动。

经销商自取得服务授权之日起一年内必须接受并完成通过一汽—大众质量管理体系认证，未参加或没能通过认证的经销商将被取消原有的服务授权。

（3）增加服务车型授权

已开展服务的经销商若增加服务车型授权，需要首先订购该车型的维修专用工具，并按要求订购该车型的备件、参加该车型的技术培训后，方可申请增加该车型服务授权。经销商首先提交申请，经事业部审批同意后，将申请和相关证明材料一并邮寄至一汽—大众审核，经一汽—大众批准后，即可开展该车型的服务业务。

（4）服务暂停和恢复审批

经销商在对一汽—大众产品服务经营过程中，如严重违反一汽—大众售后服务管理条例规定及相关制度，对一汽—大众产品的服务造成恶劣影响，可给予经销商暂停服务的处罚。

服务暂停时间一般为 3 个月，经销商服务暂停结束后，且达到了整改的要求，一汽—大众批准后，即可恢复服务业务。

（5）服务终止审批

经销商在对一汽—大众产品服务经营过程中，严重违反一汽—大众售后服务管理条例规定及相关制度，对一汽—大众产品的服务造成恶劣影响，服务暂停整改后，仍未改正，即可终止服务业务，并取消服务代码。

9.2.2 维修保养工时管理

1. 目的

为了保证经销商在服务秩序方面的规范，一汽—大众售后服务管理部门需要统一制定《维修保养收费标准》。

2. 管理内容

在统一收费标准过程中，由于车型不同，统一范围也不同。

经销商在维修保养收费时，应该严格执行《维修保养收费标准》。工时费 9 折以上可以由经销商自定，9 折以下由区域服务经理确定。

由一汽—大众售后服务管理部门监督《维修保养收费标准》执行情况，对不执行《维修保养收费标准》并造成不良影响的经销商，现场管理部将给予罚款和全网通报批评处罚。

9.2.3　紧急救援服务管理

1. 目的

为了提升一汽—大众的品牌形象和竞争优势，提高用户满意度，一汽—大众需要对经销商的紧急救援服务规范管理。

2. 管理内容

• 经销商应至少配备一台标准救援服务车并配备随车救援工具，对于不能按要求配备救援服务车的经销商，给予扣款处罚。

• 经销商需设立 24 小时救援电话，确保 24 小时救援服务能够顺利开展，具体工作流程如表 9-1 所示。

表 9-1　紧急救援服务流程图

责任	描述	说明
客服代表	开始	1. 车上人员是否安全，抛锚地点是否已确保了安全 2. 用警示灯和警示三角板确保安全 3. 客户信息：姓名、电话 / 车辆信息：车型、颜色、车牌 / 故障信息：故障描述、故障地点（高速公路）/ 特殊信息：车上有几人、特殊情况（比如儿童、孕妇...）
客服代表	客服代表接到紧急救援电话	
客服代表	每半小时与客户联系一次，直至救援成功	反馈信息：大约到达故障地点的时间、派出救援车辆的特征（颜色、车牌和电话号码等）
	联系就近特许经销商告知以上信息	
	经销商救援成功	1. 24 小时之内反馈处理结果 2. 完善客户档案
客服代表	客户回访、了解客户状况	1. 在客户救援成功后 3 天内进行回访 2. 完善客户信息（地址、邮编等） 3. 了解客户需求，进行满意度调查
经销商	客户维系	
经销商	结束	电话回访后 3 天内寄送信函及小礼物

• 经销商针对自己责任区域里 100 千米半径范围以内发生的抛锚，在 120 分钟内提供救助，市区内发生的抛锚 60 分钟内提供救助。

• 经销商救援人员在救援时必须穿着规定的救援服或工作服（带反光标记），使用标准救援服务用语。

• 一汽—大众应答中心每季度对经销商进行 1 次电话测试，对于不能提供救援的经销商给予扣款处罚。

• 救援服务原则上需要现场排除故障，对于无法现场维修的故障，可以拖回服务站进行维修。

• 对救援服务车的使用情况应有工作记录。

• 经销商客服部门在救援成功后 3 天内进行电话回访。

• 由各一汽—大众售后服务管理部门监督经销商救援服务的执行情况。

9.2.4　技术培训

为了保证特许经销商各岗位工作人员达到上岗要求，进行规范和高水准的管理和服务，并不断提高各岗位工作人员的相关能力和素质，一汽—大众售后服务部门必须对特许经销商提供各方面的培训支持。下面以技术培训为例，介绍一下一汽—大众售后服务部门对特许经销商的培训支持。

1. 技术培训流程

一汽—大众售后服务部门对特许经销商的技术培训一般分为 9 个步骤，即培训申请、编排培训计划、发出培训通知、反馈回执、资格认证、培训 / 考试、发放培训合格证书、开展内部培训和内部培训效果考核，如图 9-2 所示。

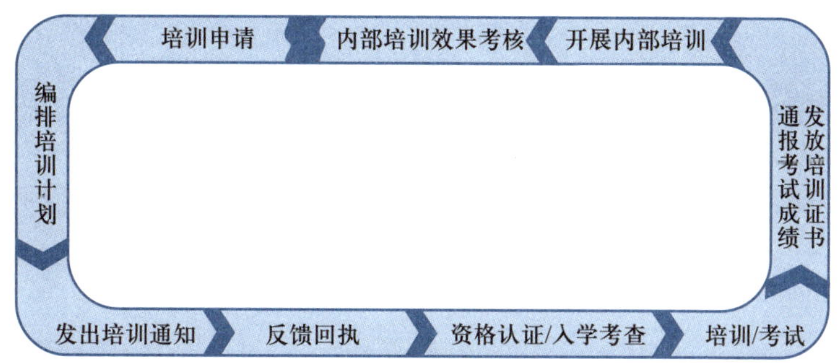

图 9-2
技术培训流程

（1）培训申请

特许经销商根据自己的人员状况和业务状况，向一汽—大众售后服务部门提交培训申请，特许经销商应该注意拟参加培训人员是否具有相应的培训资格。

（2）编排培训计划

一汽—大众售后服务部门接到各地的特许经销商培训申请后，考虑特许经销商的实际情况，再结合一汽—大众售后服务部门的培训中心的师资、教室和设备等情况，编排培训计划。

（3）发出培训通知

确定培训计划后，一汽—大众售后服务部门向提出申请的特许经销商发出培训通知。

（4）反馈回执

特许经销商接到培训通知后，确认自己能否参加培训，提交参加培训人员名单并填写回执，反馈给一汽—大众售后服务部门。

（5）资格认证

一汽—大众售后服务部门对提交上来的参加培训人员进行资格认证或进行入学考查。

（6）培训/考试

资格认证合格后，特许经销商接受培训人员即可到一汽—大众售后服务部门的培训中心报到参加培训，培训结束之后，接受培训的人员还要参加结业考试。

（7）发放培训合格证书

一汽—大众售后服务部汇总结业考试成绩，向特许经销商通报考试成绩并发放培训证书。

（8）开展内部培训

由于一汽—大众售后服务部门的培训中心不可能对全国各地的特许经销商所有人员进行培训，所以具有培训合格证书的受培训人员回到特许经销商处后，往往还要对特许经销商内部的其他人员进行培训，称为特许经销商内部培训。

（9）内部培训效果考核

为了检验特许经销商内部培训的效果，一汽—大众售后服务部门还要面向全国的特许经销商组织内部培训效果考核。

2. 技术培训分级

由于特许经销商的维修人员技术等级不同，一汽—大众售后服务部门在组织技术培训时，也要分为不同的级别，一般分为基础培训、高级培训和专家级培训 3 个级别，每个级别一般还要根据汽车的结构分为不同的内容，如图 9-3 所示。

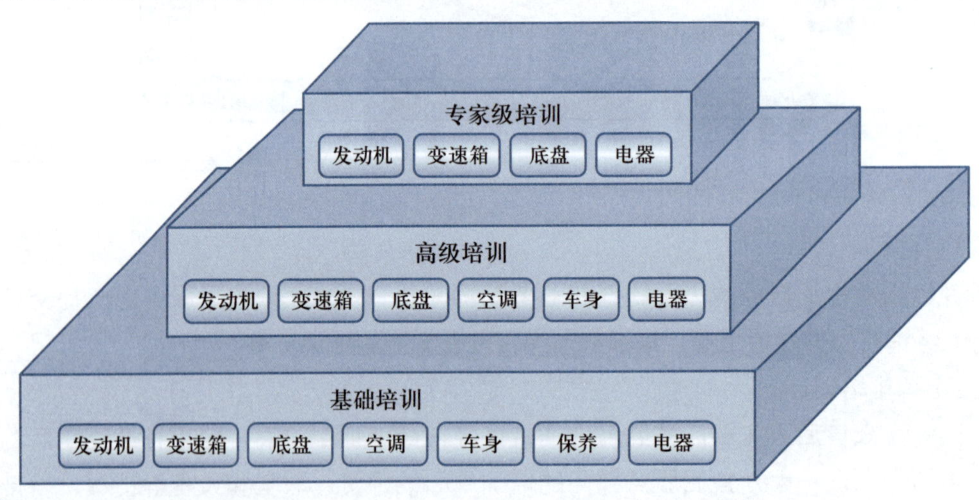

图 9-3
技术培训分级

9.2.5　维修质量控制

1. 目的

通过严格规范维修诊断过程，执行自检、互检和终检的三检制度，确保完成所有维修项目的维修质量。

2. 质量控制内容

质量控制流程如表 9-2 所示。

表 9-2 质量控制流程

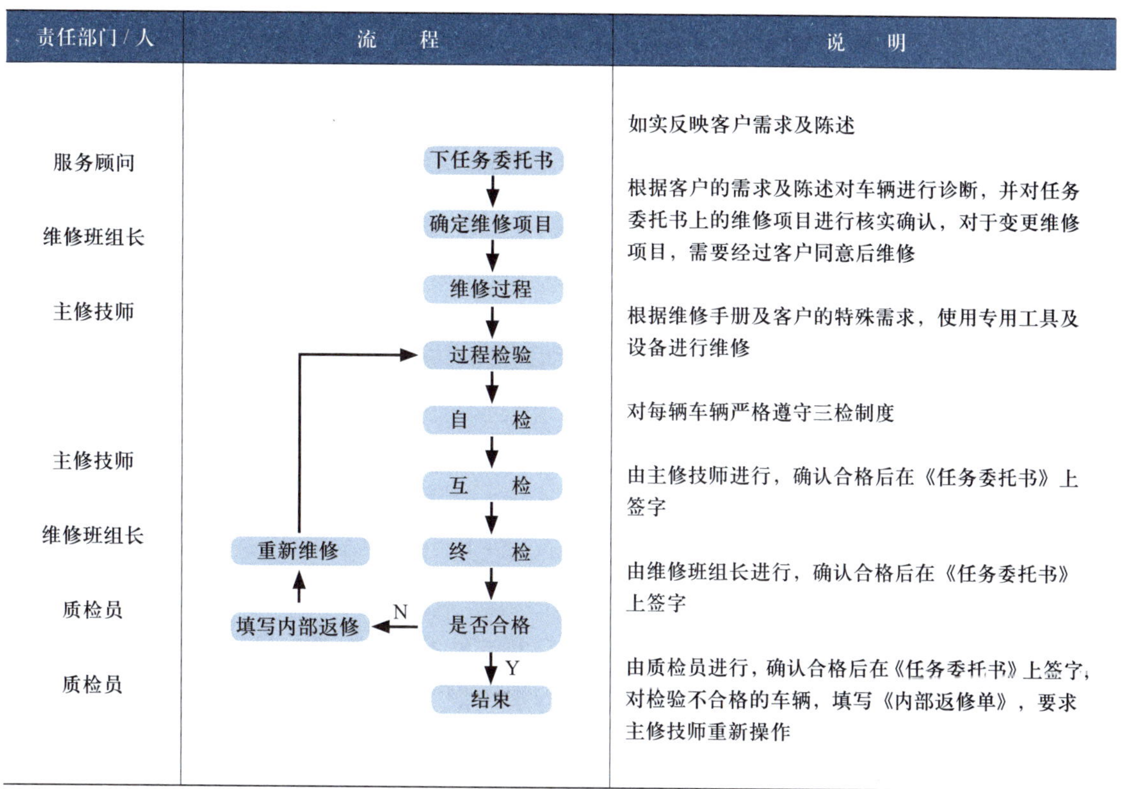

责任部门 / 人	流　　程	说　　明
服务顾问	下任务委托书	如实反映客户需求及陈述
维修班组长	确定维修项目	根据客户的需求及陈述对车辆进行诊断，并对任务委托书上的维修项目进行核实确认，对于变更维修项目，需要经过客户同意后维修
主修技师	维修过程	根据维修手册及客户的特殊需求，使用专用工具及设备进行维修
	过程检验	对每辆车辆严格遵守三检制度
主修技师	自　检	由主修技师进行，确认合格后在《任务委托书》上签字
维修班组长	互　检	由维修班组长进行，确认合格后在《任务委托书》上签字
质检员	终　检 是否合格（N：填写内部返修→重新维修→过程检验）	由质检员进行，确认合格后在《任务委托书》上签字，对检验不合格的车辆，填写《内部返修单》，要求主修技师重新操作
质检员	Y：结束	

（1）维修准备

• 服务顾问在接车过程中根据维修任务进行分类，可将维修任务分成小任务、标准任务和诊断任务 3 类，建议分类标准如下。

小任务：任务清晰明确；不需要试车；随时可以接收车辆；不需要诊断（无须拆卸）；零件可调配；无须专家技师参与；可以方便地预约；不必预检。例如，更换雨刮片、保养和快修服务等。

标准任务：维修范围明确清晰（从顾客的角度出发）；有可能的话，与顾客一同试车；通知顾客接收车辆所需的时间；需要专业的车辆接收（清单）；零件可在有限范围内进行调配；需要留出多余的时间；召回行动；维修历史记录很重要。例如，普通的检修任务，更换制动器、离合器等。

诊断任务：维修范围不明确；需要更多的诊断（试车、在举升机上验车）；调配专业的预约和车辆接收；零件调配比较困难；询问有关长期机动性担保的情况；需要使用诊断设备；需要专家咨询；维修历史记录很重要；需要留出多余的时间；与顾客交流时应当反应灵敏；可能的话，仅约定咨询时间。例如，发动机 EPC 灯报警、车身噪声等。

• 服务顾问将车移入维修工位，将任务委托书交维修班组长。诊断任务必须交给公司内部通过认证的高级技师或专家技师进行诊断，同时服务顾问必须如实反映客户需求及陈述，并填写在任务委托书上。

• 维修班组长：由经培训合格，具备常见故障的维修能力，并通过技师认证的人员担任，同时能够根据客户陈述确定故障原因及维修项目。对于总成大修等标准维修任务，必须由班组长亲自维修。

由维修班组长根据客户的需求及陈述对车辆进行诊断，并对任务委托书上的维修项目进行核实确认，再根据维修任务级别将任务委托书交付主修人员实施维修。若需变更《任务委托书》维修项目，应及时填写《维修项目变更申请表》，并及时通知服务顾问，经过客户确认后方可维修。

• 主修技师：培训合格，具备维修能力，由通过一汽—大众公司助理技师认证的人员担任，必须了解清楚故障现象、维修项目、交车时间、旧件保留方式及客户交代的特别注意事项；

主修技师使用车身护具保护车辆。

主修技师准备好维修手册、专用工具及设备。

• 技术经理：培训合格并通过技术经理认证，保证车间电、气、水等能源正常供给；IT 系统通信工作正常，诊断仪器及维修设备工作正常，保证维修手册、专用工具及设备齐全，使用功能正常。

对于疑难故障，技术经理应组织会诊，制定维修方案并填写《疑难问题技术维修方案》。

对于重大抱怨问题或重大质量问题，技术经理应及时填写《技术信息报告》。

（2）维修过程

• 如车辆使用千斤顶举升，必须辅助设施支撑牢靠。

• 对于首保或定期保养车辆，使用最新的《定期保养项目单》逐项进行检查保养，质检员应采取抽检车辆的方式对车辆的保养情况进行检查并做好抽检记录，对抽检不合格的车辆应提出改进措施及惩罚措施，必须保证抽检车辆数量不低于保养车辆总数的 10%。

• 按照《维修手册》要求实施维修保养，并正确使用专用工具及设备。

• 在《工具 / 资料借用登记表》上注明任务委托书号、车牌号、维修手册名称、专用工具号、借用人、借用时间、归还时间和工具状况等。

• 如需拆装内饰，必须保证双手的清洁。

• 如遇到由于操作不当引起的车辆损失，应及时通知服务顾问、作业管理员和服务经理进行处理。

• 在维修过程中，主修技师若发现与故障有关的其他部件损坏或与故障无关的其他维修项目，应及时报告服务顾问，由服务顾问及时告知顾客，顾客同意并签字后方可进行维修。若顾客不在现场，服务顾问通过电话与顾客联系，向顾客告知交车时间和维修费用。顾客确认后，在《任务委托书》上记录顾客确认信息，转维修人员继续修理。

• 如需多工种的维修，在本班组负责项目结束后，应认真完成与下道工序的中间检查及签字交接。

• 如有泥、水、油、漆落在地面上，应立即清理。

• 操作过程中应做到维修工具和零件不落地。

• 如拆卸电瓶，应在完工后，将收音机、时钟和电窗等用电设备恢复设定。

• 每次工作结束后，清洁本班 / 组负责的设备、设施和工具等，并负责清理本区域地面，整理工具箱，不允许存在车辆支在举升器上过夜的现象。

• 如遇到重大质量、发生频率相对较高的故障，技术经理应及时填写《PCC 及技术信息报告》，并随时跟踪报告的反馈信息，对一汽—大众技术销售公司服务部反馈的《PCC 及技术信息报告》技术经理应及时制定《疑难问题技术维修方案》进行维修。

• 如遇到难以解决的疑难问题，应及时通知技术经理，由技术经理组织攻关组进行会诊以制定《疑难问题技术维修方案》，同时填写《PCC 及技术信息报告》及时反馈给技术服务部请求技术支持。

• 对于更换下来的旧件，利用相应包装装好，废油、废液应妥善收集，废弃物按照环保要求处理。

• 维修建议：主修技师将客户暂时不做的建议项目记录在《任务委托书》上。

• 维修建议：将可以预估使用时间或里程的备件期限标注在《任务委托书》上。

• 主修技师完成作业后，按照任务委托书检查完成的所有维修项目，无误后签字确认。

（3）维修质量检验

对每辆车辆严格遵守三检制度。

1）自检

• 主修技师按照《任务委托书》检查完成所有的维修项目。

• 确保每个施工项日都按照《维修手册》的要求进行操作。

• 确保所有紧固螺栓都按照《维修手册》要求使用力矩扳手按规定紧固顺序拧紧。

• 确保机舱内及所有维修过的线路、管路无干涉摩擦现象。

• 确保没有发生与此次维修无关的备件。

• 检查旧件的保留方式。

• 保证遵守客户提出的特别注意事项。

• 检查车内是否有维修后的残留物品，并对车内进行清理。

• 主修技师对维修车辆自检后在《任务委托书》上签字。

2）互检

• 主修技师将竣工的车辆和《任务委托书》交给班组长。

• 班组长核实主修技师的检验结果。

• 检查客户报修的故障已经完全排除，满足客户需求。

• 检查主修技师签名。

• 发现不合格的问题要及时提出，并要求主修技师立即改正。

• 互检合格后班组长在《任务委托书》上签字。

3）终检

• 主修技师或班组长将检验后的《任务委托书》交给质量检验员做终检。

• 质量检验员将维修进度管控板上已送检车辆的维修信息，更新至完工检验状态。

- 按照《任务委托书》检查有无漏项。
- 检查客户报修的故障及用户特别交代的事项已经被完全排除，满足客户需求。
- 检查技师签名。
- 检查旧件的保留方式。
- 保证遵守客户提出的特别注意事项。
- 对需要路试的车辆严格按照规定的试车路线进行试车。
- 对检验不合格的车辆，填写《内部返修单》，要求主修技师重新操作。
- 终检合格后质检员在《任务委托书》上签字。
- 若在终检中发现新的问题时，应立即通知服务顾问，协调处理。
- 对用户的不同意维修项目应在《任务委托书》上建议维修栏目中注明。
- 定期出具《内部返修月质量分析报表》。

（4）质量检验要求

- 如仅为添加、润滑、简单调整，则直接在《任务委托书》上签字。
- 与服务顾问协调，每次预估交车时间，应将质检时间加入。
- 对于返修车的问题点应加强检查（最好能有数据或代码）。
- 对于属于异响（杂音、噪声）或驾驶不顺等问题，应判断是否路试。
- 对于刹车问题，最好能在厂区内先进行测试，再进行路试。
- 对于外出路试，应进行记录，包括路试车辆信息、路试时间、路试人员和路试结果等。
- 对于免费维修项目，应加强检查。
- 旧件摆放要注意清洁问题。
- 特别注意客户看得到、用得到、听得到或想得到的部件的润滑、清洁、调整与摆放。
- 对于建议维修项目必须明示给客户，并要求客户签字确认。

9.2.6　质量管理体系认证管理

1. 目的

对经销商实施质量管理体系认证，能够使经销商的服务和管理规范化，满足不断更新的市场质量要求，从而提高经销商的管理水平。

一汽—大众需要对经销商的质量管理体系认证有效管理，规范、监督与控制第三方咨询或认证机构的工作质量，有效、便捷地为经销商提供咨询认证保障。

2. 认证管理相关方的职责和义务

一汽—大众售后服务管理部门需要对第三方咨询及认证机构进行规范与管理，参与咨询及审核标准的制定，组织经销商接受咨询与认证。

第三方咨询机构负责经销商质量管理体系的培训与咨询，第三方认证机构负责经销商质量管理体系的审核与认证。第三方咨询及认证机构通过招标产生。

经销商按一汽—大众售后服务管理部门统一组织的认证要求参加统一咨询与认证。

3. 认证流程

经销商的质量管理体系认证工作通常由一汽—大众售后服务管理部门统一管理，其工作流程如表 9-3 所示。

表 9-3　质量管理体系认证管理工作流程

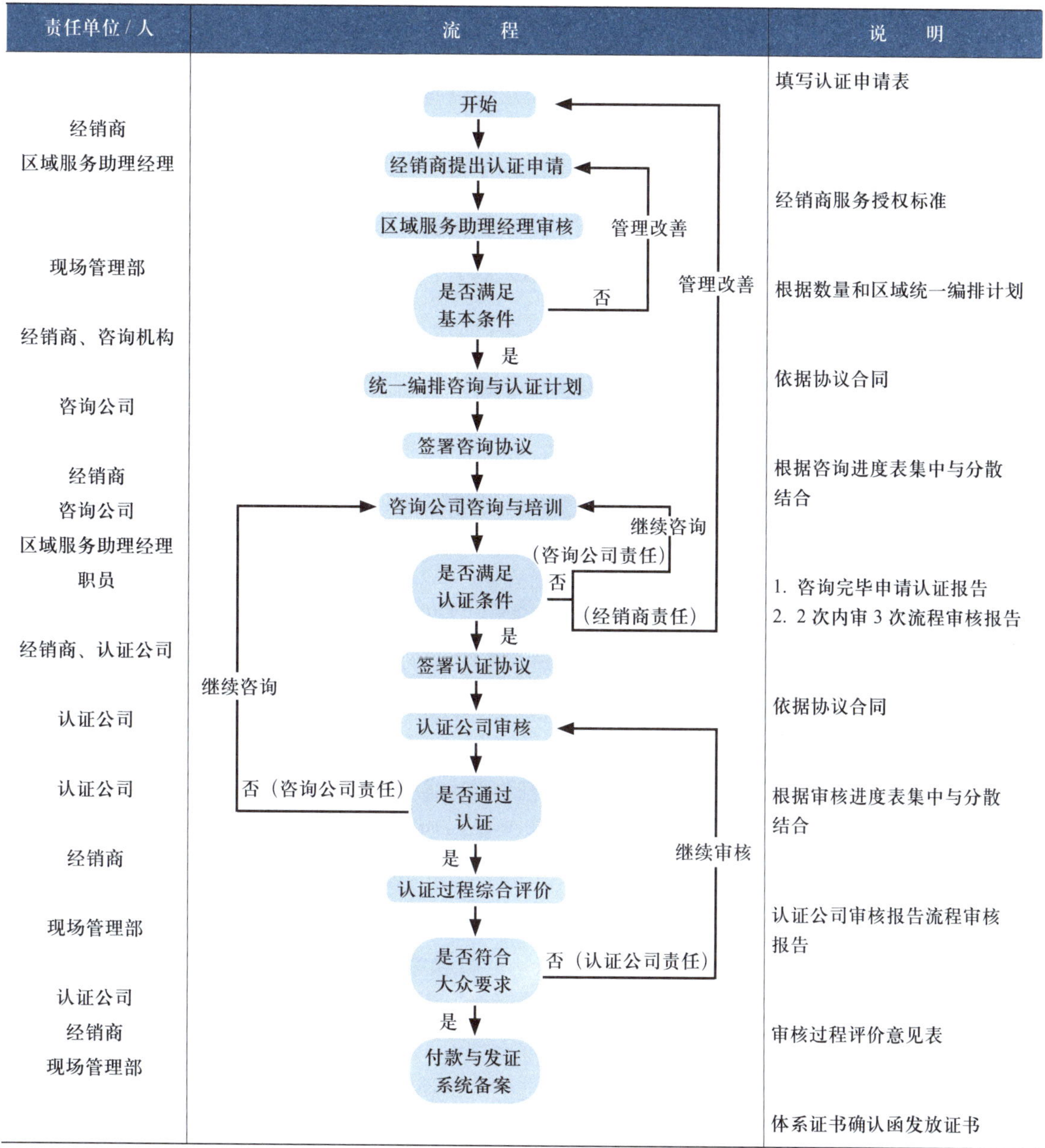

责任单位 / 人	流　　程	说　　明
经销商 区域服务助理经理	开始 → 经销商提出认证申请	填写认证申请表
现场管理部	区域服务助理经理审核 → 是否满足基本条件（否 → 管理改善 → 经销商提出认证申请；是 ↓）	经销商服务授权标准
经销商、咨询机构	统一编排咨询与认证计划	根据数量和区域统一编排计划
咨询公司	签署咨询协议	依据协议合同
经销商 咨询公司 区域服务助理经理 职员	咨询公司咨询与培训	根据咨询进度表集中与分散结合
经销商、认证公司	是否满足认证条件（否（咨询公司责任）→ 继续咨询 → 咨询公司咨询与培训；否（经销商责任）→ 管理改善 → 开始；是 ↓）	1. 咨询完毕申请认证报告 2. 2 次内审 3 次流程审核报告
认证公司	签署认证协议	依据协议合同
认证公司	认证公司审核	根据审核进度表集中与分散结合
经销商	是否通过认证（否（咨询公司责任）→ 继续咨询 → 咨询公司咨询与培训；是 ↓）	认证公司审核报告流程审核报告
现场管理部	认证过程综合评价 → 是否符合大众要求（否（认证公司责任）→ 继续审核 → 认证公司审核；是 ↓）	审核过程评价意见表
认证公司 经销商 现场管理部	付款与发证 系统备案	体系证书确认函发放证书

• 经销商在得到服务授权后应立即申报并在 12 个月内完成认证，各区域服务助理经理负责审批各自所管辖的经销商认证需求，确认是否满足基本认证条件。

• 一汽—大众售后服务管理部门流程及政策管理组根据各区域实际情况编排咨询计划，指派咨询师。

• 组织并培训咨询师和审核员，导入流程及公司管理文件。

• 考核并评定咨询师和审核员资格。

• 与第三方机构共同制定《经销商质量管理体系审核表》。

• 与第三方机构共同策划批量咨询和认证方案。

• 组织经销商与第三方机构签署协议，经销商领导人贯标培训。

• 咨询完毕后由咨询师、服务总监和各区域服务助理经理分别在《咨询完毕申请认证报告》上签字确认，并以传真形式报给一汽—大众售后服务管理部门。

• 一汽—大众售后服务管理部门审核《咨询完毕申请认证报告》符合规定要求后，编排每月的认证计划，并同时发给经销商与认证机构。

• 认证机构在接到认证计划一个月内完成体系审核工作。审核完毕后，审核员、服务总监和各区域服务助理经理同时在《审核评价意见表》上分别签署意见，3 日内以传真形式报给一汽—大众售后服务管理部门。

• 经销商应及时关闭认证审核不符合项，并在规定的日期内将不符合项目的关闭报告提交给认证机构，认证机构签字确认合格后应立即将关闭材料传递给一汽—大众售后服务管理部门。

• 一汽—大众售后服务管理部门将针对第三方咨询和认证的工作质量开展满意度调查、工作伴随和飞行检查等活动。

• 组织咨询师和审核员召开研讨会。

• 组织经销商质量管理体系认证经验交流会。

• 协调咨询及认证过程中出现的各种问题，为认证双方提供保障。

• 各区域服务助理经理要积极地伴随咨询和认证过程，承担监督检查的义务，参与协调工作。

• 一汽—大众售后服务管理部门审核全部咨询和认证过程程序，经审核在完全满足一汽—大众的规定条件下，由一汽—大众售后服务管理部门向经销商、咨询机构和认证机构同时发布《质量管理体系证书确认函》。

• 经销商在接到《质量管理体系证书确认函》后应按合同要求履行付款手续，及时支付咨询与认证尾款，第三方机构在确认咨询和认证款项都已经到账的情况下，立即发放体系证书。

9.2.7　质量担保与索赔管理

1. 目的

对一汽—大众的汽车产品的质量担保及索赔进行规定，为实施索赔工作提供指导和管理。

索赔：在质量担保期内，由于产品质量问题导致的车辆故障，一汽—大众委托经销商为用户提供维修服务或整车退换。

2. 管理内容

（1）质量担保

1）整车质量担保

整车质量担保的担保期一般都是以行驶时间或行驶里程给出，两者以先到者为准。起始时间自汽车购买之日（以购车发票为准）。同一汽车产品由于用途不同，其担保期也不同。

例如，某品牌汽车除出租营运外的所有其他用途新购汽车质量担保期为 24 个月或 6 万千米，而属出租营运用的新购汽车质量担保期为 12 个月或 10 万千米。

质量担保期内的质量问题，对于更换上的零件，其质量担保期与整车质量担保期相同：即整车质量担保期满，更换上零件的担保期也相应结束。

2）备件质量担保

备件担保的起始时间为备件自经销商购买并在经销商处安装之日起，担保期一般都是以行驶时间或行驶里程给出，两者也是以先到者为准。例如，某品牌原装备件的质量担保期为 12 个月或 10 万千米。

一汽—大众往往对一些特殊备件的担保期做出专门规定，如氧传感器为质量担保期为 12 个月或 7 万千米。

3）不符合质量担保的情况

• 未遵守《使用说明书》和《保养手册》的有关规定使用轿车，或超负荷使用轿车（如用作赛车）等，或使用不当造成的损坏。

• 车辆装有未经一汽—大众许可使用的零部件，或车辆未经一汽—大众许可改装过，车辆在非一汽—大众特许经销商处保养、维修过。

• 交通事故造成的损坏。

• 由于经销商本身操作不当造成的损伤，经销商应承担责任并进行必要的修复。

• 经销商必须使用一汽—大众销售有限公司备件部提供的指定型号机油，否则不给予首保费用，以及办理发动机和相关备件的索赔。

（2）索赔程序

• 用户向经销商提出索赔。

• 经销商对故障车辆进行鉴定，在质量担保期内，符合质量担保条例的车辆给予索赔，维修工时费和材料费不与用户结算。

• 若索赔金额超过一定数额，如 1 000 元，经销商需与现场代表确认，填写《车辆故障信息报告》，由现场代表审批《车辆故障信息报告》；对于现场代表同意的索赔项目，若索赔金额更大，如超过 5 000 元、发动机及变速箱总成索赔，经销商需填写《技术信息报告》，与现场技术经理确认，并在经销商管理系统中录入《车辆信息反馈报告》，由现场技术经理审批《车辆故障信息反馈报告》。

• 经销商索赔员对完成索赔的用户车辆填写《索赔申请单》并录入经销商管理系统，将相应的条形码拴挂或粘贴在索赔件上，并将该索赔件每 2 周（特定地区按月）及时返回指定中转库。

• 索赔件中转库进行验件检查，一汽—大众索赔员审核《索赔申请单》，并通过经销商管理系统将确认的索赔申请转入索赔结算库。

• 经销商根据管理系统中的结算信息开具增值税发票，并将发票按要求录入管理系统；经销商将索赔款发票及销货清单以特快专递形式寄给一汽—大众财务部，财务部通过系统将索赔款转为备件款。

9.2.8　召回管理

召回是指由缺陷汽车产品制造商进行的消除其产品可能引起人身伤害、财产损失的缺陷的过程，包括制造商以有效方式通知销售商、修理商和车主等有关方面关于缺陷的具体情况及消除缺陷的方法等事项，并由一汽—大众组织销售商、修理商等通过修理、更换和收回等具体措施有效消除其汽车产品缺陷的过程。

由于汽车产品结构越来越复杂，新产品不断推出，几乎所有的著名汽车公司都有汽车产品召回案例。

1. 目的

对一汽—大众和经销商在召回相关业务中承担的职责及应达到的要求进行规定，用于召回行动执行过程及经销商日常售后服务工作过程。

2. 职责分工

（1）一汽—大众负责

• 制定召回业务流程，组织、协调召回行动及与政府沟通。

• 对经销商反馈的疑似缺陷信息进行调查处理。

• 对经销商召回的执行及日常售后服务工作中涉及召回问题的工作情况进行总体管理。

（2）经销商负责

• 收集并整理所有重复出现的安全性故障信息，并按规定的方式反馈至大众售后技术服务部。

• 实施召回行动，并记录和反馈行动中的有关数据。

3. 管理办法

（1）日常维修过程

经销商应认真学习国家召回法规及一汽—大众相关规定及培训材料，掌握相关政策、规定与要求，并做好内部培训，避免因对上述内容不了解，造成在日常维修中与用户交流、应对不当，导致用户抱怨或引起涉及召回或批量产品问题的投诉。

日常售后服务工作过程中不向用户或媒体做不真实的、不正确的、不规范的或不负责任的解释。

（2）疑似缺陷信息的收集、整理及反馈

经销商在售前检查及售后服务工作中，如累计发现一例及一例以上因车辆本身原因造成的影响行车安全的相同故障或故障隐患，应于发现第一例之日起两个工作日内填报《安全问题质量信息反馈表》，并将文件电子文稿以邮件的形式发到一汽—大众指定的信箱中。

经销商对《安全问题质量信息反馈表》所反馈的内容应给予保密。

（3）召回行动执行流程

• 经销商首先认真学习召回行动相关材料，并进行内部培训。

• 经销商应根据行动要求，进行备件订购、领用或接收（不需更换零件的召回行动除外）。

• 经销商应根据当次行动车辆范围，查找其库存车辆及所销售的召回范围内的车主信息，并通过电话、短信或信函等方式通知车主召回行动信息。

• 召回行动采取预约维修为主、随时维修为辅的方式，经销商在通知车主时应主动预约其前来修复故障，按车主要求并结合行动计划合理安排召回维修时间进度。

• 一汽—大众将当次召回行动的《召回通知书》电子版文稿通过邮件发送给各经销商，由经销商打印，在车主前来召回维修时提供给相关车主。

• 召回维修过程中，经销商同样按照服务核心流程要求操作。

• 车辆维修完毕，经车主认可后，经销商将加盖经销商服务章的《召回记录单》交由车主签字。签字后，一份交车主留存，一份邮寄至一汽—大众。

• 对每位完成维修的车主，经销商应在 3 天后进行电话回访，根据回访情况做相应处理，并做回访记录。

• 经销商按照召回行动文件要求，办理召回维修的索赔，并做好索赔件的保管和返回工作。

• 经销商在召回行动中如遇见任何问题或突发情况，应立即向一汽—大众现场技术经理报告。

9.2.9 订购管理

1. 目的

对经销商配备维修工具和设备的订购明确规定，规范管理，用于经销商维修工具、设备等订购工作。

2. 管理内容

① 经销商必须按一汽—大众的要求至少订购一套汽车维修工具和设备，用于对一汽—大众的产品进行保养与维修。

② 为保证售后服务质量，统一售后服务形象，一汽—大众公司对经销商维修工具、设备的配备实行全网络统一管理，包括统一品牌、统一采购、统一形象、统一培训、统一考核。

③ 为保证经销商维修效率及服务形象，维修工具和设备实行品牌独立原则，不得与其他品牌产品共用维修工具和设备。

④ 经销商所订的维修工具、设备等到货后应根据装箱单在两天内清点完毕，并认真填写到货验收单，反馈给指定的单位，及时传回反馈单。

9.2.10 信息管理

1. 目的

对一汽—大众与经销商之间的信息沟通和经销商内部信息管理进行规定。用于对经销商进行规范化信息管理。

2. 管理内容

（1）基础信息

经销商基础信息包括法定名称、地址；中文名称、地址；邮编；传真；24 小时服务电话、服务总监电话；签约日期、授权日期等。经销商的基础信息不许任意变更，如有特殊情况要进行变更，必须以书面形式反馈给一汽—大众处理。

（2）人员信息

• 经销商的所有人员信息（人员编号、姓名、职务、电话、手机、出生日期、性别和工作日期等）必须录入经销商管理系统。

• 当人员信息发生变化时，要及时在经销商管理系统中维护。

• 人员编号为 4 位，经销商自行定义，一经录入系统则不能更改，且经销商应让本人熟知自己的人员编码，以便在其他场合使用。

（3）文件和函电的管理

• 一汽—大众通过 E-mail 信箱向服务网发放文件及其他信函。

• 经销商每天必须查看 E-mail 信箱，并按规定进行信息的存档和传递。

（4）服务营销信息

经销商有义务和责任将服务营销活动总结按活动要求反馈给一汽—大众。

（5）其他信息

车辆信息、培训信息、索赔信息管、备件信息、基础信息、售后服务月报、突发事件、市场信息、产品性能和产品质量信息、用户信息等信息都要以 E-mail 信箱或传真等形式反馈给一汽—大众。

（6）信息处理要求

• 信息的采集要快速、准确、翔实。

• 信息反馈时要使用标准专业术语，内容完整、条理清晰、有逻辑性，必要时可附图片或照片，对于非电子版的信息要求字迹工整。

• 信息的反馈要做到全程跟踪，以保证信息的连续性和完整性。

• 对于接收到的信息要及时处理。

（7）信息存档

• 由经销商信息员对信息进行管理。

• 信息要实行分类定制管理，并有档案目录。

• 对于收到的电子信息应及时处理，并对电子信息进行存档。

• 对于已在计算机存档的信息要定期备份，以免其他原因造成信息丢失。

• 经销商要对收到的文件和向一汽—大众反馈的信息进行存档。

• 经销商在充分利用各种信息的同时，要保证信息的安全。对于因管理不善而造成信息的泄密，给一汽—大众和经销商造成的损失，责任由经销商全部承担。

• 各种电子版信息的光盘、软盘等要同文件信息一样妥善保存。

• 对存储和使用信息的计算机要设置口令，并保证口令不被他人盗取，防止信息被他人破坏。

（8）基础信息变更

为了确保一汽—大众及时、准确地获得特许经销商的最新信息，掌握特许经销商的最新动态，需要及时更新特许经销商基础信息。

增值税发票类的信息变更、有关人员变动的信息变更和特许经销商通信信息的变更都需要按规定办理相应的变更手续。

特许经销商在股权发生变化时，特许经销商的企业名称在发生变化时，必须按照一汽—大众的相关规定来办理。

9.2.11 经销商环保管理

1. 目的

为了维护一汽—大众的环保形象，督促和引导经销商遵守国家和地方相关的法律、法规，一汽—大众需要对经销商如何开展环境保护工作进行管理和规范。经销商环保管理用于经销商环境管理体系的建立。

环境管理体系是全面管理体系的一个组成部分，包括制定、实施、评审和保持环境方针所需的组织机构、规划活动、职责、惯例、程序、过程和资源。

2. 管理内容

（1）经销商建设阶段

• 设计部门为经销商经营与服务场所所做的施工图纸设计，必须满足国家及当地有关环保方面的法规、设计规范和相应的规定。

• 施工部门在施工过程中必须满足国家及当地有关环保方面的法规、施工规范和相应的规定。

• 所选择的建筑材料（特别是装潢材料）应符合环保要求，使用环保产品。

• 必须有当地环保局的认可文件（环保评价报告或登记表）。

• 必须有当地消防部门的认可文件。

（2）经销商服务授权阶段

• 经销商在经营与服务过程中必须执行国家及当地有关环保方面的法规和相应的规定。

• 每年都要制定环境管理目标，并有绩效评审，跟踪控制改善效果。

• 采用对环境有利的技术和管理措施。

• 采取措施保持空气清洁，控制噪声污染，并按要求开展清洁服务。

• 有可持续的节能降耗措施。

• 对污水处理进行定期检查，并采取措施减少（或消除）污染物排放，所采取的措施要得当、有效。

• 按规定处理所有废弃物和垃圾，并进行严格监督。分类存放可降解废弃物和不可降解废弃物，在合理处置废弃物的同时，能对废弃物进行回收（或循环利用）。

• 减少有毒、有害物质的使用，使用无毒害（或毒害小）的替代物。

• 有应急准备措施，能够避免环境事故的发生。

• 经销商每年度必须由当地环保部门进行环境监测，并出具年度环境监测报告，以确保上述规定的条款都能得到良好的贯彻。

• 经销商在建立 ISO 9001 质量管理体系的同时，必须按照一汽—大众的要求充分融入 ISO 14000 环境管理体系的相关内容，识别环境因素和重要环境因素，并报送相关文件及审核报告。

9.3　经销商服务运营改良案例

9.3.1　案例背景

表 9-4 所示为经销商 A 在去年的经销商服务运营评价分值和排名情况，如果你是一名服务经理，请根据服务运营评价分值制定具有针对性的改良措施。

表 9-4　经销商服务运营评价分值和排名

销售代码 sales code	经销商名称 dealers name	服务代码 service code	总分	全国排名	事业部排名	销售得分	销售全国排名	销售事业部排名	售后得分	售后全国排名	售后事业部排名
S7220**	***	75822**	93.80	187	25	52.20	354	48	41.60	113	14
S7220**	A	75822**	**89.80**	317	47	52.80	316	37	**37.00**	313	47
S7220**	***	75822**	96.30	92	7	54.90	150	15	41.40	126	20
S7220**	***	75822**	93.60	197	27	**49.60**	438	62	44.00	1	1
S7220**	***	75822**	**84.00**	426	59	**49.20**	453	65	**34.80**	391	58
地区平均分			**84.99**	42	6	49.77	**42**	**6**	**35.22**	**35**	**5**

全国：556 家；东北事业部：81 家。

9.3.2　经销商服务运营改良实施

1. 任务分析与现场调查

根据经销商服务运营评价分值和排名表格，发现本经销商售后得分 37 分，虽然略高于地区平均分，但是售后全国排名 313 名，位于中下游水平，售后服务质量需要提升。针对售后服务的主要环节进行现场调查，检查出以下几点问题。

（1）接车管理

任务委托书无用户签字。

（2）交车管理

接车单未勾选。

结算单无预估下次保养时间和里程。

（3）索赔管理

Portal 系统索赔单据与索赔档案（索赔任务委托书 / 索赔结算单）信息不相符。

2. 改良措施

（1）接车管理

严格按照一汽一大众核心流程规定，每张委托书和接车单必须是完整的，每天服务顾问自检单据，检查无误后交到索赔员处。服务经理每天对单据进行抽检，如发现问题则对服务顾问进行处理，服务总监不定期对单据进行抽检（现场），发现一次对服务经理罚款 100 元。委托书按照服务顾问人名单独存放，每周按照系统开单数对应检查。要求有相关人员的真实签字，如质检，主修人等。

（2）交车管理

严格按照一汽一大众核心流程规定，每天服务顾问自检单据，检查无误后交到索赔员处。服务经理每天对单据进行抽检，若发现问题则对服务顾问进行处理，服务总监不定期对单据进行抽检（现场），发现一次对服务经理罚款 10 元。

（3）索赔管理

索赔单完工的要及时审核，不知道工时的可以问索赔员；索赔单各项签字必须完整，另附接交车单（如有保养单可不附）；结算日期与打印日期要一致（结算单上的打印日期与客户签字必须保留并且签字不允许被撕下）。对于需要改动的索赔单或结算单，及时改正并返回，如无特殊情况（不满意或未审核）索赔单应当交到引导台，对于第二天休息的服务顾问必须当天做好单子放到引导台，以便第二天整理。

思考题

1. 一汽一大众售后服务部门为什么要对紧急救援进行规范管理，紧急救援流程是怎样的？

2. 一汽一大众售后服务部门对特许经销商的培训流程分为几个步骤，哪几个步骤由经销商实施？

3. 经销商环保管理有什么意义，都包括哪些内容？

4. 什么是质量管理体系认证管理，经销商在质量管理体系认证管理方面有哪些职责？

参考文献

[1] 丁卓 . 汽车售后服务管理 [M]. 北京：机械工业出版社，2005.

[2] 张国方，等 . 汽车服务工程 [M]. 北京：电子工业出版社，2004.

[3] 栾琪文 . 现代汽车维修企业管理实务 [M]. 北京：机械工业出版社，2005.

[4] 倪勇，等 . 汽车 4S 企业管理制度与前台接待 [M]. 北京：机械工业出版社，2009.

[5] 卢燕，等 . 汽车服务企业管理 [M]. 北京：机械工业出版社，2005.

[6] 潘义行，等 . 汽车维修销售管理实务 [M]. 上海：复旦大学出版社，2007.

[7] 杨建良 . 汽车维修企业管理 [M]. 北京：人民交通出版社，2005.

[8] 王一斐 . 汽车维修企业管理 [M]. 北京：机械工业出版社，2008.

[9] 董小平 . 汽车维修企业管理 [M]. 北京：机械工业出版社，2005.

[10] 鲍贤俊 . 汽车维修企业管理 [M]. 北京：人民交通出版社，2005.

[11] 薛华成 . 管理信息系统 [M]. 北京：清华大学出版社，2007.

[12] 胡建军 . 汽车维修企业创新管理 [M]. 北京：机械工业出版社，2005.

[13] 米奇 • 施耐德 . 汽车维修行业管理指南 [M]. 袁和，等译 . 北京：机械工业出版社，2006.

[14] 高玉民 . 汽车特约销售服务站营销策略 [M]. 北京：机械工业出版社，2005.

[15] 刘可湘 . 汽车服务企业经营与管理 [M]. 北京：人民交通出版社，2004.

[16] 黄国相 . 现代汽车维修企业管理实务手册 [M]. 广州：广东科技出版社，2001.

[17] 李保良 . 汽车维修企业管理人员培训教材 [M]. 北京：人民交通出版社，2004.